静介◎著

意大利文化之旅

Italy

四川文艺出版社

图书在版编目（CIP）数据

意大利文化之旅 / 静介著 . —— 成都：四川文艺出版社 , 2024.4
ISBN 978-7-5411-6911-3

Ⅰ.①意… Ⅱ.①静… Ⅲ.①文化史－意大利 Ⅳ.① K546.03

中国国家版本馆 CIP 数据核字 (2024) 第 045210 号

YIDALI WENHUA ZHI LU
意大利文化之旅

静 介 著

出 品 人	冯 静
选题策划	北京斯坦威图书有限责任公司
编辑统筹	李佳铌
责任编辑	陈雪媛
封面设计	异一设计
责任校对	段 敏

出版发行　四川文艺出版社（成都市锦江区三色路 238 号）
网　　址　www.scwys.com
电　　话　010-82561773（发行部）028-86361781（编辑部）

印　　刷　天津中印联印刷有限公司
成品尺寸　147mm×210mm　　　　开　　本　32 开
印　　张　11.75　　　　　　　　　字　　数　280 千字
版　　次　2024 年 4 月第一版　　　印　　次　2024 年 4 月第一次印刷
书　　号　ISBN 978-7-5411-6911-3
定　　价　79.00 元

前　言

三次意大利"壮游"的缘起

退休之前，我虽然从事的是贸易和营销方面的工作，但特别喜欢海外自驾旅行，尤其是利用假期去欧洲的时候，我有着非常明确的目的：一是陶醉于美不胜收的绘画与建筑艺术，二是在音乐厅或歌剧院欣赏一流的古典音乐演出，三是尽情品尝当地的美酒和美食。

我喜欢听西方古典音乐，时刻铭记着乌克兰最伟大的钢琴家之一里赫特说过的话："平生最爱的两个国家，一是日本，再一个就是意大利。"我常去日本，意大利是去得最晚的几个国家之一，不是不想，而是一直没有找到恰当的理由与合适的时机。对我来说，意大利过于神圣，任何蜻蜓点水抑或走马观花式的浅尝辄止，都是不能容忍的短视行为。

古希腊堪称文明史中永恒的圣殿，在几百年的时间里，诞生了出类拔萃的文化与艺术。但是那些成为人类永恒精神力量的典雅之作，只有很少一部分被保留了下来，而大量的雕塑、建筑、诗歌、悲剧、哲学、史学、音乐以及绘画等，都不幸消亡。古罗马人在征服古希腊的过程中，掠夺了大量的艺术战利品，用轮船运回国内后，他们将其视为古代文化最伟大的成就而格外珍惜。如今，我们能够重温那些没被湮没的辉煌，最应该感激的，是古罗马人对古希腊文明的虔诚、敬重、模仿与超越。

因而，古希腊文明的继承者——意大利，就成了文化史上承前启后的担当者。意大利虽然不是西方文化的原点，但它却是众所周知的圆心。在南北各地十多万座建筑物里，意大利保留着全球最伟大的艺术品的半数左右；五十八处世界遗产（截至 2021 年 7 月），无一不对后世产生了举足轻重的影响。

文艺复兴开始以后，英国人被完全有别于中世纪文明的意大利文明深深吸引，在欧洲重新点燃了启蒙运动之光。田园诗人和散文作家菲利普·锡德尼第一个参与到前往意大利的"修业旅行"中。此后，作家理查德·拉塞尔斯在 1670 年出版的《意大利之旅》一书中，首次使用了"Grand Tour（壮游）"一词。Grand Tour 可以被译为"大旅行"，但套用杜甫遍游江山的五言诗《壮游》这一诗名来形容那些游历，才更显豪放，也是画龙点睛之笔。发端于英国，此后影响到其他国家的"壮游"，不仅满足了包括蒙田、济慈、拜伦、歌德、尼采和王尔德等一大批欧洲文人墨客的求知欲望，也让年轻的大学生们大开眼界。在持续几个月甚至是几年的长途旅程中，人们体验到了文艺复兴给艺术与科学带来的革命性影响，更直观地感受到了以人为中心的时代转变。

欧洲人对意大利和文艺复兴的兴趣持续至今。2005 年，时年七十四岁的英国著名艺术评论家布瑞恩·休厄尔为了制作十集电视专题片，驾车从罗马出发，沿途经过佛罗伦萨、维苏威火山、那不勒斯、庞贝、都灵、米兰、克雷莫纳、锡耶纳、博洛尼亚、维琴察、帕埃斯图姆、乌尔比诺、蒂沃利，一直开到威尼斯。这位拒绝牛津大学录取通知书而去伦敦考陶尔德艺术学院就读的艺术之子在谈及意大利文化遗产时，口气与态度都充满了敬畏，而在他主持的其他电视节目中，则满是言辞犀利的批评与斥责。

2015 年夏天，我在北京与毕业于牛津大学、在英国帝国理工学院做过博士后的好友王梓小聚，聊起下一次共同旅行的线路，都觉得"壮游"

意大利的条件已经成熟，两人一拍即合，决定从第二年开始，利用三年时间，分三条线路旅行，每次用时一个月左右的时间。在英国汤布里奇公学教数学的王梓、在瑞士洛桑工作的法国朋友瓦伦汀、我和我的太太一行四人在每年的复活节前后，穿行于意大利大大小小五十多个城镇，进行了比布瑞恩·休厄尔更为详尽的意大利文化探索之旅。

前往意大利，最忌讳的就是想"一日看尽长安花"。1986 年，为了抗议麦当劳在罗马的西班牙大台阶附近开设分店，意大利美食专栏作家卡尔洛·佩特里尼发起了"慢食运动"，以此来抗议登不上大雅之堂的美式快餐。在意大利各地，我们真正进入了慢节奏的生活方式。几乎每天晚上，我们都会在提前一两个月就预订好的餐厅坐上两三个小时，直至午夜。因为我和王梓达成了这样的共识：要让"壮游"像"慢食运动"那样舒缓和放松。

尽管在三年时间里共累积了三个月的旅行时间，但我们依然没能前去其他大名鼎鼎的历史名城，例如保留了公元前罗马殖民地时期布局的卢卡、充满巴洛克风格而被誉为"意大利最美城市"的莱切、足以与雅典媲美的锡拉库萨等等。我们的慢游有不少的缺憾，但更多的是满足。

2021 年，有二百五十多个小镇加入了"意大利最美丽的乡村"这一民间联盟，从中随便挑出几个，诸如费拉拉、阿尔贝罗贝洛、切法卢、蒙蒂恰诺、斯波莱托等小镇，就可以再来几次深度的旅行。我们故意舍弃了五渔村，也没有去比萨，并非反感，只是觉得在游客爆满的气氛中，并不能真正地洞见意大利文化的底蕴。

王梓有一口十分标准的伦敦腔和非常丰富的词汇量，在酒庄品酒和在餐厅点菜，意大利人经常问他来自英国的什么地方，如此一来，话题就会变得更加有趣。王梓听了店员那些眉飞色舞的解释，总是能够准确地翻译出各种葡萄、蔬菜和香料的名称。瓦伦汀热爱飙车，无论是在笔直的大道上还是在弯曲的小路上，他都快慢有度。坐他的车，真是舒适无比，三年的旅程，充分领教了他的非凡车技。

　　每年出发之前，对计划要去的景点我都会认真备课。到了目的地之后，每天还会写下十几页的心得，三年下来，共计写了六本。就在准备写这本书的时候，我一直反问自己，到底去过多少个意大利的城镇，才能对意大利有更全面的认识呢？去意大利旅行，仅仅锁定罗马或米兰是远远不够的，但愿这本书，能为准备制订行程并出行的读者提供一些参考。

　　我们的壮游先从 2016 年的中线开始，继而是 2017 年的北线和 2018 年的南线。为便利起见，本书按从北到南的上篇（北线）、中篇（中线）和下篇（南线）这一顺序写成。我相信，无论从哪里启程，只要慢慢地游遍意大利，你也会情动于中，不能自已。

　　本书能够付梓，完全得益于北京斯坦威图书有限责任公司总经理申明先生的无私帮助。我们相识于 2009 年的北京，在阿巴多指挥琉森节日管弦乐团演奏马勒《第一交响曲》第一场音乐会之后的聚会上，彼此聊起对音乐的理解和感悟，大有相见恨晚之感。申先生去过意大利的很多城镇，对意大利文化有很多独到的见解，我在与他多次面谈的过程中，深感受益良多。他建议我将三年壮游的经历整理成书，以便与更多喜欢意大利的读者共享，我觉得这是一个好主意，便欣然受命。出版这本书并非易事，对此，谨向申先生表示衷心的谢忱。

目 录

上 篇 | I

北线

中
线

南线

北 线

　　北线的首站是都灵，它是一座能让音乐和美术爱好者目不暇接的大都市。此后，我们去了以酿制甜起泡酒而闻名的小镇阿斯蒂、品尝葡萄酒时绝对不能错过的著名产地巴巴莱斯科和巴罗洛、世界上最昂贵的食物之一——白松露的主要产地阿尔巴、罗勒青酱的发源地——海滨城市热那亚、享誉世界的小提琴制作之城克雷莫纳、被誉为"西方之父"的古罗马诗人维吉尔的故乡曼托瓦、有着多元之美的维罗纳、能够欣赏乔托不朽画作的帕多瓦、有众多文艺复兴时期对称性建筑的维琴察。北线的终点是最具特色的水城威尼斯，百闻不如一见，这座历史名城让我流连忘返。

01 都灵

　　公元前 3 世纪，罗马帝国就对都灵这座北方城市做了细致的规划。幸运的是，那些错落有致的建筑与街道布局，一直延续并保留至今。

　　在都灵旧城区，有一座建于公元前 1 世纪的帕拉蒂内城门，是世界上保存最完好的古罗马城门之一。穿过此门，我们去了重建于公元 5 世纪的圣母神慰朝圣所，与那座目前只剩下一个断面的城门相比，这座教堂建筑的罗马式钟楼、拜占庭式圆顶、新古典主义立面和内部的洛可可装饰等，才是完整的历史积淀，看过之后，如同翻阅了一部都灵简史。

　　离开教堂，我们前往附近一家都灵最古老的咖啡馆——比切林咖啡馆。虽然意大利的咖啡萃取技术名闻遐迩，但这家开业于 1763 年的咖啡馆却以其独特的咖啡而著称。大仲马、海明威和尼采等人住在都灵的时候，均经常前去享用。海明威称赞这里的咖啡是"世界上应该保留的 100 件物品之一"，而最让我们感兴趣的，是意大利作曲家普契尼在这里的一段逸事。

　　普契尼写有《艺术家的生涯》《托斯卡》《蝴蝶夫人》和《图兰朵》等十多部歌剧，都是世界各大剧院经久不衰、轮番上演的经典剧目。《玛侬·雷斯考特》于 1893 年在都灵首演，虽然这部歌剧的演出频率并不高，但其中的管弦乐对剧情的烘托推波助澜，给观众留下了深刻的印象。

到都灵的第二天晚上，我们在皇家歌剧院观看充满激情的意大利指挥家贾南德雷亚·诺塞达指挥都灵皇家歌剧院管弦乐团与合唱团演出的《玛侬·雷斯考特》。在剧院现场听第三幕的前奏曲和二重唱以及合唱，那种强烈的穿透力和震撼力，与听唱片的感觉截然不同。非常有趣的是，这些感人乐曲的发源地就在比切林咖啡馆。

当时，普契尼坐在这里一边喝着店主发明的名为比切林的奶沫巧克力咖啡，一边构思《玛侬·雷斯考特》的第三幕。望着窗外从牢房押送囚犯的囚车穿过教堂外小广场的场景，他立即产生了灵感，写下玛侬·雷斯考特在狱中等待被遣送时的二重唱和合唱。

"比切林"是都灵方言，意思是高脚小玻璃杯，咖啡馆的店名由此而来。虽然迄今为止这种咖啡的具体配方一直秘而不宣，但基本步骤是先将用可可粉做成的浓稠巧克力倒入杯中，再加入意式浓缩咖啡，杯子最上面是一层奶泡。高脚小玻璃杯放在白色圆盘之上，杯旁放了一把小勺，店员端来时对我们说"千万不要用小勺搅拌"，听后不解，但先喝了最上面冰凉的奶沫，再喝到热而甜的咖啡巧克力，就觉得那种刺激味蕾的冷热交错之感，才是这道

▲用高脚小玻璃杯盛的奶沫
巧克力咖啡

饮品的魅力所在。我们又点了颜色特浓但味道很淡的栗子巧克力和撒上榛子碎的蛋糕，在窗外的霏霏细雨中，回想着两天前在舞台上看《玛侬·雷斯考特》第三幕的场景，这种体验真是可遇而不可求。

　　每天，咖啡馆门口都会排起长长的队列，我们在外面排了半个多小时，才进入只有六张小桌的狭小空间里，但我们只坐了二十几分钟就起身离开了，因为门外的广场上人们接踵而至，其中也有爱听普契尼的作品古典音乐迷吧？

▲比切林咖啡馆外景

　　在都灵住了五天，由于没有其他客人入住，我们等于是包下了新城区一栋外表简约但内饰相当豪华的三层小楼的公寓。餐厅的浅色墙壁上挂满了擦得锃亮的各式铜锅，橱柜里摆满了各式精美的餐具，看得出，这套公寓的主人对厨具特别讲究。客厅的三面墙上，挂着几十幅尺寸不一的油画，有风景，也有人物，似乎是在提醒我们，到了都灵，不能错过种类繁多又各具特色的博物馆与美术馆。

▲公寓的客厅

▲公寓的书房

▲公寓的仆人房间

都灵最吸引人的地方，除了与这座城市相得益彰的建筑，还有一家极其著名的埃及博物馆。18世纪中叶，撒丁王国的国王命令植物学家前往尼罗河的东岸，在底比斯的卡纳克神庙收集了三百多件文物带回都灵。19世纪初期，后任国王又从跟随拿破仑远征军前往埃及的法国领事那里购得五千多件文物，包括雕刻、石碑和木乃伊等。此后，都灵又陆陆续续购得数不胜数的珍品，甚至有最古老版本的埃及亡灵书，这一切使得都灵这家博物馆的古埃及文物在规模、藏品数量和珍贵程度上，仅次于埃及国家博物馆而位居世界第二。

古埃及有着一套严格的丧葬传统，尽管随着时代变迁而有所改变，但万变不离其宗。古埃及人认为人死后可以复活，而心脏具有认知功能，所以会保留心脏，但去除死者的大脑和内脏，在尸体腹腔填以乳香和桂皮等防腐香料，缝合后再用细亚麻布将躯干层层包裹成干尸——木乃伊，让死者借助原有的躯体得以"重生"。画在棺木上的五官、弓箭和盾牌也具有生命力，象征着死者的来生。如此一来，下葬之后的木乃伊，就会顺利地抵达永生之境。

在博物馆耗时大半天，除了满足对异国文化的痴迷之情，更主要的是通过实物，去具体感知那些迥异于东方与西方文化的另一种神秘文化。例如，第九号木乃伊棺木，出现了前八个棺木上从未有过的新特征，死者侧卧，棺木的侧面画着向外张望的眼睛，也许是为了让死者了解阳间的现状；第十一号木乃伊被放置在两个套在一起的棺椁中，在打开的棺盖上画有星座，应该是阴间每个时段所处位置的指引，让死者每天都魂有所属而不至于迷路。

2002年开放的阿涅利夫妇美术馆是一家私人机构，名称源自创建于都灵的意大利著名汽车品牌菲亚特的第三代董事长乔瓦尼·阿涅利和玛丽拉·阿涅利夫妇。乔瓦尼·阿涅利是意大利经济复兴的领袖，有着非凡的才能和超前的理念，这位注重穿着的意大利"工业教父"在世的时候，一举手一投足，都提高了意大利的名声。因此，人们说："乔瓦尼·阿涅利就是菲亚特，菲亚特就是都灵，都灵就是意大利。"意大利人在公共场合、电视、报纸和画报上看到乔瓦尼·阿涅利的穿戴，便纷纷效仿，由此，意大利男人赢得了"全世界最会穿衣服的男人"之美誉。乔瓦尼·阿涅利的太太玛丽拉·阿涅利被称为"20世纪最优雅的女人之一"，其审美的天赋和极其高雅的品味似乎与生俱来。她尤其喜欢与丈夫一起收购艺术品，阿涅利夫妇美术馆的展品绝大多数来自这对夫妇的私人收藏。

建在菲亚特工厂大楼顶端的美术馆造型大胆，其中有一个古希腊陶器的临时展览让我们受益匪浅。盛橄榄油、酒和水的各种容器最吸引人的是其外观图案，绘制技法从最初的几何图案开始，相继演变为东方化、黑像式、红像式以及白地彩绘等等，无一不精彩地呈现出古希腊人在艺术表现形式上的丰富多彩。展览的最后一段解说词写道："公元前4世纪末，陶器艺术在古希腊渐次消亡，成为人类文化史上不可复原的遗憾之一。"后来我们一行人又去了意大利南部，看到那些残留的神殿遗迹，更加赞叹古希腊为西方文明打下的基础实在坚实而深厚。尽管在美术馆楼上展出的乔瓦尼·阿涅利夫妇收藏的马奈、雷诺阿、毕加索和马蒂斯的油画以及第二天在萨包达美术馆里看的油画中有很多精品，但这些作品带来的惊喜竟然都被古希腊艺术带来的视觉震撼给冲淡了。

都灵是一个百科全书一样的城市，在都灵，还要多看那些著名的历史建筑。由 17 世纪后期的建筑师瓜里诺·瓜里尼设计的巴洛克风格建筑遍布城市的主要街道，萨伏伊家族王宫里那些奢靡的长廊和油画以及瓷器让人应接不暇；夫人宫里有中世纪和文艺复兴时期的祭坛画、瓷器和珍宝，坐电梯到楼顶，还能俯瞰都灵的全貌；卡里尼亚诺宫被认为是都灵最精美的建筑；安托内利尖塔内有一座意大利国家电影博物馆，是喜欢意大利电影的影迷回顾老一代导演和影星的最佳去处。这些建筑都处在有着"都灵的画室"之美称的圣卡罗广场周围。而在广场上，除了环顾各式建筑美轮美奂的外观，足球迷还可以回忆在电视上经常看到的尤文图斯队球迷庆祝球队赢球的火爆场景。乔瓦尼·阿涅利在世的时候，就担任过尤文图斯队的董事长，也曾在这座广场上与球队一起狂欢。

位于都灵西南九千米之外，有一座与凡尔赛宫相似的斯杜皮尼吉行宫，又被称为"狩猎宫"，与上述那些巴洛克建筑一起，在 1997 年被列入《世界遗产名录》。走到狩猎宫大堂的时候，正巧有一位男钢琴家与一位女高音歌唱家在为晚上的音乐会排练，他们合作的曲目是意大利作曲家罗西尼写的舞曲风格的独唱咏叹调《舞蹈》。坐在那里，边听回荡

▲狩猎宫内的排练场景

在空间里的琴声与歌声，边看穹顶的壁画和墙上的雕塑，我们都感受到了萨伏伊家族一直追求的那种浪漫情调。

　　都灵东部的苏佩尔加大教堂又被称为苏佩尔加圣殿，去那里的最佳时刻是金晃晃的夕阳时分，宏伟壮观的 18 世纪巴洛克式的圣殿立面被落日的余晖染得暖意十足。坐在台阶上回想意大利北线之旅的第一个城市都灵之美，心中油然生起依依不舍之情。

▲夕阳时分的苏佩尔加圣殿

　　坐在比切林咖啡馆的时候，邻座有一位来自其他国家的男士用英语跟我们说："这里没有刺身。"那么都灵有什么呢？心驰神往的憧憬、沧海桑田的激情、闻乐起舞的清影、若隐若现的霓虹……我在笔记本上写道："一千个人的心中，就有一千个都灵。"

02 阿斯蒂

　　距离都灵只有四十五分钟车程的阿斯蒂有着优越的自然和地理条件，这里在两千多年前的罗马帝国时期就以商业繁荣著称。11—14 世纪，阿斯蒂成为意大利北部最具实力的城镇，虽然规模不大，却能将周边颇具实力的公国纳入自己的统辖之下。如今，在阿斯蒂的街道上仍然保留着一些当时的高塔、城堡和要塞，既是实力的象征，也是历史的见证。

　　因为拥有便利的陆路与水路条件，基督教很早就传到了这里。从市中心保存至今的众多哥特式教堂中，仍能看出当时文化的繁盛。10 世纪时，信众热衷于三条朝圣之路：第一条是通往罗马圣彼得墓地的法兰契杰纳大道，第二条是去耶路撒冷之路，第三条以西班牙的圣地亚哥—德孔波斯特拉为终点。法兰契杰纳大道的起点是罗马天主教会在英国最早的落脚点——坎特伯雷，全程两千多千米，经由法国的兰斯、贝桑松和瑞士的洛桑与蒙特勒，穿过意大利境内的阿斯蒂、博洛尼亚和佛罗伦萨，之后进入罗马。法国作家吕芬在《不朽的远行》一书中写道，信众通过艰难的长途跋涉，"释放思想和欲望的苦恼，清除一切精神的虚荣和身体的苦痛"，从而完成一场心灵的赎罪，达到净化心灵的目的。从中世纪开始，阿斯蒂的人们就不断接纳从英国和法国走来的朝圣者，为来往的信众提供食宿。他们自己也纷纷背起行囊，从阿斯蒂出发，加入朝圣的队伍中。

阿斯蒂位于阿尔卑斯山三面环绕的皮埃蒙特大区的丘陵地带，与毗邻的阿尔巴一样，同为世界上最昂贵的食材之一白松露的主要产区。但阿斯蒂和阿尔巴之间的关系，就像佛罗伦萨与锡耶纳一样，自古以来就积累了不共戴天的世仇，两个家族分别统治着两座小城，因为积怨而频频交战。如今，在城区的断壁残垣上仍能看到战火留下的痕迹。

市区的面积很小，从火车站步行六七分钟，就能走到市中心。在这里能听到的声响，一是教堂的钟声，二是清澈的塔纳罗河的水声，三是鹅卵石路上偶尔驶过的公交车声。在三角形的广场上，矗立着意大利剧作家、诗人维托里奥·阿尔菲耶里伯爵通体洁白的塑像。阿尔菲耶里 1749 年出生于此地，从第一部描写埃及艳后的悲剧《克利奥帕特拉》开始，他的作品就体现了当时最鲜明的时代特征——启蒙思想，虽然描写的是欲望与理智的冲突，但其入木三分的刻画手法发人深省。静静地坐在雕像前的草地上，仿佛能够听到这位"意大利古典主义悲剧奠基人"针砭时弊的心声。

初春新绿的青草、房顶上的砖红色瓦片与湛蓝的天空一起组成了阿斯蒂的三原色。走在马路上，能看到一座四十四米高、用红砖砌成的正方形的特洛伊塔。13 世纪时，阿斯蒂建有一百五十多座塔楼，留存至今的只有十二座。特洛伊塔以其鹤立鸡群的高度，成为市区里最引人注目的建筑。这里仿建了耶稣在耶路撒冷殉难之前背着十字架走过的苦路十四处，每一处都以很小的彩色石像复现耶稣曾经受过的苦难。沿着坡道缓缓走上去，虽不信教，也能感觉到所走的其实是一条跌宕起伏的路。

我们去阿斯蒂的主要目的并非品尝用带有麝香味的白葡萄酿

制的甜型起泡酒，而是令人赞不绝口的美食。阿尔卑斯山脉融化的雪水源源不断地流下来，让这里的土地变得特别肥沃；千百年来，阿斯蒂从来没有衣食之虞。当地自古就有"0千米"的说法，因为日常生活的所有食材都不必去其他地方采买，全靠自产自销。在每年9月采摘葡萄的时候，周边五十多个村镇的厨师和居民纷纷云集阿斯蒂参加美食节，人们把各自的创新菜品展示出来参与评比，因而，阿斯蒂成了美食的荟萃之地。

在我们预订午餐的坎帕纳罗（CAMPANARO）餐厅网站上，写着这样一段话："每年秋季，白松露都让享誉全球的菜肴变得更加芳香四溢，这使我们这里在皮埃蒙特大区成为最令人垂涎的美食目的地之一。阿斯蒂还是一片别有情趣的净土，它有着悠久的历史与传统，还有小巷、塔楼、市场以及代代相传的商铺，您可以在这里清闲地享用午餐，之后沿着我们每天走过的小路，轻松地漫步。"这是带着白松露般馨香的语句，言外之意，如今的阿斯蒂已是一片净土，不再有古代战场上的那些喧嚣。

意大利各地的餐厅都有烤茄子这道菜，做法是将切片后腌制的圆茄片油炸，在另一锅里放入炸茄片、大蒜和圆葱，小火慢煎，加入番茄罐头、百里香、香叶和红葡萄酒，大火烧开之后用小火炖半个小时以上，再将带有浓稠酱汁的茄片放入烤箱，把外表烤成焦糖色，最后将茄片折叠成半圆形装盘。这家餐厅的烤茄子装盘很不讲究，除了点缀的迷迭香和撒上的干酪，并无新意。但有的时候，不可言喻的美食并不在于外表，而是内在的口味。切开茄片，与酱汁一起吃，茄子表面的酥脆与滚烫的酱汁成为这道外焦里嫩的烤茄子最显著的特色。戴着红色边框眼镜的店主说，这道菜只在春天才做，寓意是结冰的寒冬终于要过去了，春回大地，河开燕来。经他画龙点睛的点拨，我们又意犹未尽地追加了一盘。

　　尽管已经吃得很饱，但桌子上的甜品仍让我们欲罢不能，瓦伦汀和王梓提议每人来上一道。点的四道甜品都摆放了带着叶子的无花果并撒上糖粉，无论是兑入奶油的梨与柠檬、加了鼠尾草的冰沙、无花果蛋糕配意式冰激凌，还是榛子与巧克力做的慕斯，只吃一口，就又打开了味蕾，只觉得没有"美食之都"之类美誉的阿斯蒂深藏不露，有着尚待挖掘的潜力。店主说，阿斯蒂距离世界第四大巧克力制造商费列罗集团的工厂只有二十千米，1946年，该公司创办人米歇尔·费列罗用当地产的整颗榛子和可可粉做成了最早的夹心巧克力。这种榛子的最大特点是不出油，而一旦出油，就会有酸味。餐厅的厨师将这种榛子捣碎，显然是要与慕斯的松软形成对比。

▲坎帕纳罗餐厅的甜品

　　1952年，店主的父亲在阿斯蒂开了这家餐厅。每上一道菜，店主都会走过来询问味道与口感，原来是在交流之中不断听取顾客的意见，从而加以改进。这种家庭作坊式的餐厅最吸引人的地方不在于摆盘时主次之分的一丝不苟和颜色区别的错落有致，而是在于每一道菜品的口感都精雕细琢。瓦伦汀的祖母在法国斯特拉斯堡开了一家小餐厅，每年只营业两个月，也不讲究摆盘，仅用家传配方做出当地最令人叫绝的猪肘子，从来都是供不应求，只此一家，别无分号。

阿斯蒂市中心有一座建于14世纪的圣母升天教堂，也是阿斯蒂的主教座堂。从餐厅走到教堂只要五分钟，因为教堂下午3点才开放，所以我们吃过午餐之后特意前往。这是皮埃蒙特大区罗马式和哥特式建筑风格中令人印象最深刻的建筑，外立面的砖墙非常普通，但由梁柱分成的三个中殿，每一处墙壁与穹顶的湿壁画、雕塑、玻璃花窗和祭坛都富丽堂皇。

▲圣母升天教堂外观

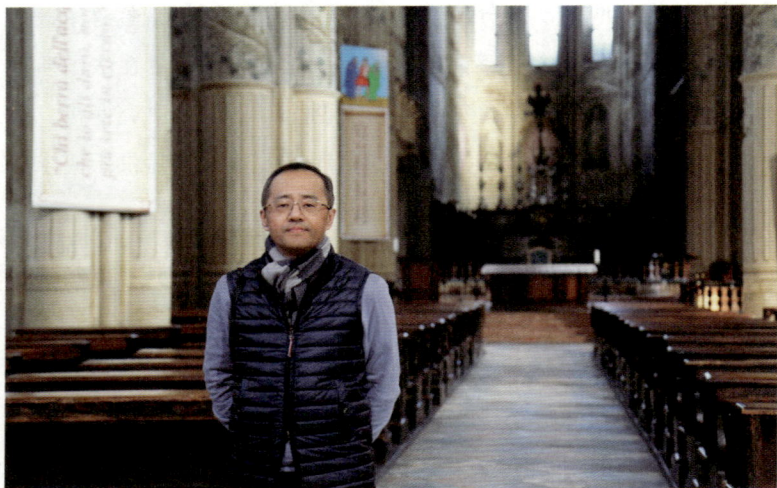

▲作者在圣母升天教堂

　　如今，我偶尔还会与王梓重温那个香气四溢的话题，我俩都认为，烤茄子就是阿斯蒂的代名词。

03 巴巴莱斯科

我们在意大利旅行时，参观美术馆、享用美食以及品饮美酒所消耗的时间最多，其中在酒庄实地感受丰富的酒文化更是难得的体验。

在中国，法国干红和干白葡萄酒的知名度远远大于意大利。改革开放之后，葡萄酒最先从香港传入内地，当时香港人最崇尚的就是法国葡萄酒，因而在那个特定的年代，从广东、福建、上海等沿海地区直至北京，法国酒先入为主，在庞大的市场上形成了空前的影响力。

说起世界上最早酿制葡萄酒的国家，多数历史学家认为可能是古代波斯。随着历史的发展，酿酒技术从波斯传到埃及，再由古希腊传入意大利。希腊人在一海之隔的意大利定居时，发现整个半岛从南到北的地中海气候与土壤都特别适合栽培葡萄，因而把意大利称为"葡萄酒的大地"。此后，随着古罗马帝国的扩张，公元1世纪，葡萄酒文化经由海路从意大利传到马赛，2到4世纪，又相继传到了法国的波尔多、勃艮第、卢瓦尔河谷和香槟地区。

虽然意大利是全球葡萄酒产量最多的国家，但最高端酒的价格始终没能超过法国，再加上市场上向来就有卖得越贵品质就越好的观念，因而，未能占得先机的意大利只能坐二望一。

我们在酒庄实地体验之后，才发现意大利是一个被长期忽视的葡萄酒王国，其蕴藏的巨大潜力有待进一步挖掘。与法国酒相比，意大利酒的名声之所以未能如雷贯耳，并非因为口感不好，我认为是输在了以下几个方面：产区名称、葡萄品种和酒名冗长难记，意大利人过去总是在自产自销的能力上沾沾自喜，在营销理念上没有法国人来得精明。

提起意大利葡萄酒，最著名的就是"3B"，专指 Barolo（巴罗洛）、Barbaresco（巴巴莱斯科）和 Brunello di Montalcino（蒙塔奇诺的布鲁奈罗）。其中，巴罗洛和巴巴莱斯科是产区的名称，而蒙塔奇诺的布鲁奈罗，则是指蒙塔奇诺小镇周围酒庄栽种的名叫布鲁奈罗的葡萄，三个 B，既有产区名称也有葡萄的名称，往往让初次接触意大利酒的人理不清头绪。

与阿斯蒂一样，巴巴莱斯科村也属于皮埃蒙特大区，在意大利语中，皮埃蒙特是山麓的意思，巴巴莱斯科被阿尔卑斯山三面环绕，是葡萄生长的理想产地。根据文献记载，从 1268 年开始，这里就种植一种名为内比奥罗的葡萄。这种葡萄颗粒较小，却有着极高的单宁和酸度，这是酿酒时必不可少的元素。充足的日光照射，是内比奥罗在皮埃蒙特得以生生不息的最重要的自然条件，因此，巴巴莱斯科所有的葡萄园都位于向阳的山坡上。"内比奥罗"的意思是雾气，每到夏秋之时，晨雾萦绕，犹如氤氲之境，种在片片丘陵之上的葡萄果皮会挂上一层厚厚的白霜。到了 10 月收获的季节，远远望去，白色的雾气、紫色的葡萄与金黄色的土地，组合成一幅田园诗的图景。正如唐朝李世民在五律《远山澄碧雾》中所写："残云收翠岭，夕雾结长空，带岫凝全碧，障霞隐半红。"

▲3月末时内比奥罗葡萄的嫩芽

　　巴巴莱斯科产区的海拔较低，远离地中海，周围群山阻隔。虽然冬季寒冷而夏季又异常炎热，但在葡萄成熟的秋天，气温则变得相当温和，特别适合内比奥罗这种缓慢成熟型葡萄。由泥灰土和砂土构成的土壤富含钙质，因此用晚熟的内比奥罗酿制的酒，酒体相当饱满，紫罗兰、黑色浆果和松露等香气明显，有着十分完美的细腻与平衡度。

　　这里有许多大名鼎鼎的酒庄，但思来想去，我们最终预约了其中极具特色的一家——被称为"不容易理解"的格雷侯爵酒庄。戴着眼镜的格雷侯爵满头银发，是一位有着典型贵族气质的绅士，他使用传统工艺酿制，完美地从皮薄粒小单宁重的内比奥罗葡萄中提炼出富有变幻的层次感与丝绸般的质感，即使是最差年份的葡萄，也能被他"妙手回春"，从而悉数体现出这片土地的独特魅力。

▲格雷侯爵酒庄的酒窖

　　巴巴莱斯科产区规定，葡萄酒最短的陈年时间是二十六个月，其中九个月要放于木桶之中，而"珍藏巴巴莱斯科"最短的陈年时间则要五十个月，其中的九到二十四个月要放于橡木桶里。我们在酒庄饶有兴致地品了五款酒，印象最深的：一是用2013年的内比奥罗葡萄酿制的一款，它单宁适中，表现出盛气凌人的霸气；二是用2011年内比奥罗葡萄酿制的珍藏款，都说这一年是巴巴莱斯科产区最好的年份之一，那款酒有深度也有内容，入口圆润轻灵，只觉得优雅和细腻的组合体在唇齿间跃跃欲动。按照2015、2014、2013、2012和2011年的顺序品尝了五款酒之后，我有了酒如人生的慨叹：就像初入职场时幼稚青涩、血气方刚，只有经过不断的磨砺，才能够修炼到处事不惊和自如圆润的境界。

　　离开酒庄，我们沿着坡路走到常住人口只有两千多人的拉莫拉村。在广场上凭栏远眺，左侧的巴巴莱斯科与阿斯蒂和右侧的巴罗洛，宛若一条金色的飘带，天连碧草，山抹微云，寒意不散却惠风拂面，这是内比奥罗葡萄酒带给我们的另一种美感。

▲拉莫拉村广场，能远眺巴巴莱斯科、阿斯蒂与巴罗洛的观景台

晚餐我们预订了小镇上的酿酒师（L'Osteria del Vignaiolo）餐厅，这里就像是格雷侯爵酒庄的分号，恰如其分地用菜品比喻了我们刚品过的五款酒。无论是头盘的三文鱼、蔬菜沙拉和奶酪鸡蛋皮，扇贝、虾和洋蓟的开胃菜，土豆泥、富有质感的扇贝和烤得稍硬的虾肉，还是那道刺激味觉的意面，都和内比奥罗息息相关。而极高的性价比让我们目瞪口呆，瓦伦汀说这顿晚餐的地点若是换成法国或者瑞士，价格至少要高两三倍。

既有美酒美景，又有佳肴美馔，这是北线之行中令我们心旷神怡的一天。

04 巴罗洛

　　巴罗洛与相隔二十五千米的巴巴莱斯科一样，使用最具代表性的内比奥罗葡萄酿酒。那些酒的色泽深邃、口感厚实、香气馥郁，尤其是经过了长达二三十年的适饮期，葡萄的酸度和单宁的锋芒都得到了最有效的收敛，紧涩的口感变得柔滑，喝起来更有意味深长之感。

　　在巴罗洛大约十二平方千米的土地上，八百余家酒庄的规模都很小，甚至某些酒庄的葡萄园面积还不到一万平方米。长期以来，这里的酒庄都沿袭旧制，在葡萄酒陈年时使用祖传下来的大橡木桶装盛。本来这一产区的葡萄酒产量就很少，再加上几十年的陈年，尽管有着极佳的口感，但一般消费者很难买到，所以在市场上的知名度很低。意大利裔美国人拍摄的纪录片《巴罗洛男孩》就提出了一个焦点问题：为什么付出那么多心血去酿造的酒，超出巴罗洛二十多千米就没人知道了，而法国却能出产价格昂贵且闻名世界的葡萄酒呢？于是，当地的年轻酿酒师们开始质疑并抨击从1876年就有的惯常做法，1990—2000年的十年间，这些"巴罗洛男孩"在不到一千人的小村落发起了一场挑战传统的革命，打破了这里固有的宁静，正如英国作家毛姆所说，他们"正满怀热情地试图摆脱禁锢的力量以获取自由"。

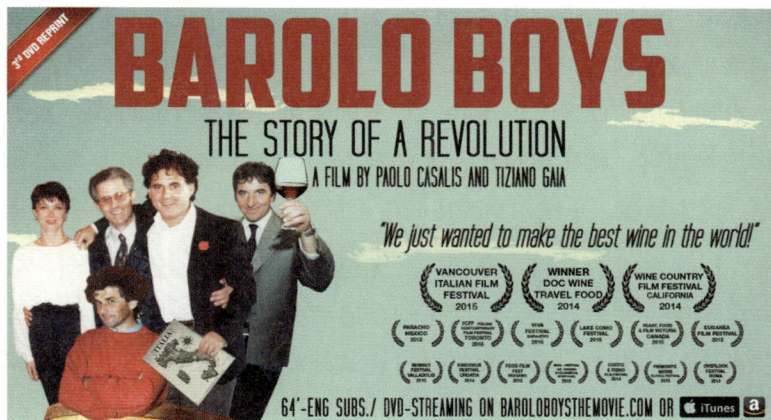

▲纪录片《巴罗洛男孩》的海报

　　年轻人不再像祖父或者父辈那样在葡萄成熟的最佳月份进行采摘，而是提前在8月份就故意剪掉一些成色较差的葡萄，为的是让剩余的果实长得更加饱满，果香更加浓郁。他们又将浸皮时间缩短到一周，也不再使用斯洛文尼亚大橡木桶，而全部换成二百二十五升的法国小橡木桶，从而大幅度减少发酵与陈年的时间，使得新型巴罗洛酒的适饮期缩短到五至六年。这种旋风般的崭新手段的确让人耳目一新，而售价的降低也让更多的消费者能够喝到巴罗洛葡萄酒。尤其在喜欢标新立异的美国，这种使用新方法酿制的具有爆发性香气和口感的酒受到热捧。

　　然而，在这场不见硝烟的较量中，赢得市场的年轻一代和恪守祖制的老一代，并没有明显地分出胜负。进入21世纪之后，激进派与保守派之间的矛盾已经趋缓，一些老酒庄也不得不稍加改进，从而适应市场的要求。

　　究竟如何去理解传统的含义，英国诗人艾略特认为："如果传统的、流传的唯一形式，存在于盲目地追随前代的步伐或者懦弱地忠诚于前代的成功方法里，'传统'就绝对是阻碍。传统是一个拥有更广泛意义的事物，它不可能通过继承权而得到，如果你想得到它，就必须付出巨大的努力。"这几句话，说是为巴罗洛产区朱塞佩·里纳尔迪酒庄的庄主量身定制的，再合适不过。

以往去过的任何一家酒庄，无论是建筑的外观还是内饰，都一尘不染，井然有序，然而里纳尔迪酒庄却完全不把精力放在这些表面的功夫上。尽管事先看过建筑外观的照片，但我们按照导航找到酒庄的时候，还是被眼前不修边幅的三层红砖老楼惊到了。铁栅门外放着一个歪斜的塑料垃圾桶，沿着碎石子土路走到院子里，一堆木柴环绕着老树干，楼墙边上堆放着砖头、木板、托盘和塑料箱等各式杂物。这哪里是什么酒庄，简直就是一户农家。我们面面相觑，还以为找错了地方。当时我觉得选的这家酒庄一定会让我们失望。

品酒的房间显得杂乱无章，酒窖旁边，萨拉米肠和烟叶同时挂在长着黑斑的砖墙上，木架中那些贴着 1927 年和其他年份酒标的酒瓶都挂满了灰尘。摆放酒瓶和酒杯的小圆桌也年头已久，没有一处严丝合缝。所有的一切，都以不可思议的凌乱与残破展现出庄主特立独行的生活态度。一提起朱塞佩·里纳尔迪，人们都将他与近在咫尺的马沙雷洛酒庄庄主和坎培拉诺酒庄庄主并称为传统巴罗洛的三驾马车，其他两家酒庄内部的模样不得而知，但传统是否就是如此败絮其中，直到品酒之前，我一直疑虑重重。

▲品酒室内景

　　当新潮的风暴在巴罗洛甚嚣尘上的时候，朱塞佩·里纳尔迪庄主公开斥责那些离经叛道的做法。他在祖辈的酒窖里一直使用曾祖父、祖父和父亲用过的大橡木桶，而且长时间浸渍。对那些改用小橡木桶的激进者，他特意将拆开小桶的木板做成椅子，以抗议的口气在椅背的左上角贴上一张手写的字条，"这就是小桶应有的用途"。另外，他坚持手工浸皮，也不使用现代的温控设备。但正如艾略特所说的，他"基于传统而又付出了自己的努力"，因为1992年父亲去世以后，他摒弃了父亲使用单一葡萄园的葡萄进行酿制的做法，而是采取混酿的做法，先将在富含砂石与钙质泥灰岩两种土质里种植的葡萄混合，又将泥灰岩质和砂石质的两块田里的葡萄进行混酿，也就是"双园调配"；他认为，混酿才是巴罗洛的最高境界，而混酿的巴罗洛才应当成为意大利葡萄酒中坚守传统价值的典范。

▲朱塞佩·里纳尔迪庄主一直使用的曾祖父用过的大橡木桶

我们在酒庄品了三款酒，2015年的内比奥罗有着石榴红的酒色，酒体轻盈，酸度很重，第一口喝下去，就能感受到荒原上的狂野之气。美国品酒大师、创办《葡萄酒倡导家》月刊的罗伯特·帕克就曾评价说："此酒刚毅不屈，单宁极其强烈，在酒龄年轻的时候往往难以亲近，且桀骜不驯。"印象深刻的还有一款2013年的布鲁奈罗，单宁也重，闻起来有着浓郁的香草味和丰富的层次感，尽管也未进入适饮期，但相对而言，更让我们喜欢。

本想买两瓶2013年和2015年的酒带回家，但这家酒庄又表现出了不合常规的特点，不收品酒费更不卖酒，如果想买，只能去他们指定的巴罗洛镇上的商店。

如今，传承千年的酿酒理念已然成为巴罗洛葡萄酒的精髓，虽然经历过打破传统的激进波动，但风潮过后，愈久弥坚的老派做法依然是行业的指南，三驾马车以他们的耐心和毅力，将巴罗洛持之以恒的传统塑造成了典范。非常可惜的是，就在我们离开酒庄一年半之后的2018年9月，被称为巴罗洛酒庄中最为传统的代表朱塞佩·里纳尔迪庄主因病去世，巴罗洛失去了最后一面旗帜。

▲庄主将小橡木桶做成椅子，在左上角贴上"这就是小桶应有的用途"的字条。椅子上摆放的照片，是年轻时的朱塞佩·里纳尔迪庄主

庄主曾经说过，"酒是复杂的，需要你花费相当长的时间去学习、思考和理解，就像对待其他艺术一样，它也许不会立即讨人喜欢，因为一款好的巴罗洛，能够适应长时间的老化，展现出不一般的魅力"，只有尝过这家酒庄的酒，才能对这几句话有更深刻的认知。

马勒是上承 19 世纪德奥浪漫主义音乐传统，下启 20 世纪早期现代主义音乐的奥地利作曲家，对于承前，他说："传统不是崇拜灰烬，而是延续薪火。"任何盲从和墨守，只能束缚时代的进步，而朱塞佩·里纳尔迪庄主的可贵之处就在于，他用改良式的手法来承继那些伟大的传统。我觉得，在巴罗洛的历史上，应该这样为庄主记上一笔：不做标新立异的征服，他一直坚持的，就是守护风土。

我们在巴罗洛的一处民居住了两晚，至今回想起来，那些美妙的场景依然历历在目。女主人的祖父于 20 世纪 60 年代在坎努比地段买了一个葡萄园，而坎努比是巴罗洛产区最著名的地段，这一产区现存最古老的一瓶酒，就是标着 1752 年的坎努比葡萄酒。女主人继承了祖父买下的建于 18 世纪的两层楼房，除了与家人居住，还把余下的房间出租给游客。她很擅长布置，喜欢在芳草鲜美、落英缤纷的"桃花源"里享受快乐时光。早餐之前，她早早地摆好了自制的各种果酱和前一年在自家果园里采摘的苹果，煎好了家养鸡下的鸡蛋，更准备了前一天晚上烤好的多款面包和甜点。她在与我们分别时说，以后我们如果能多住几天，她想带我们去看看她的祖父买下的葡萄园，尝尝她的家人做的夹心手擀意面，再跟我们聊聊她的猎犬在野外找到昂贵白松露的那些个秋天。

05

蒙巴尔卡罗

达·芬奇是意大利文艺复兴时期涉猎范围最广、知识最丰富、给后人留下最多图文资料的天才。他重新发现了被湮没已久的古希腊文明，晚年的时候注重清淡饮食，不像先人那样喜欢红肉，而是热衷于素食。我们在各地用餐时，发现意大利人的餐桌上很少看到红肉，也从未看到有食客向店员单点牛排。

法国思想家蒙田 16 世纪去意大利壮游时，发现了一个有别于欧洲其他地方的奇怪现象，他在《意大利旅游日志》中写道："这个国家的人们不习惯吃太多的肉。"蒙田所指的是红色的牛肉、羊肉和猪肉。正如美国作家戴夫·德威特在《达·芬奇的秘密厨房：一段意大利烹饪的秘史》一书中所说，意大利人认为"鱼是自然赐予我们的最鲜美可口的食物"。达·芬奇在米兰圣玛利亚感恩教堂所画的《最后的晚餐》的餐桌上，除了面包和红酒，并没有传统意义上的羊肉，而是特意画了配着橙子片的烤鳗鱼。除此之外，蔬菜和奶酪也备受意大利人的青睐。达·芬奇去世三年之后，哥伦布开启的大航海时代带来了多样化的食材，西红柿、胡椒、土豆、玉米、南瓜等西半球土地上的各种蔬菜传入西班牙，又被西班牙人带到了那不勒斯王国。如今，西红柿和罗勒成了意大利菜诸多酱汁中最基本的底料。

而奶酪，是另一种可以代替红肉的食物，如同与意大利餐前面包搭配的香醋和橄榄油一样，总是出现在沙拉、比萨、意面或者意大利烩饭之中。

古人在五千五百多年前就开始食用奶酪，但到底哪里是起源地，现在还尚无明确的文字记载。目前，有一个被普遍接受的说法，早在公元前 1000 年左右，有着高度古希腊文明，版图在现今意大利托斯卡纳、拉齐奥和翁布里亚的古代城邦国家伊特鲁里亚，就开始制作并食用奶酪；此后又从北向南，将制作技术和工艺传遍了整个意大利。北方有用牛奶做成的帕马森干酪和戈贡佐拉奶酪，南方有用水牛奶做成的马苏里拉奶酪，而在岩石较多、耕地较少的北部山区，则使用山羊奶和绵羊奶做奶酪。意大利人制作和食用奶酪的历史，远远早于被称为"奶酪王国"的法国。

随着岁月的更迭，意大利绝大部分的奶酪制作工艺和配方都已失传，目前保留下来的只有四百多个品种。在意大利，除了预约参观葡萄酒、橄榄油和香醋作坊，我们还对奶酪的制作兴致盎然。在我们的行程路线中，一家位于意大利西北部的蒙巴尔卡罗乡村的名为阿玛耳忒亚牧场（I Pascoli di Amaltea）的奶酪农场，正好就在两大葡萄酒产区巴巴莱斯科和巴罗洛之间的必经之路上，因而就成了我们的首选。

离开巴罗洛那个难忘的民居不久，车窗外的视线尽头就是意大利与法国边境上的阿尔卑斯山。几百年前，意大利人就通过边境的某个地方，将西蓝花、豌豆和文艺复兴晚期最受人喜爱的洋蓟，传到了山的那一边，也许不是有意冲淡法兰西人对于红肉的喜爱，但它却完善了法国人的食物链。如今，法国人和意大利人在奶酪的市场份额上平分秋色，蒙巴尔卡罗的这家奶酪农场在意法边境的浓郁氛围里捕捉到了传统的讯息，重新发现了古老的奶酪制作技术和被人们遗忘的配方。

▲白雪皑皑的阿尔卑斯山，位于意大利、法国等国的交界处

　　下了柏油路，拐向土路的时候，手机导航失灵，只好依靠车载导航，它领我们来到一处铺满小石子的院落。一条大白狗见了我们，格外兴奋地奔跑撒欢。接待我们的年轻女主人带着黑色边框的高度近视眼镜，她说这里有狼，所以就养了这只白色牧羊犬。

　　2007年，女主人和丈夫购买了一栋建于一百多年前的三层农舍，经过几年的翻修，现在专门用来养羊、挤奶并制作各种口味的奶酪。男主人沉默寡言却非常能干，他在一楼有一个很大的工房，里面配备了各种木工工具。夫妇二人自行在院子里建起了羊圈，养了四十多只绵羊和五十多只山羊。2月到6月，草长莺飞，羊圈一千米之外有大约二十万平方米的草地，充足的食物确保母羊可以被挤出大量的奶水。七八月份，气候炎热，草场上的草开始干枯，羊群开始吃干草，到了 10 月份，母羊不再产奶。因而，从每年二三月份开始，就成了夫妇二人制作奶酪的最佳时节。

在这个绿草刚刚萌芽的季节，一只出生只有二十多天的小羊羔用天真和怯懦的眼神，看着母亲和长辈们在羊圈里吃着冬天留下的最后一批干草。过了哺乳期之后，这只小羊羔就会跟随羊群走向草场。

跟随女主人的导引，我们来到一间光线十足的房间。在两层的隔断上，铺着正方形的白纸，上面摆着厚薄不一、或圆或方的奶酪，它们正在阳光下发酵。那些白纸每天都要更换一次，我看见有的圆形奶酪边上长了蓝斑，以为是没有及时更换白纸而导致发霉了。女主人却说，只有 4 月份才会出现这种蓝菌，说明发酵的温度刚刚好。随着季节的变换，奶酪的味道或浓或淡。每年 5 月份，青草的水分最多，用此时挤的羊奶做成的奶酪，油脂也最多，而用 8 月份吃干草的羊奶做的奶酪，味道则会变得更加浓郁。女主人说，她绝对不加防腐剂，因为在她看来，加入防腐剂的奶酪永远都是同一种味道，她孜孜以求的是差异，即使差别极其微小，也乐此不疲。

在二楼一间奶酪品尝室，女主人将一天前、六天前、十二天前、一个月前和四年前做的八种奶酪切成小块，装在四个盘子中让我们品尝。第一道用的是前一天挤的羊奶，只有奶味；放置十二天的，已经有了硬壳；一个月以前做的那一种，才有了浓郁的奶酪味道，搭配只在多利亚尼小镇种植的 2015 年的多赛托葡萄酿制的干红葡萄酒，口感甚好，因为这款酒放在橡木桶半年之后，只经过一年的陈年，其典型的黑巧克力的味道与奶酪相得益彰。

吃到四年前做的口感最好的奶酪时，女主人特意向我们介绍装这款奶酪的密封罐，她说平时故意不去清洗干净，目的是为了承继罐内相当于酵母的真菌，从而让奶酪的味道更加浓郁。女主人拿来一罐果酱，让我们相当好奇。她说这是榛子酱，用的是压榨之后的葡萄原汁，先炖煮六小时，再加入榛子、梨和无花果，用小火熬四到六小时，里面完全都是果糖。女主人建议我们将四年前的奶酪搭配这种榛子酱和面包一起吃，一入口，我只觉得眼前是烟雨蒙蒙的山谷，一团雾气弥漫在竹烟波月之间，我情不自禁地举起双臂，比画着浓雾拂面的动作。女主人仿佛与我心有灵犀一点通，说了一句："对对对，就是这样。"瓦伦汀说："她能看懂中文的意思了。"随即五个人就哈哈大笑起来。

当山羊和绵羊不再产奶之后，男主人会将它们宰杀。女主人用羊肉与欧芹、胡萝卜和鸡蛋一起做成腊肠，还会用羊奶皮做成撒了肉桂粉和蜂蜜的甜品，这些都是在奶酪农场之外的任何餐厅都吃不到的独特食品。

意大利奶酪的最大区别是北软南硬，纯手工的小奶酪作坊完全不能与大规模的工业化生产相提并论。初次领教了北方的小规模制作方法后，我们都说下一次还要再找几家北方制作马斯卡彭和帕马森干酪以及南方制作马苏里拉奶酪的中型或大型工厂去参观，肯定会有更多深切的体会。

06 阿尔巴

　　建城已有两千多年历史的阿尔巴，曾是罗马帝国时期一个重要的市镇。阿尔巴目前的人口只有三万，却每隔一百米左右就有一座教堂，乍一看还以为走进了一座天然的教堂博物馆。这里以出产世界上最昂贵的梦幻食材白松露而闻名，从1990年10月开始，全世界最识货的买家都会来到阿尔巴参加竞拍。在2020年第21届世界拍卖会上，一块九百克的白松露被拍出了十万欧元。与鹅肝和鱼子酱并称为世界三大珍馐的白松露具有天然的、独一无二的香气，它只能在秋天采集，不能进行人工种植，因而物以稀为贵。

　　我们在复活节假期前去阿尔巴，主要是为了在米其林三星餐厅大教堂广场餐厅（Piazza Duomo）领教意大利名厨恩里科·克里帕的精湛厨艺。

　　去餐厅的路上，在一片片蔓延开来的葡萄园之间，孤零零地耸立着一座用红砖砌成的长方形建筑，格外庄严和宏伟，它就是2014年被列入世界遗产的格林扎内·卡武尔城堡；如今，每年秋天的世界白松露拍卖会都在城堡内举行。我的太太一边呼吸着田野的芬芳，一边想象着背后的城堡和眼前的葡萄园之间发生过的故事，陶醉其间，离开时把小包忘在了长条椅上。我们坐瓦伦汀的车已经到了阿尔巴，好在距离很近，想起来的时候折返回去，虽然旁边的长椅上又坐了几个人，但远远望去，小包依然放在那里。

说起西餐，人们会按名气，将法国大餐排在第一位；然而，意大利菜才是"西餐之母"，那些源远流长的烹饪方法，对此后出现的法国大餐产生了深刻影响。正如一位意大利美食家所说："生活有几个本质功能，营养和繁殖、食物和家庭，而这些，意大利人都最为在行。在所有的老电影中，我们总会看到意大利人家庭聚餐的场景，做出那些讲究原汁原味的精美菜肴的，是意大利两三百万名的米其林星级厨师。"这是一种调侃，因为人们都说，意大利的祖母和母亲们的厨艺，并不比米其林星级厨师差。

　　恩里科·克里帕是意大利第一位摘得米其林三星、被誉为"意大利美食教父"的瓜蒂耶罗·马切西的得意门生。他的老师马切西被拥有三家米其林三星餐厅的法国主厨阿兰·杜卡斯称为"意式烹饪史上具有里程碑式的人物"。有两家米其林三星餐厅的法国主厨雅尼克·亚兰诺说："马切西给了意大利成为一个美食大国的机会，让世人看到意大利是一流的美食国家，你只要看看世界排名前五十的主厨，最好的都是意大利人，马切西在其中功不可没。"

　　米其林星级餐厅的数量每年在意大利或增或减，但总数差别不大。2016年有334家，其中三星8家、二星38家、一星288家；2017年则是343家，其中三星8家、二星41家、一星294家。几乎所有意大利的米其林星级餐厅的主厨或者厨师们都受到马切西那些开创性理念的影响，从而将意大利菜推向一个又一个新的高度。

　　世界美食界除了米其林星级的评定，在英国还有一家创立于2002年，被誉为"美食界奥斯卡"的评选机构。评委会由世界各地二十六个区域的小组构成，每个小组有三十六名组员，每个组员手中有七张选票，这些组员都是美食行业的精英，他们对评选之前的一年半时间里，自费去过的世界各地七家餐厅的品餐经历进行评分，这就是在餐饮界最具影响力的"全球50佳餐厅"榜单。

恩里科·克里帕主理的大教堂广场餐厅在2016年的榜单中排名第十七，2017年排到第十五，2018年是第十八名。餐厅位于阿尔巴镇中心广场一条狭窄的胡同里，与绝大多数米其林星级餐厅一样，没有巨大的招牌，很不显眼。七张餐桌分布在黄色灯光、粉色墙壁和画着硕大葡萄叶的屋顶之下。出生于那不勒斯的超现实主义和表现主义画家弗朗西斯科·克莱门特绘制的壁画是这里唯一醒目的标志。餐厅的内饰极其简约，是主厨喜欢的动静相宜的格调。

我们在尺寸很大的菜单上选了餐厅经典之选套餐中的"逃避和领土"（EVASIONE E TERRITORIO），之所以毫不犹豫，是因为其中有主厨根据季节而定的两道创意新菜品。

恩里科·克里帕跟随马切西多年，马切西生前称赞他是身边"最为得意也是最为冷静的弟子"。1996年，在马切西开设于米兰斯卡拉广场的马切西诺（II Marchesino）餐厅担任厨师的恩里科·克里帕被派往神户分店担任主厨，此后又主理大阪丽嘉皇家酒店餐厅。在其年轻时的东渡过程中，恩里科·克里帕从日本料理的摆盘中受到诸多的启发。他说："我在神户待了三年，学到了亚洲烹饪的内容，当然最重要的是关于日本料理烹饪的诀窍，更好地理解了亚洲的装盘和烹饪方式、切菜与做菜以及设计一道菜品的方法。"

马切西曾告诉恩里科·克里帕："我的烹饪在于真实，换句话说，在于表现形式，在于客观物质。我要确认菜里都有什么，因为除了品菜，我还要了解制作方法。如今的食物混合了很多东西，非常复杂，浇满了各种酱料。从文化上讲，我有点像日本人，在某种程度上，我喜欢在日本度过的时光。日本料理通过其摆盘搭配方式突出原材料的味道，摆盘本身就可作为增强食物本味的关键，而不是用随意的调配毁掉食材。我那时大概八岁，住在日本南部的某个地方，记不清是在哪里了，在那里所有的东西都用叶子包裹，他们告诉我们拿开叶子，我们就剥掉了叶子，叶子下边是开边的龙虾在滚烫的石头上被烤炙着，你看到了精心的摆盘，但食材却十分简洁。"

在恩里科·克里帕的菜品中，既有老师的教诲，也有自身深受日本料理影响并学以致用的烹饪风格。前三道开胃菜里，无论是中国小白菜还是澳洲海鳌虾，都有精心的搭配，显现出海纳百川和海天一色的用意。主厨自由发挥的第一道主菜新菜品由鳕鱼和各种蔬菜组成，从酸味开始，大有一种曲径通幽并渐入佳境的东方意境，田园画卷在口内形成，仿佛吟诗般的快感油然而生。

最值得称道的，是菜单上印着 21、31、41、51 数字的招牌之作。根据季节不同，恩里科·克里帕将二十一至五十一种蔬菜合为一道沙拉。我们品尝这道菜品的时候正逢春季，可以体验最当季的五十一种蔬菜组合在一起的美味。以前看过宣传大教堂广场餐厅这道沙拉的视频，但只有亲自品尝才能领略到主厨的精美创意。吃的顺序是自上而下，最上方的小萝卜和菜叶是大自然原生的纯粹微辣菜味，中间掺杂了芝麻调料，底部的脆皮则是加了海鲜而炸制的，最后要喝掉杯底盘中的汤汁。感觉这道蔬菜沙拉的特点是先给味蕾一个明显的刺激，然后趋于和缓，以柔和为主旨，很有举重若轻的况味。

▲五十一种蔬菜做的沙拉

在那个绝佳的用餐氛围里坐了四个小时，给我留下印象最深刻的，是菜品的新意迭出和东西方兼容，以及于细微处见精神的画外有音。每一桌客人用餐结束之后，恩里科·克里帕都会在楼梯旁等候，与客人寒暄，很显然，这是在神户或者大阪养成的习惯。

马切西把看似单调的烹饪变成了艺术，他不但概括出了菜品的本质，更是用最简捷的办法，做出了继往开来的审美格调，而以恩里科·克里帕为代表的意大利主厨们正在传递着更为新颖的美食理念。来意大利，不能只局限于普通的街头小店，还要多去几家高档的餐厅，比较那些最具代表性的厨师的烹饪艺术，直接感受马切西和受其影响的米其林星级厨师们创造的美食意境，那才是一次视觉、听觉和味觉都完美的旅行。

07 热那亚

"作别世外桃源，带走一丝云烟，既然雪山不会融化，那就向热那亚进发"，这是我在早餐后离开巴罗洛民居的时候，记在笔记本中的感言。

车子开到利古里亚大区萨沃纳省省会的萨沃纳，我们慕名去了一家店铺，体验了别开生面的浓郁水果味的口感独特的意式冰激凌。稍事休息之后，沿着地中海北部的利古里亚海边前行，窗外的海景不断地提醒着我们，需要忘掉巴罗洛的云雾，因为眼前是一阵阵拂面的海风。

热那亚曾是一个掌控着欧洲中世纪命脉的最繁盛的海上帝国，从老城深处的小巷和古韵犹存的宫殿中，仍能看出当时繁盛的程度。而见证历史的公寓与当地做法的海鲜，更让我们大开眼界，与此前在意大利内陆的感受截然不同。

进入热那亚市区，王梓给房东的代理人打电话，说我们的车已经开到了门口。路边一道电动的铁栅门徐徐开启，沿着长满绿苔的潮湿砖坡路开上去，就来到预约好的一栋四层公寓楼前。代理人说，房主人正好刚从都灵回来，想要见个面，我们就迅速安顿好了箱包，在长方形的客厅里与房主人站着寒暄。八十多岁的老先生问我们都是做什么的，我说我学的是历史，他很吃惊地说："我也是啊。"

老先生说，这栋楼房与意大利和世界现代史息息相关。1943年8月，为了阻止盟军北上，被希特勒任命为驻意大利北部集团军司令的隆美尔率领德军越过边境南下意大利，占领了米兰、都灵和热那亚等大城市。1944年3月，一位少将接任德军驻热那亚司令，由于战事日益吃紧，他接到了希特勒下达的炸毁热那亚所有工厂和港口的命令。但对于以港兴市的热那亚来说，如果没有了港口，整个城市将面临灾难性的后果，少将看到德军节节败退的趋势，审时度势，在1945年4月中下旬，通过秘密渠道与游击队领导人进行了三次谈判，达成了双方都能接受的交换条件：只要他的部队在向北撤退的时候不受到攻击，他就不会炸毁那些设施。4月24日，不愿继续牺牲无辜士兵的少将下令不再攻击游击队，与此同时，他收到了热那亚红衣主教的一封信。红衣主教曾在战争期间营救了八百多名犹太人，与游击队领导人有良好的私交，他建议少将在他居住的地方与游击队进行和平谈判。

由于红衣主教所在的建于1118年的圣洛伦佐大教堂和1260年的圣奥斯定堂都遭到了盟军的轰炸，1945年3月22日，他受到老先生祖母的邀请，住到了我们在热那亚入住两晚的这间公寓。红衣主教患有严重的心脏病，但从这里的花园阳台可以直接坐车出入，不再需要爬楼梯，十分便捷。

尽管有红衣主教在德军和游击队之间牵线，但谈判成功与否对任何一方来说都是未知数。谈判之前，德军和游击队都提出了一个先决条件，如果谈得拢，双方握手言和，但如果谈崩，则分别从不同的房门离去，从而保住各自的体面。而机缘巧合之处就在于，当时热那亚所有建筑的客厅都不能够满足这一要求，只有这栋公寓的客厅有三扇门，仿佛天意使然。

少将与游击队接触的做法得到了部下的理解，尽管希特勒下达了杀掉少将的命令，但忠于少将的部下没有采取任何行动。1945年4月25日，在红衣主教的斡旋之下，少将和游击队领导人开始了和平谈判，从上午9点一直谈到晚上7点半，双方最终签署了一式四份的文件，德军向意大利投降。而这一天，也是意大利的全国解放日。

当时谈判和签字的客厅就在我住的卧室门外，无论是晚餐之后回去还是早晨起来打开房门，我都是蹑手蹑脚，生怕任何一个异常的响动都会打破从这里带给这座城市的和平与宁静。屋顶的湿壁画采用蓝白两色，衬托出金黄色的家族族徽，谈判桌旁的墙上挂着红衣主教的画像，六把红色绒面椅子围着小小的圆桌，上面摆放着当时签署的文件。

▲德军少将与热那亚游击队举行谈判的客厅。打开的房门里面是我住的卧室

客厅另一侧的钢琴，让喜欢古典音乐的我们备感亲切。老先生介绍说，他 1927 年去世的祖父叫约瑟夫，与 19 世纪最有影响力的意大利作曲家朱塞佩·威尔第同名，因为"约瑟夫"在意大利语中的发音就是"朱塞佩"。每年 3 月 19 日的圣约瑟夫节，老先生一家的祖孙三代都会聚在一起庆祝。威尔第与老先生的祖父是好友，1891 年，威尔第家里的钢琴坏了，就总是到这里弹琴，因为这架钢琴和威尔第家的一模一样。1893 年圣约瑟夫节的那一天，威尔第又来到这里，弹完琴后，威尔第在自己的照片上留言并签名。那张签名照片的原件，如今就放在客厅的钢琴上。

▲左侧谈判桌的斜对面，放着威尔第弹过的钢琴和签名照片的原件

　　老先生接着说："意大利是一个很特别的国家，以前都是各自独立的小国，文艺复兴时期，从北到南依次为萨伏伊公国、米兰公国、威尼斯共和国、热那亚共和国、费拉拉公国、佛罗伦萨共和国、锡耶纳共和国、教皇国和拿波里王国。"他问瓦伦汀："你

们法国是这样吗？"然后接着说，"意大利有各种各样的特色，你们要去慢慢地体验，才能从中找到不同的乐趣。"

第二天和第三天早晨我们去了附近居民区的同一家咖啡馆吃早餐，自取了各自想吃的面包和咖啡，去付款的时候，却看到当地人都是拿起牛角包直接开吃，吃完了告诉店员喝了什么吃了什么之后再付钱，忙而不乱的店员根本不去一一确认。我们在意大利任何一个城镇都没有看到这样的场景，这就是老先生说的热那亚的特色之一吧！

热那亚没有佛罗伦萨、罗马和威尼斯那些文艺复兴艺术典藏，虽然我们也去了美术馆或者宫殿，但主要的目的是去享用生猛海鲜。晚上穿过几条狭窄的胡同，去往一家只有本地人才去的餐厅，开胃的八爪鱼沙拉格外清淡，而用番茄酱烹制的贻贝更令人叫绝。

第二天中午，驱车一个小时到了隶属于热那亚省、只有一万多人的拉瓦尼亚镇。路边有一家1962年开业的米其林推荐餐厅，那栋建筑里最初是鱼市，改成餐厅之后，由于菜品口味独一无二而远近闻名。现今的店员是两位七十岁左右的姐妹，拿来的菜单封面上，是她们的祖父叼着烟卷、手里抓着刚钓上来的一条鱼的照片。我们先点了一盘生鱼片，看着红白相间的鱼片上淋的橄榄油和柠檬汁以及切得很细的青菜叶，就食指大动；第二盘腌制小咸鱼虽然稍咸，但与青菜叶搭配起来就得到了巧妙的中和；第三盘是番茄酱烹煮的贻贝，小时候在大连的海边经常吃到，当鲜美的味道激活了记忆，味蕾顿时欢快地跳跃起来。我的主菜是包有鱼肉馅的意面，切开之后，洁白的鱼肉与红色的酱汁相映成趣。美味不可独享，就与王梓和瓦伦汀分着吃，大家都赞道唇齿留香。兴之所至，瓦伦汀看到菜单上有一道生鱼片拼盘，就点了一份，但姐妹俩端上了满满四盘，这才知道瓦伦汀用意大利语把份数给说多了，好在那时候，我们依然还有好胃口。

▲餐厅的店员在给我们上菜

▲餐厅菜品——生鱼片

　　离开拉瓦尼亚，开车一个多小时，在海滨公路上走走停停。悬崖之下，几个不通汽车的海边小镇依山而建，建筑的外墙被刷成五颜六色。一艘快艇用弧线划破了平静的海面，顿时画面变得活泼起来。

▲热那亚附近的海滨小镇

　　尽管路过五渔村，但那里已经被全世界各地的游客去滥了，而我们四个人之所以能够连续三年非常愉悦地组合在一起，就是因为在吃、住、行方面的偏好高度一致，比如都对拥挤和喧嚣不感兴趣。车子开到尚未被旅行团队包围的韦内雷港，我们从盘旋的海滨公路俯瞰建于13世纪的多利亚城堡，这种感觉与之后从地面走上去时大相径庭。沿着碎石台阶气喘吁吁地拾级而上，能看到地中海的潮水正在疯狂地拍打着嶙峋的海岸，如同穿梭到了几百年前热那亚与周边城市你争我夺的海上战争之中。

　　经由建于1198年有斑马线墙壁的圣彼得教堂，走到拜伦洞，心情马上就放松下来。这是见证了两位英国诗人友情的地方——19世纪初期，在意大利住了七年的拜伦常常来到这里，从洞口走到海边，游向对岸的莱里奇，去与他亲密的朋友雪莱相聚。

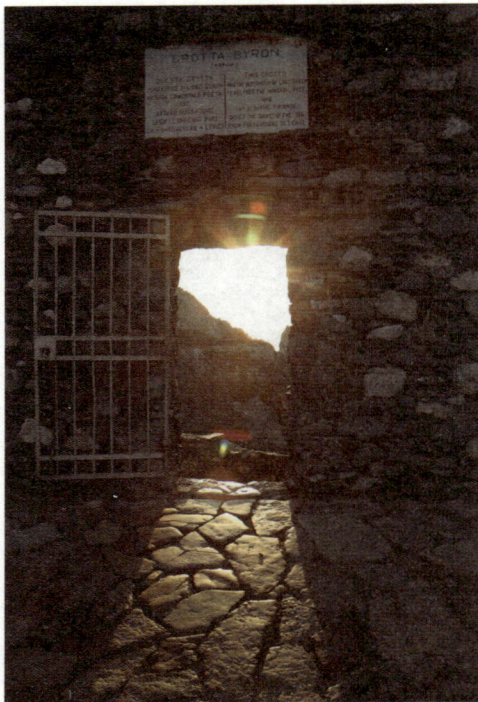
▲拜伦洞

天色暗了下来，我悬着双脚，坐在海岸边的高墙上发呆。就在红日遁入海中的一瞬间，一只海鸥飞过来，似乎是要催促我们离去。旁边一对法国情侣递过来手机，让我帮两人拍被火红的晚霞染透了的背影。我一看表，已经晚上八点了，从这里返回热那亚还需要一个半小时，晚餐预约的那家海鲜餐厅还会营业吗？

王梓打电话确认，厨师（I Cuochi）餐厅的店员在电话的那一头说："你们来吧，我们晚上12点半才关门，如果那时候还没座位，你们可以坐到吧台那里。"赶回热那亚市里，穿过狭窄的街巷，进到店里已是晚上10点，正好还有一张空桌。这里的烤海鲜别具一格，头盘的烤虾，插着一根迷迭香的枝叶，与切碎的烤蔬菜一起散发出诱人的鲜香。我点的烤鲈鱼色泽金黄，厨师把烤茄子放到了鱼块下面，他怎么知道我在阿斯蒂的时候就对意式烤茄子赞不绝口呢？

去海港城市热那亚，除了海鲜，还应该去吉诺维斯（Il Genovese）餐厅体验一下意面。这是一家1912年开业的小餐厅，店主在建于中世纪的修道院里发现了制作意大利青酱的配方，将当地种的罗勒叶、大蒜和初榨橄榄油以及帕马森干酪等放入五千克的石臼中，再用粗大的木杵捣成酱汁。我们品尝了三盘形状不一的意面，与机器磨出来的青酱相比，用手工方法做出来的颜色特别翠绿，有着扑鼻的清香。

▲在吉诺维斯餐厅点的一盘手工捣制青酱的意面

虽然热那亚并不像意大利的其他城市那样洁净，但这里的美食异彩纷呈，这就够了。

08 克雷莫纳

从热那亚前往举世闻名的小提琴制作名城克雷莫纳，需要两个小时的车程。

在中世纪，炼金术士的梦想就是要找到一种方法把铅变成金子，但对音乐家而言，他们的理想，是要创造一种听起来酷似人声的乐器。文艺复兴时期，在多少代人的期待之中，小提琴在意大利应运而生。著名小提琴家耶胡迪·梅纽因在其《人类的音乐》一书中写道："小提琴自诞生后不仅让欧洲人翩翩起舞、心旌摇荡，而且令全球——从中国到非洲，再到美洲的崇山峻岭——都为之倾心。"

1540年，出生于克雷莫纳的安德烈·阿马蒂发明了小提琴，虽然只有三根弦，却是人类历史上第一把如同人声那样可以颤动的弓弦乐器。此后，阿马蒂接到了来自佛罗伦萨的美第奇家族的订单，改进了三弦琴干涩、单薄和音量过小的弱点，做出了声音更加饱满和通透的四弦琴。阿马蒂创造的拱形结构的琴形，明显提升了乐器的质感，成为后来小提琴制作者们一直遵循的理念。

同样出生于克雷莫纳的朱塞佩·瓜奈利和安东尼奥·斯特拉迪瓦里两位制作大师在阿马蒂开创性的设计基础之上，又对琴头、琴颈、指板、共鸣箱、琴弦和琴弓进行了大量的改进与创新。

制作一把小提琴需要七十多种木质组件，经过瓜奈利和斯特拉迪瓦里等人的不断尝试，确定了琴头用意大利北部多洛米蒂山的红云杉，侧板和背面以及琴颈用巴尔干半岛的枫木，衬片用柳木，指板用黑檀木，腮托用花梨木，这些木料能让小提琴发出最佳音色。目前，传世的小提琴、中提琴、大提琴和低音大提琴中，以斯特拉迪瓦里和瓜奈利制作的最为有名。斯特拉迪瓦里制作了一千多把提琴，留存至今的有六百五十把，绝大部分是小提琴，另有十把中提琴、五十把大提琴、五把吉他和一架竖琴。斯特拉迪瓦里和瓜奈利制作的小提琴被冠以各种名称，都是小提琴演奏大师的至宝，也是目前仍然活跃在古典音乐舞台的演奏家们的心爱之物。除此之外，有一些名琴还被精心收藏，而集中展出最多的，就是2013 年开业的克雷莫纳小提琴博物馆。

▲克雷莫纳小提琴博物馆

博物馆观众很少，正巧遇到一位在北京学过中文的年轻女馆员，得益于她的讲解，我们才能在简单的标签之外，了解更多有趣的往事。

例如，有一把琴的背面只留下了一半的图案，女馆员告诉我们，这是阿马蒂1566年为法国国王查理九世制作的，因为年代久远，另一半图案已经被磨掉了。当时，阿马蒂做了三十把同样的琴，请画家在所有琴的背面画上了皇家的族徽，但如今只有八把存世。16世纪中期，小提琴还不需要穿透力十足的声音，阿马蒂制作小提琴时，主要以装饰性为主。

瓜奈利虽然是阿马蒂的学生，但其制作风格却与老师大相径庭。请他做琴的客户，不是能够给出昂贵价格的皇室，而是普通的演奏家。对于拉琴的人来说，最看重的是音质，瓜奈利制作的琴的外观没有阿马蒂做的漂亮，木材并非最贵，琴板也偶有疵点，但音色却令人沉醉。

斯特拉迪瓦里到底师承何处，目前尚无定论，梅纽因说他是阿马蒂的孙子，但并没有留下文献记载，就连1644年这个出生年份都是推测得出的。刚开始做琴时，斯特拉迪瓦里在很多方面都受到阿马蒂的影响，但他善于进行革命性的改变。1700—1720年是其做琴的黄金年代，尤其在1720年，他定型了小提琴的形状，这一形状延续至今。

女馆员说，斯特拉迪瓦里有十个儿子，但只有两个子承父业。最小的儿子把父亲去世之后遗留下来的做琴工具和图纸都卖给了都灵的收藏家。著名制琴师朱塞佩·菲奥里尼于1930年买到了这些文物，将其送还给克雷莫纳，成为博物馆里的珍贵展品。

将正在展出的阿马蒂、瓜奈利和斯特拉迪瓦里制作的各种琴逐一道来之后，女馆员特意从展柜中抽出一些带滑轮的展板。如果不是遇见她，我们恐怕没有机会领略更多的实物。我们看到展板上斯特拉迪瓦里写于1729年的手稿、住址的石牌、亲笔画的纹样、做琴用的刀具、夹子和拧紧用的螺栓等等，真是大开眼界。

女馆员还让我们留意小提琴凹处刻着的斯特拉迪瓦里的名字Antonio（安东尼奥）的字样，又跟我们说起现代小提琴的颈部与几百年前的区别。过去的琴颈几乎都是直的，但当今制作的琴颈则有着更加明显的倾斜角，因为要在有两千多个座席的大音乐厅内独奏，必须要让小提琴通过这种倾斜角发出更响亮的声音，让坐在最远处座位上的听众也能听得清。

也许女馆员好久没有说汉语了吧，见到了愿意听她娓娓道来的我们，不知不觉就讲了三个多小时，但对我们来说，这是一个绝好的机会，我们很乐意听她继续讲下去。

意犹未尽地离开博物馆，看到路边有一家名为鲁西·克雷莫纳（Lusshi Cremona）的店铺，橱窗上有琴弓和木材，随即推门而入，没想到又歪打正着，听到了另外一些趣事。

名琴虽好，但是琴弦和琴弓一样都不能少，如果没有琴弓，那么斯特拉迪瓦里做的提琴只是一把用木板和胶水以及配件组合而成的物品而已，琴弓只有通过琴弦，才能让提琴发出令人心驰神往的声音。店主的女儿对我们说，她的父亲是一位琴弓制作师，经过多年的实验和摸索，找到了最适合制作琴弓的德国马鬃。有一天，得知小提琴家祖克曼将在克雷莫纳举行一场独奏音乐会，这位琴弓制作师就想让祖克曼试一试他用德国马鬃新做的几把琴弓。但没有门票进不了音乐厅，检票人员问他是否认识祖克曼，他带着最迷人的微笑说了句"当然"之后就进到了后台，找到了祖克曼的休息室。祖克曼一试，甚为满意，当天晚上，就把随身带来的法国琴弓放在一边，用新拿到的琴弓拉完了当晚包括返场在内的所有曲目。

2000 年，俄罗斯大提琴家罗斯托罗波维奇在克雷莫纳开独奏音乐会，女店主的父亲又"故伎重演"，毛遂自荐。罗斯托罗波维奇对新弓爱不释手，当晚也是用新弓拉完了整场音乐会。

2017 年是作曲家克劳迪奥·蒙特威尔第诞辰 450 周年，走在克雷莫纳的街道上，不时会看到悬挂或张贴的大小不一的宣传广告。蒙特威尔第写出了史上第一部歌剧，这也是除意大利人发明的奏鸣曲和协奏曲之外，古往今来，受到世界各地人们喜爱的又一种音乐体裁。

▲克雷莫纳街头悬挂的纪念蒙特威尔第诞辰450周年的广告

梅纽因曾经夸赞"极具一切艺术与科学天赋"的意大利人为世界音乐史做出了贡献，他认为这是"由于意大利温暖的气候、其民族反复无常容易激动的性情需要频繁地发泄情绪、人生如戏、人皆演员、个人角色命定且难逃的民族意识使然"。阿马蒂制作第一把四根弦小提琴的十二年之后，蒙特威尔第在克雷莫纳出生，他在为本书下一节将要提及的统治曼托瓦的贡扎加家族供职期间，写出了人类历史上第一部歌剧《奥菲欧》，以其动态可视的多样性，让天生喜欢歌唱并善于歌唱的意大利人在歌剧这一形式中欣喜若狂。可惜，如今在克雷莫纳或者曼托瓦，都找不到蒙特威尔第的遗迹。

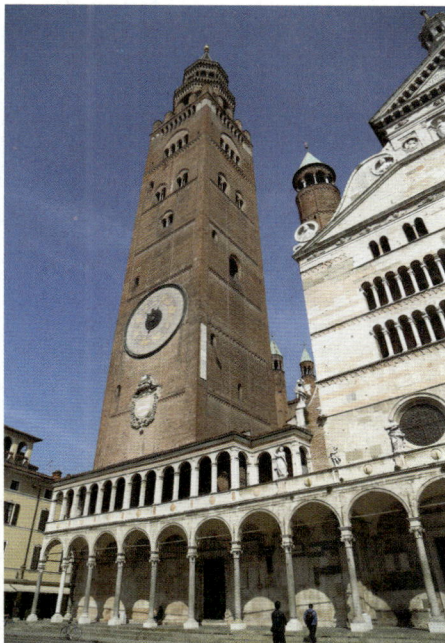

▲意大利第一高的克雷莫纳塔楼

继意大利第二高的锡耶纳曼吉亚塔楼和第四高的博洛尼亚塔楼之后，我们登上了自中世纪保留至今的意大利第一高的克雷莫纳塔楼。登上五百多个台阶俯瞰，克雷莫纳小城素朴安静，似乎并不会产生影响世界的力量。然而微风吹过，犹如从这里发出的琴声，那种细腻至极的温存和柔情似水的纯真，深深地打动了我们。

09 曼托瓦

　　但丁被誉为"意大利最伟大的诗人"，然而他却将出生于公元前 70 年的维吉尔视为精神上的导师。

　　法国画家威廉·阿道夫·布格罗画过一幅油画《地狱里的但丁与维吉尔》。为什么相隔一千三百多年的两个人会站在一起呢？这要从但丁对贝雅特丽齐的单相思说起。1282 年，但丁在佛罗伦萨一座桥的桥头邂逅了令他魂牵梦绕的贝雅特丽齐。然而贝雅特丽齐后来却嫁给了伯爵，并于 1290 年，在她只有二十四岁时不幸早逝。这使但丁备受打击，曾经沮丧了很长一段时间；后来重新振作起来，全身心投入创作了《神曲》，并把贝雅特丽齐这个形象安排在这部不朽的杰作中。威廉·阿道夫·布格罗根据《神曲》的描述，把头戴橄榄枝桂冠的但丁和维吉尔画在一起，维吉尔左手扶着但丁的右臂，引导他去看地狱里七宗罪的场景。在《神曲》中，维吉尔在带着但丁看完地狱和炼狱之后，

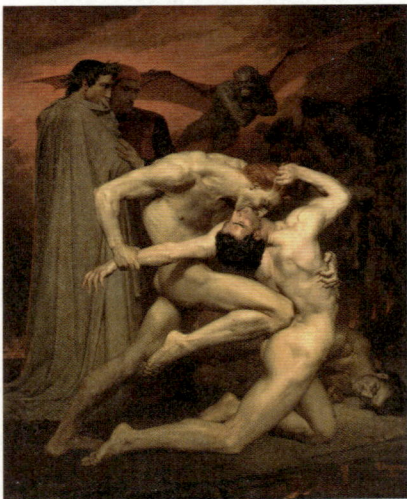

▲威廉·阿道夫·布格罗：《地狱里的但丁与维吉尔》

就在要去天堂的时候悄然离去，这是因为但丁特意要让最心爱的贝雅特丽齐引领他去天堂。

由此可见，但丁认为他一生中最重要的只有两个人，一个是维吉尔，另一个是贝雅特丽齐。维吉尔继承了古希腊诗歌的传统，他创作的长篇史诗《埃涅阿斯纪》和田园诗《牧歌》，对包括但丁在内的意大利及欧洲其他各国的文学家和诗人产生了深远的影响，因而被誉为"欧洲之父"。去意大利旅行，不能错过古罗马最伟大的诗人维吉尔的故乡——曼托瓦。

曼托瓦距离克雷莫纳七十多千米，是一个被湖水环绕的小城。公元前10世纪，伊特鲁里亚人定居于此，给这里带来了发展的机遇，虽然经历了漫长的岁月变迁，但历史仍然相当完整地传承了下来。

我们开车到曼托瓦的时候已是傍晚，没有霓虹灯的街道上处处流露出积淀已久的古意。第二天早餐之后，从留宿的民居走出来，沿着波河支流，在路边散步，眼前的景色，宛如维吉尔在《牧歌》里写的"蒲芦绕堤，青碧如带，莓苔丛生的泉眼，温柔如梦的草甸"。我跟王梓说："我们走进了诗意盎然的世界。"

来到比别纳剧院时，正好赶上10点钟开门。剧院只有三百六十多个座位，比德国拜罗伊特的边疆伯爵歌剧院还要小。站在舞台上看四层弧形包厢，会误以为是带有小阳台的早期洛可可风格建筑立面，当所有包厢的灯打开之后，就像是几十颗璀璨的宝石层层镶嵌在王冠上一般。当时，设计者比别纳按照奥地利女王的要求，为皇家维吉尔学院兴建了这座小巧玲珑的剧院。开业一个月之后的1770年1月，十四岁的莫扎特第一次来意大利时就在这家剧院演奏小提琴，如今，剧院入口处放置了莫扎特的雕像和石碑，用以纪念那次演出。

▲比别纳剧院内景

　　曼托瓦汇聚并保留了中世纪和文艺复兴时期的建筑，其中最引人注目的是主城区的公爵宫。这是统治曼托瓦公国的贡扎加家族的官邸和住地，宫内由宫殿、教堂和城堡三部分组成，有五百多个房间、三个广场和十五个庭院，全部看完的话，大约需要一个月的时间，可惜目前仅向游客开放四十几个房间。因为家族的衰落，宫内原有的两千多件包括油画和雕塑在内的艺术品都被拍卖，只留下了不能搬走的湿壁画等等，显得美中不足。

　　走进公爵宫，会被那些湿壁画、挂毯、镜廊以及能够产生视觉错觉的穹顶所吸引，尤其是画满整个婚礼房内的湿壁画，出自意大利文艺复兴时期的画家安德烈亚·曼特尼亚之手，美轮美奂，令人目不暇接。

　　贡扎加家族并不像佛罗伦萨的美第奇家族一样酷爱艺术，之所以收藏了众多的艺术品，完全得益于 1490 年嫁给曼托瓦侯爵弗朗切斯科二世·贡扎加的伊莎贝拉·德·埃斯特（以下简称"伊莎贝拉"）。

伊莎贝拉1474年出生于费拉拉公国，从小就受最传统的人文主义教育，能用古典拉丁语阅读古罗马时代的文学作品，在很多贵族妇女目不识丁的年代，她确是凤毛麟角。嫁到曼托瓦之后，继承了费拉拉公国贵族化审美的伊莎贝拉不仅给贡扎加家族带来了热爱艺术的氛围，还以其富有品味的着装，让法国国王路易十二宫廷里的贵妇人争相模仿，从而引领了意大利和法国贵族们的时尚。伊莎贝拉被认为是文艺复兴时期最具影响力的女性，不但在曼托瓦兴建了意大利当时最好的图书馆，还对油画和雕塑独具慧眼，购藏了众多艺术品，甚至在国库亏空时不惜变卖自己的珠宝，也要赞助画家并持续收购她喜欢的油画。达·芬奇就是伊莎贝拉资助的画家之一。1499年年末，达·芬奇住在公爵宫的时候，为伊莎贝拉画了一幅半身像，虽然着色并未完成，但那幅素描像酷似达·芬奇于1503—1506年间画的《蒙娜丽莎》。迄今为止，到底谁是《蒙娜丽莎》画中的模特，一直有各种说法，看了这幅素描，不由得让人浮想联翩。

▲达·芬奇在曼托瓦公爵宫为伊莎贝拉·德·埃斯特画的侧身像

来自世界各地的游客挤满了埃尔贝广场，他们大都排着长队等待进入公爵宫参观，广场上的圣安德烈大教堂就显得冷清了许多。作为文艺复兴时期最具代表性的建筑之一，教堂的内部没有一根柱子，阳光穿过圆形的天窗照在墙壁的壁画上，将古典之美映射出一种石雕般的视觉效果。

▲埃尔贝广场上的公爵宫外景

▲圣安德烈大教堂内景

曼托瓦的城市性格非常鲜明，宫殿和教堂内部奢华至极，而街道则极尽朴素，如果不去公爵宫和圣安德烈大教堂，只是单纯地走在街上，完全想不到曼托瓦曾经拥有几百年辉煌的过去。

文艺复兴时期，拉斐尔的学生朱利奥·罗马诺为贡扎加家族在郊外设计建造了用于避暑的泰宫，并且绘制了大量的湿壁画。泰宫与曼托瓦市中心的建筑一样，都是外表单调而内部奢华的风格。朱利奥·罗马诺画在穹顶的湿壁画，其奇特的设计、不对称的构图和华丽的场景，堪称矫饰主义美术的杰作。

▲朱利奥·罗马诺在泰宫内绘制的湿壁画

12 世纪时，曼托瓦人截住了波河支流的河水，在小城周边建起了三个人工湖。每当夜幕降临，湖水映出那些文艺复兴时期建造的各式建筑的倒影，更容易让人联想到维吉尔《牧歌》的诗意。然而白天的曼托瓦却给人一种黯淡和忧郁的印象，因而剧作家们就把悲伤与痛苦的角色安排在这座城市里。莎士比亚写《罗密欧与朱丽叶》的时候，把罗密欧从维罗纳流放到曼托瓦，罗密欧就是在这里听到了朱丽叶的"死讯"而悲痛欲绝。威尔第于 1850—1851 年写歌剧《弄臣》时，将剧情设定在 16 世纪贡扎加家族掌控的曼托瓦公国，浪荡的公爵在这里诱骗了弄臣的女儿吉尔达，让弄臣悲痛欲绝。

走在曼托瓦的市区，看到两名英国歌手艾尔顿·约翰与斯汀将在曼托瓦举办演唱会的海报，又改变了我对这座小城的印象。如今在意大利，除了极小的村镇，要找到一个绝对安静的城市，怕是不易了。

坐在瓦伦汀的车上，我睡了二十多分钟，醒来之后，又用了二十分钟把对曼托瓦之行的印象写在笔记本上。写完最后一句话，抬头一看，车子已经在我不知不觉的时候开进了维罗纳。

10 维罗纳

15 至 16 世纪的意大利彻底走出了中世纪的黑暗时代，将古希腊和古罗马文化艺术的复兴运动推向了顶峰。意大利人在绘画、音乐、文学和哲学等领域所创造的成就影响了整个欧洲，英国是受到影响最大的国家之一。

1564 年，莎士比亚出生的时候，米开朗琪罗刚去世不久，而达·芬奇和拉斐尔也才离世四十多年。我们从莎士比亚写的戏剧中很容易发现一个事实，那就是莎士比亚受到意大利文艺复兴运动的熏陶，他的三十七部剧作中有十三部是以维罗纳、米兰、比萨、帕多瓦、威尼斯、佛罗伦萨、墨西拿和西西里岛等意大利的城镇作为背景创作的。正如《寻找莎士比亚：探访莎剧中的意大利》的作者理查德·保罗·罗所说，莎士比亚"对意大利的熟悉，对它的地域、风景、具体细节、历史、地理文化和风物的了解，简直令人称奇"。 理查德·保罗·罗用实地走访的大量史实证明莎士比亚去过意大利，尤其是《罗密欧与朱丽叶》的发生地，"因为一般从英国去意大利的旅人，翻过阿尔卑斯山和布伦纳山口之后，首先抵达的城市，便是维罗纳"。

在维罗纳的主城区，有一座建于 14 世纪末的双拱门——布拉门，门边安放着莎士比亚的铜像，墙上刻着《罗密欧与朱丽叶》第三幕第三场中的一段台词："出了维罗纳的城墙，就只有炼狱的煎熬，所以从维罗纳被流放，便是被这个世界所驱离，剩下的，只有死亡。"莎士比亚把在历史传说中结下世仇的凯普莱特和蒙太古两大家族放到了维罗纳，凯普莱特家族的青年罗密欧在这里爱上了蒙太古家族的少女朱丽叶，但因为杀死了朱丽叶的堂兄提伯尔特而被维罗纳的统治者流放。离开维罗纳之前，罗密欧见了朱丽叶最后一面，然而天命难违，他不得不听从神父的劝告前去流放地——曼托瓦，罗密欧在维罗纳走过的最后一个地方，就是布拉门。

▲维罗纳布拉门边墙上的莎士比亚铜像和刻着《罗密欧与朱丽叶》台词的石板

我们站在门边，发现除了特别有心的游客会驻足凝视，绝大多数人都是来去匆匆。因为在有着两千多年历史的老城中陶染久了，就不会过多在意那些并非现实生活的剧情。城内那些古罗马建筑的遗迹也是如此，没有得到特意的保护，任凭风霜雨雪的剥蚀，变得越来越残破。

倒是市内有一座意大利北部最伟大的建筑，以其雄伟的古罗马之风挺立至今。穿过布拉门之后，经由维罗纳最大的广场，会看到建于公元1世纪的露天圆形竞技场。这里原有一堵与圆形主体分开的三层连拱的护墙，但因为12世纪的一次大地震，目前只留下了四座孤零零的拱门。

圆形竞技场的音响效果令人称奇，莫扎特离开曼托瓦后曾在此演奏，即便是一把与庞大建筑完全不成比例的小提琴，也能在这里发出无比清晰的声响。文艺复兴时期，这里以演出戏剧为主，观众坐在任何一个石阶上，都能清楚地听到舞台上发出的声音，这些都得益于古罗马时代用大理石砌成的圆形结构。如今，每年的6到8月，圆形竞技场成为举办维罗纳歌剧节的场地，意大利和全球各地的乐迷云集于此，尽情感受露天歌剧的盛况。

▲圆形竞技场中正在搭建维罗纳歌剧节舞台

在维罗纳住的两天正逢周末，两个主要的广场变成了跳蚤市场，挤得满满的小贩摊位上，摆满了吃穿用的各种日常生活物品，琳琅满目。我对薰衣草蜂蜜情有独钟，尽管行李箱快要装满，还是情不自禁地买了两罐。在广场边上，有一座建于 12 世纪的高塔，登上八十四米高的塔顶，可以看到古代文明与现代文明在维罗纳得到了完美的融合。

▲圆形竞技场外的周末花卉跳蚤市场

漫步在流经维罗纳市区的阿迪杰河岸边的人行道，再走过建于公元 100 年的小桥，会看到路边有一座公元 1 世纪建成的古罗马剧院的遗址，因为铁门紧闭而不得入。正在心有不甘的时候，我突然发现了一座保罗·委罗内塞的坐像，脑海中立即浮现出在伦敦国家画廊看过的委罗内塞画的名为《爱的寓意》的油画。这位画家继承了老师提香那种绚烂的着色手法，其画意是转悲为喜，圣母将花冠戴在女子的头顶，女子与丈夫共同举着橄榄枝望着圣母，他在整个画面中所要表达的就是幸福与和谐。但我不知道为什么在维罗纳会有委罗内塞的塑像，上网一查才知道，原来，与提香和丁托列托并称为"16世纪威尼斯画派三杰"的委罗内塞就出生在这里，而Veronese（委罗内塞）的意思，就是"维罗纳人"。也许剧作家和作曲家写的发生在曼托瓦和维罗纳的故事都太悲伤，看到委罗内塞的塑像，想起那幅《爱的寓意》，人生是不是就会忘记悲伤而转向甜蜜呢？

在远离维罗纳主城区的地方，有一座建于1580年的朱斯蒂花园，它被誉为文艺复兴时期欧洲最美丽的庭院之一。那几棵浸透了奥尔恰谷灵气的托斯卡纳丝柏，俯瞰着花园里四百多年来一直未变的大理石雕像和喷泉。1786年9月17日，歌德来到这里之后，在他的《意大利游记》里写过一棵他最爱的丝柏，他赞美那种高耸的气势，从中引申出

▲维罗纳市区的委罗内塞坐像

"只要你从正确的方向出发，就可以从中获得你想要的一切"的话语，这棵树下就有一块纪念歌德的铜牌。随同父亲漫游意大利的莫扎特也曾来到这里，在修剪成几何形的绿篱迷宫里游玩。我们走进去的时候，花园里已经空无一人，夕阳把天空染得火红。顺着石阶前行，登上一栋小楼的楼顶，没想到这是另一个俯瞰维

罗纳的绝佳之处。闲看庭前花开花落，静望天外云卷云舒，眼前
建于 1701 年的高塔、朱斯蒂宫、被称为维罗纳发祥地的圣彼得城
堡和古罗马时代的遗迹以及远处的屋顶，都沐浴着暖人的余晖。
想必文艺复兴时期的人们也曾经站在这里，像歌德一样，留下了
众多感慨。

▲朱斯蒂花园

　　自 2007 年开始，圆形竞技场对面的特里马尔凯蒂（Tre
Marchetti）餐厅每年都被米其林推荐，世界三大男高音之一的多明
戈在圆形竞技场唱完歌剧之后曾来这里用餐。虽然维罗纳地处内
陆，但餐厅里的海鲜味道却不输热那亚。头盘是阿拉斯加帝王蟹
和蔬菜沙拉，厨师配了日本料理山葵酱，看得出当今意大利菜博
采众长的新特点。第二道菜是意面，切碎的西西里鲜虾配以油炸
苹果片、罗勒叶和红色的甜酒，有鲜有脆，令人回味。我点的整
只龙虾旁边摆着一朵用火红色的玫瑰花瓣拼成的玫瑰花。用餐厅

在威尼斯的一个小岛上定制的中世纪造型的酒杯，一边品饮干白葡萄酒，一边享用美味的龙虾，竟然有一种热血沸腾的冲动之感。龙虾肉非常筋道，给瓦伦汀尝了一口，他给出了"好吃 –"的评分，意即虽然好吃，但不是爱吃红肉的他最喜欢的口味。

在意大利北线的旅途中，距离维罗纳城区九千米的一家民居给我们留下了极为美好的印象。女主人非常好客，在我们下午入住之后，马上端出了煮好的咖啡，拿出她与母亲在上一年的 12 月 13 日为桑塔·露琪亚节和当年复活节而做的点心以及彩蛋巧克力。三十年以前，女主人的祖父母住在离此不远的地方，他们听说每年夏天来此度假的一对瑞士夫妇打算出售房屋，就买下了两栋挨在一起的三层楼房，能干的男人们将老旧的 18 世纪建筑重新翻修成现在的模样。女主人的公公是在帕多瓦大学教书的数学家，她的四个孩子在意大利各地从事医学、金融和经济领域的工作，从墙上挂满的照片中看得出这一家人其乐融融。女主人不会英文，只能跟瓦伦汀讲一点法语，实在说不清楚的时候，就与瓦伦汀说意大利语，然而瓦伦汀的意大利语估计与她的法语水平不相上下，因为在讨论明天早餐的鸡蛋吃法时，我看女主人与瓦伦汀连说带比画地聊了好几分钟。女主人离开之后，瓦伦汀说他让女主人明天早晨做单面或双面煎蛋，但第二天早晨，笑容可掬的女主人端来的却是四盘将鸡蛋打散后做的炒蛋，王梓和我都朝瓦伦汀投去坏笑，瓦伦汀却说："炒蛋更好吃。"

楼房的后面是女主人的祖父母在买房时一起买下的葡萄园，除了葡萄，还种了一些橄榄树。女主人说因为面积不大，产量不多，她们家就与周围的邻居组成了一个酿酒和榨油的联盟，自行贴牌销售，销路还不错。二楼的厨房堪称万国厨具博览会，五个高低不一的垃圾桶更显现出了维罗纳乡村的素质，王梓动情地说："我觉得，我一个假期都可以待在她家的厨房里！"

▲维罗纳民居的厨房，亮点是远处五个分类垃圾桶

维罗纳市区内，有一个根据莎士比亚的戏剧情节而虚构的朱丽叶故居，罗密欧离开维罗纳前往曼托瓦之前，就来到这里与朱丽叶幽会。这里聚集了太多的游客，商业气息过于浓厚，我们转了十几分钟就匆匆离去。如果你问我最喜欢维罗纳的哪个地方，我会说是我们住了两个晚上的郊外民居，尽管只是晚上睡觉休息，但令我们津津乐道的是这里的犬吠、鸟鸣、甜点和柠檬，还有门口那棵浅紫色丁香的光影。

11 帕多瓦

很多游客来到意大利东北部的威内托大区，往往集中于大区的首府威尼斯，在白天摩肩接踵的人潮中，兴致满满地感受着水城的魅力。顶多，会有一些去维罗纳的，为了体验莎士比亚戏剧中的剧情，特意去朱丽叶的故居挂上见证爱情的同心锁。但很少有人会专程前往大区的另外两个小城市，一个是帕多瓦，另一个是维琴察。

作为莎士比亚喜剧《驯悍记》的背景地，帕多瓦这座意大利北部最古老的城市给我们的印象就是第二个博洛尼亚，因为这里的中世纪柱廊比比皆是。13世纪，一些离开博洛尼亚大学的教授在此创建了当时威尼斯共和国唯一的一所大学，哥白尼、伽利略、但丁和彼得拉克等人都曾经站上这里的讲台。如今，帕多瓦大学是世界第五古老的高等学府，走在人行道上，经常可以看见年轻的大学生们拿着书本，给这座小城带来满满的读书氛围。

在这样一个有着浓郁中世纪和文艺复兴风情的古城里游览，需要一整天的时间。以尖顶和八个拜占庭风格的圆顶混搭的圣安东尼大教堂的内部，有一个精美的礼拜堂，九块精致镶板上的人物栩栩如生；建于12世纪的帕多瓦大教堂内的洗礼堂，有至今保存最完整的中世纪湿壁画，色彩极其鲜艳；理性宫的正殿是欧洲最大的中世纪会客厅，曾有乔托所画的湿壁画，后因火灾被烧毁而荡然无存；与维罗纳相仿的两个广场依然保留着中世纪的风貌，只要走进去，就一定没有了时间的概念，所以一定要把它们安排在一天的最后一个行程。

然而，仅仅局限在这些令人迷醉的历史建筑里是非常片面的。来帕多瓦，无论如何都要事先约好史格罗维尼礼拜堂的门票。在那个拱顶的长方形空间里，欣赏人类文化史上具有划时代意义的杰作——乔托画的湿壁画，才是最有意义的行程。

在乔托之前的一千多年间，古希腊和古罗马的绘画手法都被彻底抛弃。正如著名的英国美学家贡布里希在《艺术的故事》一书中所说："在战争、叛乱和入侵的大骚乱之中，往昔盛世的许多艺术秘诀无疑真的失传了，但是我们已经看到全部问题还不仅仅是这一技术失传，关键是那个时期的艺术家对希腊化时期那种单纯的技术精湛似乎已经不再心满意足，他们试图获致新的效果。"贡布里希所说的这些新的效果，就是我们在世界各地美术馆和教堂看到的那些中世纪画作，千篇一律的僵硬、刻板、笨拙和呆滞，没有透视和立体感，画中的人物挤在一个平面上，比例严重失调，毫无活力。

出生于佛罗伦萨的乔托重新发现了被中世纪断送的绘画技巧，他在画人物的手臂时使用了古希腊的短缩法，给脸部和颈部增添了明暗的对比，又给流动的衣褶画上了深深的阴影，从而让画中的人物鲜活起来，由此改革了整个绘画艺术领域，因而，乔托被称为"欧洲绘画之父"。

我们约的时间是下午4点，沿着市区的主干道，经由一段用铁栏杆围起来的古罗马城墙，就走进运河左手边的小公园。嫩绿的草地像丝绸一样绵软，三三两两的男女学生拿着书本或坐或躺。

在一座红砖外墙的教堂旁边，有一具用铝合金做的框架，镶着深色的反光玻璃，这就是为了控制人数而新修的史格罗维尼礼拜堂入口。

前来的人们在预约时间的十五分钟之前，被要求每二十五人为一组进入一间带有冷气的空调房间内，管理者美其名曰观赏一段十五分钟的介绍湿壁画的录像，实际上是为了保护湿壁画而采取的降温降湿措施，从而让

▲通往史格罗维尼礼拜堂的小路

参观者的身体在十五分钟之内达到礼拜堂里所要求的湿度。看了录像之后，需要经过数道自动开合的电动门，才能进入礼拜堂内部。进入堂内的时间与米兰圣玛利亚感恩教堂观赏达·芬奇《最后的

▲史格罗维尼礼拜堂入口

晚餐》的要求一样，严格限制在十五分钟。

14世纪初期，帕多瓦当地的富商史格罗维尼为了替放高利贷的银行家父亲赎罪，1305年3月25日，在圣母玛利亚日这一天，他启用了这座外表朴素的礼拜堂。建设期间，史格罗维尼邀请了两位当时最著名的艺术家，一位是制作主祭坛上圣母玛利亚雕像的雕塑家乔凡尼·皮萨诺，另一位就是乔托。1297—1300年，乔托在阿西西绘制完圣方济各生平的系列壁画之后来到帕多瓦，1304—1306年，在这间长20.5米、宽8.5米、高18.5米的礼拜堂内，采用两边对称的布局，将《新约》里具有代表性的部分画成三十九幅湿壁画，分别描绘了圣母玛利亚和耶稣的一生。

▲乔托在史格罗维尼礼拜堂内画的湿壁画

我们曾在阿西西的圣方济各教堂的上教堂，没有时间限制地尽情欣赏过乔托绘制的二十八幅湿壁画。虽然那些并不是乔托成熟时期的作品，但从那时开始，绘画才开始摆脱此前一段时间一直僵化的理念，从而迈出了灵性的步履。

　　画在墙壁上方的画难以用肉眼看清，所以在这里看画一定要携带望远镜。看画的顺序要先从左侧尽头的圣母玛利亚开始看起，然后依次是耶稣从降生到死亡的过程。

　　在讲述耶稣一生的第十三幅《犹大的背叛》中，我们看到了一种崭新的画法，耶稣面部的正义庄严与犹大脸部的丑陋卑怯形成鲜明的对比，整个画面虽然只在上方留白，但紧凑的画面却准确地体现出场面的紧张氛围，也让画中的人物更有层次感。

▲乔托画的《圣殇》

　　第二十一幅《圣殇》里最为感人的，是耶稣死后那些哀恸的面庞以及由此产生的悲戚场景。画面的中央，耶稣门徒圣约翰向后侧伸展开双臂，这是一个绝望的动作，可以称为这幅画的点睛之笔。尤其值得称道的是，乔托在耶稣视线的对角线画上了山丘，山丘之上则是一棵枯树，在天空中飞翔的天使们的动感又与枯树的沉寂形成对比，整个画面除了哀悼，还有更多尽在不言中的寓意，引人联想与思索。

　　乔托在帕多瓦史格罗维尼礼拜堂画的湿壁画，古往今来都得到了异口同声的赞美，我最喜欢贡布里希和意大利文艺复兴时期的艺术理论家与画家瓦萨里的概括。贡布里希在《艺术的故事》里写道："乔托就是这样被称颂为引起一次真正艺术复兴的大师，人们这样说，意味着他的艺术像古希腊、古罗马作家所赞扬的那些著名的古代大师那样美好。"瓦萨里在《艺苑名人传》里说："尽管生于蹩脚的匠人家庭，却得天独厚地复活了那奄奄一息的艺术，使之具有称得上完美的形式。那个粗俗和糟糕的时代竟然有力量以如此高明的方式造就了乔托，那些年月里的人们很少知晓或完全不知晓的绘画竟然由他恢复了元气，实在是一个伟大的奇迹。"

12 维琴察

19 世纪的瑞士学者雅各布·布克哈特著有《意大利文艺复兴时期的文化》一书，全方位地阐述了文艺复兴时期意大利人给西方文明史带来的深刻影响。我们从书中可以了解到，复兴古希腊和古罗马的文化让意大利有了更加光彩夺目的风貌，除了绘画和雕塑，另一个可视的存在，就是建筑。

谈及意大利文艺复兴时期的建筑，人们会说布鲁内莱斯基修建的佛罗伦萨圣母百花大教堂的穹顶是一项突破，布拉曼特设计的梵蒂冈圣彼得大教堂是一曲凯歌。那些建筑摒弃了中世纪象征着神权至上的哥特式风格，将设计建立在数学和透视学的基础之上，重新采用了古罗马时期的构图要素，例如带有稳定感的古典柱式与半圆形拱券，而最显著的特色，就是整体的和谐与对称。

文艺复兴时期的建筑家安德烈亚·帕拉第奥在意大利留下了很多极其对称的建筑，在欧洲产生了巨大的影响。18 世纪时，英国兴起了一场名为"帕拉第奥主义"的建筑艺术运动，模仿帕拉第奥的风格，建筑规模越来越大，结构也越来越复杂。要了解对称建筑的真髓，最好的城市就是维琴察。

帕拉第奥出生于帕多瓦，原本只是一个没有姓氏的普通石匠，为了学习雕塑来到维琴察。有一位既是诗人又是戏剧家的伯爵发现帕拉第奥具有建筑家的潜质，就带着他去罗马，让他接受拉丁文、数学和音乐的熏陶，并把正要创作的叙事诗中准备给天使起的名字帕拉第奥送给他作为姓氏。

1541年和1545年在罗马停留期间，帕拉第奥对万神殿等古罗马建筑产生了强烈的兴趣，尤其是公元前50年前后的建筑师维特鲁威（达·芬奇曾经画过一幅非常著名的素描《维特鲁威人》）的著作，接受了前辈布拉曼特的理念之后，他成了一名建筑家。帕拉第奥向当时隶属于威尼斯共和国的维琴察提交了市政厅的改建方案，由于立意新颖而且美观大方，他击败了当时的几名建筑学权威，从而一举成名，这座建筑就是在维琴察最大广场上可以看到的以回廊和立柱的相得益彰而成为世界遗产的帕拉第奥巴西利卡。

帕拉第奥的作品大都集中在维琴察市区和郊外，主要是别墅、官邸、宫殿和剧院。进入市区里的奥林匹克剧院后，会产生一种全新的体验，帕拉第奥将古希腊和古罗马时代建筑的对称思想充分体现在这座剧院的设计之中。然而，将对称性发挥得最出色的还是他为贵族们在维琴察郊外修建的二十栋别墅。

埃莫别墅是帕拉第奥为威尼斯贵族埃莫家族设计建造的单层建筑，两翼是长长的柱廊，只有最中间的部分抬高起来，形成了一个毫无压抑之感的中庭，成为平时寒暄和聚会的场所。中庭的正上方是家族的族徽，其下有一架钢琴，用以举办小型的独奏会和室内乐音乐会。建筑的周围非常空旷，更衬托出既简约又实用的古典格调。委罗内塞的朋友、画家吉奥瓦尼·巴蒂斯塔·泽洛蒂在墙壁上绘制了十幅湿壁画，主要是贵族在田园里的生活场景，包括耕种、牵牛、宰杀、吹笛和弹奏鲁特琴等等，给幽静的郊外增添了一些画面上的动态。1561年别墅建成之后，埃莫家族的成员都非常喜欢帕拉第奥的设计风格。但历经数百年，建筑变得越来越老旧，现有的房梁和家具都到了不得不重修的地步，然而仅靠少量的门票收入，难以支撑高昂的维修成本，破旧的程度并未得到改善。好在别墅的外观尚好，远远望去，晴空下的浅黄色墙面与碧绿的草坪，能给游客带来淡淡的怀旧感。

走到临水而建的佛斯卡利别墅，很容易让人联想到中国古代的楼台水榭。这栋别墅呈正方形，四层楼房的每一层都很对称，最醒目的是建筑一侧竖立着的源于古希腊的爱奥尼柱式的十根圆柱，从侧面望去，整个建筑犹如古希腊神殿。别墅内部的墙壁也有泽洛蒂画的湿壁画，只是目前仅开放二楼，其他楼层全都关闭。1565 年建成之后，这栋别墅的所有者一直住到家族失势的 1797 年，然后别墅就一直空置，直到 1925 年才有人接手。目前该处别墅属于私有财产，虽然内部的家具都已破旧，但壁画和外观都得到了完好的修缮。

加佐第别墅是帕拉第奥 1542 年为加佐第家族设计的早期作品，远远望去有着无可挑剔的对称性，但走近之后会发现，将近三分之一的墙皮已经脱落，尤其是底座部分，原来被遮盖的红砖已经完全露出，显然是维修经费不足导致的。

圆厅别墅最广为人知，这是帕拉第奥为梵蒂冈的一位退休主教设计的作品，1571 年兴建完工后，受到主教的由衷喜爱。之所以称为圆厅，是因为帕拉第奥在四方形的建筑中心设计了一个圆顶，其下是客厅。这是一个绝对对称的杰作，从帕拉第奥在 1570 年写的《建筑四书》中，可以看到这位建筑家的深思熟虑。因为主教是一位诗人和作家，帕拉第奥说他想让主教看到这样一幅图景："此处是最能带来愉悦感的宝地之一。何有此言？皆因其位于一个很容易走上来的丘陵。这一侧受着河水的浸润，另一侧又被巨大的类似古希腊剧场的舒缓的丘陵所围绕。丘陵上种着芳醇的水果和美味的葡萄，可以全方位眺望和享受美景，而被山脉阻挡着的这一侧，可以看到更远的地方，甚至可以看到地平线。"1911年以后，该别墅归瓦尔马拉纳家族所有，如今，家族的后人仍然在此居住。1976年，该别墅被全面大修过一次，1986年面向社会开放，收取门票以作为维护别墅费用的一部分。

▲圆厅别墅和别墅外的碎石路

瓦尔马拉纳别墅由圆厅别墅的主人瓦尔马拉纳家族所有，现在该家族的后人全都住在圆厅别墅，这里就成了只供参观的地方。帕拉第奥虽然依旧强调对称，但在外观上做了少许的调整。这里的湿壁画，由最擅长绘制希腊神话的意大利画家乔万尼·多米尼克·提埃波罗绘制。提埃波罗被称为"最纯粹的意大利洛可可艺术的代表"，他的作品相当珍贵。二战时，意大利政府为了避免同盟国飞机的轰炸，剥离了大部分的壁画，送到意大利驻巴黎的大使馆，只留下了天花板上的一块，但美军还是在附近投了一颗炸弹，幸好没有伤及建筑和内部的物品。

看完帕拉第奥设计的别墅，我跟王梓打趣说，我们应该安排两个职务了，至少要确定一下帕拉第奥建筑业余考察小组的组长或者副组长，这样才能明确职责，尽快从外行变成内行。

我们在距离维琴察三十六千米的一个农庄住了两个晚上，虽然两层楼房完全不像帕拉第奥的那些建筑般对称，却是比贵族们的别墅还幽静十分，比住过圆厅别墅的主教的视野还开阔百倍。驶抵楼前的空地，正是夕阳西下的时刻，在一望无际的植被中，眼前一大片栗木和橡木的树叶，都披上了暖洋洋的金黄色。这里一年四季都是阳光普照，三千五百多万年前因为火山爆发而堆积起来的火山灰中含有丰富的矿物质，给了此处的葡萄园和橄榄树充足的养分，加上滋润的地中海气候，让这里成了一块世外桃源般的宝地。

农庄主在这片1989年被划定的自然保护区里有几块葡萄园，海拔三四百米。天色已晚，本来我们是准备开车出去吃晚餐的，没计划在这里品酒，但走进有着浓郁乡村风格的房间，再看到窗外的景色，顿时酒兴大起，反正每天的晚餐都持续到午夜，索性就晚一点再去。

农庄的女品酒师先后拿出了六款酒，先是用歌蕾拉葡萄酿制的起泡酒，接着是用雷司令和麝香葡萄酿制的干白，我相继闻到了玫瑰、橘子、槐花、茉莉花、菠萝和其他热带水果散发出来的香味。而两款干红则是赤霞珠、品丽珠和梅洛葡萄的混酿，有成熟的李子、樱桃、黑莓和香草味。本来，在蒙塔奇诺、巴巴莱斯科和巴罗洛的顶级酒庄已经品尝过意大利最有名的葡萄酒，没想到用眼前这片火山灰土壤种植的葡萄酿制的酒，虽名不见经传，却有着如此丰富的层次和口感，惊诧之余，喜出望外。

晚上 8 点半到了约好的餐厅，酒兴未泯，点了一瓶 2011 年用托斯卡纳种植的霞多丽葡萄酿制的干白。头盘和主菜依次是赠送的炸小丝瓜、浇了酱汁的蟹肉配小丝瓜、八爪鱼与土豆和小西红柿沙拉、梨与无花果配鹅肝酱、加了面包屑和蒜末的烤扇贝、烤安康鱼配烤青苹果片与土豆泥，每一道菜都如农庄里的那些酒般可遇而不可求，多重口感产生出各种变奏，美不胜收。吃到晚上 11 点半，我又情不自禁地喝了一口，深感在远离维琴察的地方，同样有着意想不到的精彩。

离开农庄的早晨，下起了绵绵细雨，田野上不时有鹿和狐狸出没，品酒的女青年说以前也有过狼的踪迹。贵族们离开帕拉第奥的别墅外出打猎，估计不会来到这里。天气晴朗的时候，据说站在农庄极目远眺，可以看到威尼斯圣马可广场上的塔尖。过几天，我们将在威尼斯结束北线的旅程，一想到这里，我不由得心头一紧，一种恋恋不舍的感觉悄然而起。

13 威尼托自由堡

只有三万多人口的威尼托自由堡不是前往威尼斯的必经之地，那里没有著名的古迹，没有葡萄酒，也没有令人叫绝的厨艺。

以前，我在书上看过一幅卢浮宫收藏的名为《田园合奏》的油画，当时介绍说是意大利文艺复兴时期威尼斯画派画家乔尔乔内的作品，我立即就被画中的均衡性和象征性迷住了。画中的人物与风景虽有远近，却洋溢着人与自然相融的暖意，尽管充满了神秘的气息，却能让人联想到维吉尔的《牧歌》中所描绘的那种仙境。后来得知它是乔尔乔内的弟子提香所画，而更普遍的看法，正如德拉克洛瓦在《艺术引导人生——德拉克洛瓦的私人日记》中所说，乔尔乔内的早逝导致来不及把该作品画完，而由提香最后完成。但无论如何，我从这幅画开始，对美术史上最早使用明暗造型法和晕涂法作画的乔尔乔内产生了浓厚的兴趣。

乔尔乔内 1477 年或 1478 年出生于威尼托自由堡，此后主要在维琴察生活。他的画层次丰富、色彩艳丽、笔法细腻、明快柔美，尤其受到曼托瓦的侯爵夫人伊莎贝拉·德·埃斯特的喜爱。虽然人们都赞叹安德烈亚·曼特尼亚在曼托瓦公爵宫婚礼房画的湿壁画，但伊莎贝拉却不以为然，她最喜欢的是达·芬奇和乔尔乔内的绘画风格。

有关乔尔乔内生平和作品的文献资料少之又少，关于乔尔乔内 1510 年在三十二岁时死于瘟疫的说法，还是来自伊莎贝拉写给他人寻购乔尔乔内画作的一封信。目前，在世界各大美术馆和画廊中，有乔尔乔内亲笔署名的作品只有两幅，而被美术学家们判定为可能是真品的，尚有《劳拉像》《暴风雨》《三位哲学家》《年轻男子像》《尤迪丝像》和《睡着的维纳斯》等等。因为乔尔乔内的影响力巨大但传世的画作不多，所以有很多冒名的伪作，对于两幅有亲笔签名画作的真伪，也是众说纷纭，由于没有令人彻底信服的证据能够昭示真相，于是错判或者改判的现象时有发生，就越发增加了乔尔乔内的神秘性。贡布里希在《艺术的故事》一书中也没有给出确定的数量，只是说"能够判定确实出于他手笔的作品至多不超过五幅"。

但是，还有一幅并未收藏在美术馆的真迹，就是在乔尔乔内出生地的教区教堂的祭坛画——一幅名为《圣母与圣方济各和圣利贝拉莱》的木板油画。

▲威尼托市内的乔尔乔内塑像

去威尼托自由堡的那一天，气朗风清，建于 12 世纪的城墙在犹如明镜的护城河面上映出了红色的倒影，就像是乔尔乔内的画板一样。河边用石块堆起的高台之上，有一座乔尔乔内的白色立像。有美一人，婉若清扬，一想到马上就可以近距离地观赏乔尔乔内留在故乡的唯一画作，走在鲜有行人的石板路上的我们就加快了脚步，以此来平复内心的激动和紧张。

经过运河的石桥，穿过破旧城墙下的拱门，迎面就是一座不高的塔楼。塔楼后面的教区教堂很小，立面显然是被重新粉刷过，只有钟楼依然保留着原有的红砖，露出一丝久远的气息。

祭坛画被放置在教堂侧面的墙壁上，与以往的同类题材相比，乔尔乔内极不寻常地将圣母和圣子画在宝座之上，画面下方左侧是守护小城的圣利贝拉莱，右侧是阿西西的圣方济各，宝座和地面之间没有任何阶梯。画面上方的左右两侧，是乔尔乔内最擅长的风景画面，左为城市，右为田园，地点是威尼斯还是当地都不重要，因为这些景色在意大利大同小异。

看到真迹之后，会受到强烈的震撼。平时温文尔雅、喜欢弹奏诗琴的乔尔乔内总是以格外浪漫的方式，去突破过去那些宗教意义上的窠臼。他画的风景是用音乐的色彩表达出来的抒情与幻想，不但给人物和景色注入了生命力，更启发了看画的人们无限的想象力。只有天资聪颖的人才有这种创意，因而，乔尔乔内的画，总能给同时代和后来的画家

▲威尼托自由堡教区教堂内乔尔乔内的祭坛画

们以极大的启迪。

美，总是令人无法抗拒，当匠心独运的画意以韵律引发想象，又用色泽愉悦感官的时候，我们总是沉醉其中，身心得到极大的满足。出了教堂，坐在运河对面的咖啡馆外晒太阳，祭坛画的场景一直联动着，望着城墙在河中扭曲的模样，一低头，杯里的咖啡竟然也旋成了乔尔乔内画中左右两侧的草丛那样弯曲的形状。

离开威尼托自由堡的第二天，我们在威尼斯美术学院美术馆看到了乔尔乔内的《暴风雨》——西方美术史上第一幅风景画。画面左侧的男子和右侧的年轻母亲，让我想起勃拉姆斯的《小提琴和大提琴二重协奏曲》，就忘情地把画中的男女看成了独奏家。对于一个古典音乐和美术爱好者来说，在意大利旅行，音乐与绘画总是形影不离。原野中的柔板、山水间的行板，幽微温情，爽朗快意，音中有画，图里有声，音色与颜色，怡然地融合成幻象的庄园。

乔尔乔内独爱达·芬奇画的风景，这又让我想起曼托瓦的伊莎贝拉·德·埃斯特来。伊莎贝拉有过一幅达·芬奇的画，却四处求购她最喜欢的乔尔乔内的油画而不得。话说回来，即使这位侯爵夫人如愿以偿，在贡扎加家族没落以后，她得到的画又会是一种怎样的命运呢？

14 威尼斯

提起威尼斯，人们会异口同声地说它是一座水城，然而罗列出这样几个数字，这座城市就会更有立体感：威尼斯有 118 个岛屿，被 177 条水道分开，又由 409 座各式各样的桥连在了一起。

▲威尼斯市景

从威尼托自由堡开车一个小时，就进入了与意大利其他城市气氛截然不同的威尼斯。经由跨海的解放桥，我们在威尼斯六个区中唯一可以通行汽车的圣十字区找好停车场，再拖着行李箱去乘二三十分钟的船找到住处。

发源于阿尔卑斯山脉、在意大利全长六百五十多千米的波河从威尼斯流入亚得里亚海的时候，与其他河流的泥沙一起，日积月累地在海湾边堆起了浅滩，久而久之，就封闭成五百五十多平方千米的潟湖。威尼斯的古人们在其中不到10%的可以称之为"岛"的地方，以其才智和毅力，建起了可以居住的城邦。1787 年到过这里的歌德曾说："住在威尼斯的人们，人格必然会变得非常独特。"因为淡水要从陆地引入，垃圾要用船从市区移出，威尼斯人以自己的果敢和勇气，打造出世界上最魔幻的一片湿地。

▲威尼斯街景

如果评选哪座城市是全世界游客最集中的地方，威尼斯肯定名列前茅。人一多，奇闻逸事也就多起来。去威尼斯一周前，我们在热那亚的咖啡馆吃早餐，桌上放着一份当地的报纸，最醒目的是一张照片，在 1591 年完工的里亚托桥的下方，是三个男子的头像。瓦伦汀看了之后翻译给我们说，威尼斯警方根据监听，得知一个来自科索沃的阿尔巴尼亚裔恐怖小组成员企图在桥上安放炸弹，便迅速采取行动，逮捕了照片上的三个恐怖分子和一个儿童。

▲里亚托桥

另外一件趣闻与窃贼有关，一名正在威尼斯休假的俄罗斯女歌手发现自己的护照、信用卡和现金被偷，而两天后她要在伦敦参演蒙特威尔第的歌剧，没有护照就寸步难行，所以就去俄罗斯驻威尼斯总领馆补办护照，结果领事馆放假。女歌手悻悻而归，只好和同伴来到圣马可广场上的警察局，但那些警察既听不懂俄语也不会说英文。机智的女歌手马上想起了蒙特威尔第的歌剧《奥菲欧》中的一段唱词，她把其中的歌词"尤丽狄茜"改换成"护照"，用意大利语唱出了"没有了护照，我以后该如何是好？"警察一听，就知道女歌手的护照被偷了，拿出一些当地小偷的照片让她辨别。

女歌手马上从其中一张中认出了一个女扒手，那个女扒手戴着阿拉伯头巾，在里亚托桥上猛地向女歌手撞来，她当时印象特别深刻。看到女扒手的照片，气不打一处来的女歌手又唱了两句歌剧里的唱段："这个可恶的女人！我要给她大卸八块！"当天，警察就送还了护照，女歌手又兴奋地向警察唱道："诸位骑士，感谢你们的亲切和慈悲！"

这就是威尼斯，每天都会有一些爱恨交加或者离奇古怪的事情发生。到达的第二天上午，我们饶有兴致地去美术学院美术馆，看了乔尔乔内的《暴风雨》之后，本想一并去看标记为乔尔乔内作品的《老妇人的画像》，但专门看管此画的女士因私事离开，展室门外挂了一条绳子，整个展室就不得而入。幸亏我们原计划是要去美术馆两次的，如果其他绘画爱好者的日程正好安排在最后一天来看乔尔乔内的两幅画，因为馆员办私事就不让参观而看不成其中一幅的话，岂不是抱憾而归？两天之后，我们再次进馆，王梓特意问前台："那位女馆员和《老妇人的画像》今天都上班了吗？"一位笑容可掬的女士回答说："是的。"

罗马、米兰和佛罗伦萨也是游客聚集之地，但在那三个城市的餐厅，都是当地人与游客一起用餐，而威尼斯则不然，因为在威尼斯的五天时间里，不管是中午抑或晚间，在餐厅听得最多的是英语，从未听过有人说意大利语。第二天下午从佩姬·古根海姆美术馆出来之后，经过叹息桥，走进靠近圣马可广场的一家餐厅，头盘是蒸扇贝柱、蒸蛏贝和蒸蛏子，摆盘时用梨片、橙子片和猕猴桃片做点缀，看似简单，但将蒸海鲜的汤汁与撒在上面的香芹碎叶一起喝下的时候，简直是鲜美至极，尤其是放在扇贝柱上面的香煎红葱头，格外爽口。王梓的意面配上火鸡和鱼，也是红葱头最提味。我点的烤海鲈鱼配烤蔬菜，非常绵软和爽口。但最让我们有新鲜感的，是一位五十岁左右的男店员，他右手拿勺左手持叉，以无比娴熟的手法，两分钟之内就将海鲈鱼的鱼骨完整剔出。我还是第一次在意大利的餐厅看到店员剔鱼骨，那种灵活自如令我们瞠目结舌。

威尼斯每年接待游客超过两千万，平均每天涌入六万人，比当地的五万居民还要多。但即便有着仅次于罗马的客源，这里却没有一家米其林三星或二星餐厅，2016 年时，只有六家米其林一星。我和王梓探讨威尼斯没有米其林三星和二星餐厅的原因，说来说去也找不出一个。其实，无论是发达的商业、活跃的贸易还是游客的数量，威尼斯是最容易通过开餐厅赚钱的地方，也许是因为莎士比亚的喜剧《威尼斯商人》给"威尼斯"加上了明显的讽刺意味吧，或者是由于威尼斯人陷入集体性笨拙的舆论风波，例如车技很差、古时候就不会赶马车，所以菜品总也不能提升到一个更高档次？

▲威尼斯街景

我们住在运河边上一栋历史悠久的宫殿二楼改建的公寓，从公寓走到凤凰歌剧院，虽然左拐右转，但按照导航走只需十几分钟就能到。我以前把指挥家杰弗里·泰特爵士（以下简称"泰特"）与日本女钢琴家内田光子合作录制莫扎特钢琴协奏曲的所有单张唱片收全了，听过之后印象很好；而在威尼斯旅行期间正好有一场泰特指挥的凤凰歌剧院管弦乐团音乐会，我从未听过他的现场，所以非常期待。

▲威尼斯凤凰歌剧院

　　当晚的曲目是舒伯特《第八交响曲（未完成）》和意大利作曲家卡塞拉的《第三交响曲》。当舞台右后侧的门打开，七十四岁的泰特拄着拐杖、步履迟缓地走上了指挥台。这位指挥家出生伊始就罹患先天畸形的脊柱裂，背部的肿块随着年龄的增长而不断增大，走起路来相当吃力。上半场的舒伯特，泰特起拍的速度很慢，如此的慢速度一直贯穿着两个乐章，乍听并不习惯，但随着第一乐章第一和第二主题的依次呈现，我逐渐理解并适应了泰特的诠释。那种悲悯的气息在缓慢的节奏中不断累积，不事张扬，也不渲染不必要的戏剧性，徐徐道来，又在第二乐章的尾声中缓缓而去，我觉得"真挚"二字是当晚泰特诠释舒伯特最主要的特色。

凤凰歌剧院自 1790 年兴建以来，曾经遭遇三次毁灭性的大火，尤其是 1996 年的人为纵火，将剧院烧得只余下骨架。这座 2003 年重建的新古典主义风格的剧院，与下半场卡塞拉 1940 年写成的新古典主义风格的《第三交响曲》有很多相似之处。尽管第一乐章充满了很多纠结的元素，但泰特依然坚持他一贯沉稳的特性而不渲染，他显然主张在并不夸张的气氛里，复述卡塞拉晚期作品的多姿多彩。第二乐章是我的最爱，泰特最善于驾驭这种舒缓的情感，所以在首席独奏之后，他向弦乐组发出了在坐着的时候所能做出的最煽情的手势，弦乐的温情让这个柔板柔情似水，我只觉得卡塞拉这个第二乐章的尾声酷似理查·施特劳斯的交响诗《英雄的生涯》。泰特的第三乐章有着强烈的欣德米特色彩，他以四两拨千斤的手法，让这个以歌剧为主业的乐团充分展现了意大利式的谐谑。

全曲结束后，泰特收到了全场热烈的欢呼和掌声。但是他往返于后台与指挥台实在过于不便，谢幕一次之后，他就不再走向指挥台，而是站在后台门边伸手向热情的观众招手致意。我拍了一张谢幕照，泰特伸出左臂，照片的左上角是凤凰歌剧院的椭圆形图标。这也是在这次威尼斯之行中，一个最让我感动的画面。

▲泰特在舞台出入口向听众挥手致意

　　散场后不到十分钟，我在剧院外看到驼背之后个子更加矮小的泰特从剧院侧面的小巷走出来，我迎上前去说我是从北京来的，问他什么时候能去北京指挥一场音乐会，他不直接回答，而是问我："你是弹钢琴的吗？"我不好再问了，因为长途飞行对他来说一定有很多不便。这场音乐会之后不到两个月，泰特在意大利贝加莫参观美术馆时心脏病突发，虽然救护车赶到之后实施了急救，终究无力回天。我们在凤凰歌剧院听的那一场，竟然成了绝响。

中线

　　2016年，我们从拥有三千年历史、以柱廊和美食而闻名的博洛尼亚启程，开始了中线之旅。途经保留了拜占庭时期精美镶嵌画的拉文纳、画家拉斐尔的故乡乌尔比诺、作曲家罗西尼的故乡佩萨罗、"欧洲绘画之父"乔托绘制湿壁画的山城阿西西、酒庄遍布的小镇蒙塔奇诺、"中世纪的活化石"锡耶纳、以香醋闻名并有全球排名第一餐厅的摩德纳、令人眼花缭乱的大都市米兰，和被称为"永恒之都"的罗马以及艺术的殿堂梵蒂冈。该年的最大亮点之一是在米兰的一家教堂，我终于成功预约到了门票，看到了梦寐以求的达·芬奇壁画《最后的晚餐》，至今回想起来，依然惊叹不已。

15 博洛尼亚

选择艾米利亚 – 罗马涅大区的首府博洛尼亚作为中线的起点，主要是因为无论从北京还是伦敦起飞，都能在中午时分飞抵当地的机场。尽管没有从北京直达博洛尼亚的航班，但早晨到阿姆斯特丹机场中转，在天合联盟的金银卡休息室里吃早餐可以缓解半夜未能深睡的疲劳。

太太和我与王梓会合之后，坐上出租车，前往距离市区六千米的萨韦纳河畔圣拉扎罗，那里有我们早已预定好的民居。车子开到山坡的最高处，最先映入眼帘的是一片宽阔的草地，早春细嫩的草叶，给两个足球场大小的坡地披上了一层绿色的绒衣，砖红色的二层小楼，在蓝天白云之下，与绿草构成了一幅令人暖心的画面。在等待从洛桑开车前来的瓦伦汀的时候，我用望远镜远眺博洛尼亚的古城——没想到这竟成了一个后来在意大利其他小镇与农村经常重复的举动。因为我们选择的住处大都远离市区，周围花香四溢，一天的慢走之后，能够惬意地感受到市区里少有的静谧，让人舒心无比。

瓦伦汀下午两点半抵达，毫无长时间驾车的疲倦，执意要立即开车前往市区去看马焦雷广场、海神喷泉、市政厅以及令人震撼的世界第五大的圣彼得罗尼欧教堂。途中，我们路过了世界上最古老的大学——博洛尼亚大学，尽管没在行程中特意安排，但因为那里培养了欧洲最伟大的诗人，也是意大利语之父的但丁，人文主义之父彼特拉克以及北方文艺复兴中的大艺术家丢勒等等，在路边望去，让人油然生出景仰之情。

走在市区，会发现这座城市有一个独特的迷人之处，几乎所有的人行步道都在遮风挡雨的柱廊之下。从中世纪开始，在博洛尼亚城区兴建房屋，都被要求建成二楼住人而一楼只供行走的结构。在这个政策延续了几百年之后，目前博洛尼亚长短不一的柱廊累计超过四十千米。样式涵盖了朴素简约的中世纪式、弧度严格的哥特式、比例精准的文艺复兴式以及富丽夸张的巴洛克式等等，宛如一部千姿百态的世界柱廊发展史。第二天早晨，阳光慵懒地斜照着，我们的身影在柱廊中被拉得很长，那些影子其实就是我们的好奇心，被城市的悠久历史深深地吸引着。

▲博洛尼亚的柱廊，右侧为教堂群

从 11 世纪开始，来自北欧的哥特式文化、东欧的拜占庭文化以及罗马的教会文化这三大思潮不约而同地聚集于博洛尼亚，让这个城市成了欧洲文化与学术的中心之一。由此播散开来的透彻见解与广远的思路大如清朝文史学家赵翼在《瓯北诗话》中所写的"入木三分诗思锐，散霞五色物华新"。那些文化元素已经渗透到博洛尼亚的大街小巷，走在街道上，随处可以感受到千百年来的文化积淀。

尽管岁月抹去了很多古旧的痕迹，但晴日抑或雨天，在博洛尼亚都会看到一种并不张扬的色调，那就是以在此地出生的画家姓氏而命名的莫兰迪色。莫兰迪是 20 世纪意大利最伟大的画家，喜欢在厚重的传统色彩中进行提炼，以静物的安谧和淡雅，去营造一种令人推崇备至的意境。他在丰达扎大街 36 号居住的时候，每天都会望向工作室兼卧室的窗外。日月阴晴圆缺的转变，在屋顶上形成了丰富的色彩转换，莫兰迪从中得到灵感，在赭石、土黄、淡紫乃至冷灰之间故意淡化了各种颜色区块的过渡，将转瞬即逝的光影与简朴克制的信念组合在一起。在博洛尼亚的柱廊和街道上，那些墙面上简洁质朴的色泽，不时地提醒着游客，到了博洛尼亚，一定不要忘了莫兰迪。

用手机导航从博洛尼亚主广场前的里佐利大街向东前行三百米，就来到波尔塔·拉维纳纳广场，那里有但丁在《神曲》里写过的双塔。我们沿着四百九十八级很窄的木质楼梯走上去，却要时不时地停下脚步，因为总有恐高的年轻人扶着栏杆缓慢地倒着走下来。到了塔顶，能够看到远处阿尔卑斯山上常年不化的积雪，望着塔下高低不一的房屋，我写下了这样的语句："站在塔顶，环顾四周，莫兰迪色系的博洛尼亚全城尽收眼底。"酷爱艺术的理科生王梓应该是看到了在无数个几何空间中显露出来的美学含义，因为他一直不说话，只是怔怔地俯瞰着，长达十多分钟。

从塔上走下，我们进入博洛尼亚大学斜对面的国家美术馆，在外观毫不起眼的建筑中，再一次把莫兰迪与绵延的文化史融汇在一起。意大利巴洛克艺术的开创者卡拉齐家族三兄弟——路德维克·卡拉齐、阿格斯提诺·卡拉齐和阿尼巴尔·卡拉齐的油画摆满了一个大展厅，虽然那些表达虔敬之意的构图和着色都很有名，但在参观的三个半小时里，我多次折返，只为多看一眼拉斐尔的画作。

馆内的藏品众多但观者极少，这是爱画之人最喜欢的情形。拉斐尔为博洛尼亚绘制的《圣塞西莉亚的狂喜》曾被法国人掠至巴黎，这幅木板油画比馆藏的乔托、帕尔米贾尼诺、丁托列托、提香、格列柯、圭多·雷尼等画家的画作都更有名气，一直受到蒙田、司汤达和歌德的追捧与激赏，这家美术馆也就成了哲学家、作家与诗人们在博洛尼亚行程中必不可少的一站。

公元 230 年殉道而死的圣塞西莉亚生前一直十分虔诚，因为能够听到天使的歌声，她被赞誉为圣洁之人而成为音乐家的主保圣人。拉斐尔基于此念，将圣塞西莉亚置于画面上方的天使之下，那些摆放在地上的低音古提琴、长笛、三角铁、铃鼓和定音鼓等乐器，犹如莫兰迪画笔之下的静物，对应着圣塞西莉亚手中的管风琴，与唱着颂歌的天使上下关联，其动静关系处理堪称绝妙。

从双塔下来之后，沿着一条狭窄的马蹄石小街步行五分钟，就到了一个很小的广场。这里有以中世纪砖瓦结构而著称的圣斯特法诺教堂群。看过 8 世纪的伦巴第铭文水池、中世纪石棺和罗马式庭院与回廊之后，我们特意在圣墓教堂停留了半个多小时。

在我们前来凭吊的一年多以前的 2014 年 1 月 20 日，曾担任柏林爱乐乐团首席指挥的意大利指挥家克劳迪奥·阿巴多在与胃癌抗争了十四年之后终告不治，在距离教堂不远处的家中去世。人们本以为会在一座大教堂举办一个场面宏大的葬礼，就像阿巴多在音乐会上指挥过的众多交响曲与歌剧的恢宏程度一样。然而，阿巴多生前却选择了圣墓教堂这个毫不起眼的建筑，虽然名为教堂，但只是一间砖瓦房，光线晦暗，空间低矮逼仄，地面凸凹不平，只有从建于 11 世纪的主祭坛上方的三条金黄色狭长花窗中投射下来的微光，会给极其粗糙的砖墙带来一丝生气。这里与阿巴多的音乐实在不能相提并论，而且，根据阿巴多的遗愿，葬礼只限于家族内部，并不对外公开。

▲在博洛尼亚郊外住处楼前的四人，
自左至右：王梓、我的太太和我、瓦伦汀

2009 年 9 月，我曾在北京的国家大剧院音乐厅听过阿巴多指挥他亲手创建的琉森节日管弦乐团的四场音乐会，音乐会上演奏的马勒《第一交响曲》和《第四交响曲》给我留下了深刻印象。站在教堂里,我陷入沉思,最初并不理解为人低调的阿巴多竟然会以这样一种最朴素的方式告别人世,但离开的时候,我认为他的选择是对的。阿巴多一定觉得人们在怀念他的时候,去听他留给世间为数众多的唱片就够了,而他喜欢的,正是这种没有仪式感的宁静。我的脑海中萦绕着阿巴多指挥的马勒《第四交响曲》第三乐章的旋律,在笔记本上写道:"你的眼前有多纯净,你的心就有多安宁。"

在博洛尼亚郊外住了两晚,因为四周漆黑,夜半时分躺在床上,璀璨的繁星格外耀眼,很少能在城市里看到这样的场景,我有些兴奋,没有闭合天窗,竟然睡意全无。早晨进入餐厅,女主人已经把烤好的面包、鲜榨的果汁和煮好的咖啡摆满了餐桌。一位五六十岁的男住客在深蓝色的衬衣上系了一条红白格相间的丝巾,以只有意大利人才能穿戴出来的装扮,为清爽的大餐厅带来

▲咖啡杯上印着"Sogni",意大利语的意思是"梦想"

了朝气与活力。太太和我随手拿起两个莫兰迪色系中的冷灰色咖啡杯，王梓和瓦伦汀拿着的都是湖蓝色。餐后正要起身离开的时候，略懂意大利语的瓦伦汀看到了咖啡杯上印着的黑字，他向我们解释了那三个单词的含义：两个冷灰色杯子上的 "Armonia"，可以理解为地中海的"和谐"，瓦伦汀和王梓杯子上的"Sogni"与"Desideri"，则是意大利东西两侧亚得里亚海的"梦想"以及第勒尼安海的"愿望"。

到博洛尼亚旅行就如同进入了文化艺术世界的万花筒，电影、音乐、舞蹈、动画、诗歌等国际性的节日排满了一年四季，就看你如何安排自己的行程。

16 拉文纳

　　历经时代的变迁，能够将中世纪建筑完整地留存至今的意大利城镇并不多见。在中部有一座小城，因为躲过了8至9世纪在东罗马帝国发生的"圣像破坏运动"，而将一千五百多年前的一种独特艺术形式完好地保留下来，成为人类文化史上一个独特的亮点。这座小城，就是距离博洛尼亚七十多千米的拉文纳。

　　公元330年，罗马帝国皇帝君士坦丁一世离开罗马，将首都迁往拜占庭，并将新都称为新罗马（君士坦丁一世还以自己的名字取了别称君士坦丁堡，现名伊斯坦布尔）。410年，西哥特王国的缔造者亚拉里克率军侵占并洗劫了永恒之城罗马，导致了西罗马帝国的灭亡。527年，东罗马帝国皇帝查士丁尼一世在拜占庭登基，新皇帝站在由他下令建造的整个欧洲最壮观的圣索菲亚大教堂内，看着横跨三十三米的弧形穹顶以及由六千多平方米的金色玻璃所围绕的恢宏空间，他自感已然是天下无敌。

　　查士丁尼一世和善于出谋划策的狄奥多拉皇后都有着收回帝国西部失地、将东西罗马重新合二为一的宏大梦想。皇帝的爱将贝利萨留将军先是夺回了西西里，此后再次由南向北剑指意大利，收复了被哥特人占据的最美丽城市之一的米兰。540年，贝利萨留将军兵不血刃，接受了拉文纳城内哥特人的投降，他将东罗马帝国在拉文纳总督区的首府设在了公元4世纪时西罗马帝国曾经的首都。查士丁尼一世终于夙愿得偿，夺回了大部分西罗马帝国的失地。

查士丁尼一世死后，他收复的领土又相继失去，然而，他和贝利萨留将军的伟业，却以镶嵌画的形式在拉文纳被完好地保存下来。

从博洛尼亚前往拉文纳需要走 A14 号高速公路，在这条限速每小时一百四十千米的路上，会途经一级方程式圣马力诺大奖赛的安佐与迪诺·法拉利赛道。迄今为止，拉文纳未被规划在常规的旅行线路之中，专门前去的游客大都朝发夕回，住在小城的游客极少，也许与这里不具备接待团体游客的条件、没有足够的配套的住宿设施有关。

出生于佛罗伦萨的但丁于 1302 年被家乡永久放逐，漂泊各地，在维罗纳和拉文纳撰写了长篇史诗《神曲》。1321 年 9 月 14 日，但丁在居住了十年的拉文纳去世。从《神曲》中，我们可以窥见文艺复兴和人文主义的曙光，因而游客到了拉文纳都会去但丁墓凭吊，感受那些梦幻文学的意境以及文字中无与伦比的热情。

买好包括五处景点的每张 11.5 欧元的通票，我们先去了圣维塔莱教堂。该教堂建成于贝利萨留将军设立首府时期的 548 年，主要是赞美查士丁尼一世的功绩。这是一个来自东罗马帝国的典型拜占庭风格的八角形建筑，红砖墙的外观，与在博洛尼亚举行阿巴多家庭葬礼的圣墓教堂一样简单而朴素。一种被音译为马赛克的镶嵌艺术贴满了教堂内部除穹顶、圆柱和窗户之外的所有地方。

教堂的左侧是《查士丁尼及其随从》，右侧则是《狄奥多拉皇后与随从》。这是拉文纳被东罗马帝国收复之后，对当朝皇帝和皇后最直观也是最通俗易懂的歌颂。画中的人物、服装、饰物和武器等等，均由经过切割然后打磨得又薄又小的彩色石片拼贴镶嵌而成。从画面上看，查士丁尼一世、狄奥多拉皇后和随从们的身体姿态特别僵硬，尤其是所有人的双脚都悬浮着，仿佛置身太空，这就是中世纪绘画构图彻底抛弃了古希腊和古罗马传统的后果。查士丁尼一世和狄奥多拉皇后的头顶及周围都镶嵌了金黄色的石片，皇冠与凤冠则以宝石红和翡翠绿交叉组合，显然是要突出君权神授的特征。位于查士丁尼一世右侧的，就是当时最受信赖的贝利萨留将军，浓密的头发和炯炯有神的双眼用黑色石片拼贴而成，强力地显示出叱咤疆场的咄咄气势。

▲教堂左侧的《查士丁尼及其随从》，右五是查士丁尼一世，右六是贝利萨留将军

▲教堂右侧的《狄奥多拉皇后及其随从》，左三是狄奥多拉皇后

教堂内有一个很有趣的地方，是所有旅行指南里都没有提到的。在穹顶下方的地面上，是用大小不一的浅色和深色三角形石片拼成的圆形图案。从圆心开始，顺着三角形的指向迂回前行，最后环绕到圆心的最左侧。继续往前走，在大圆圈的前方是一个小圆圈，站在小圆圈里抬头仰望，正好是穹顶的中央，这时候不用再去凝视四周的镶嵌画，因为头顶上那个圆形的穹顶就是绚烂的天堂。

▲圣维塔莱教堂内环绕行走可以仰望天堂的圆圈

如果你认为圣维塔莱教堂就是叹为观止的所在，那就错了。与圣维塔莱教堂近在咫尺的加拉·普拉西第亚墓，是又一个拜占庭镶嵌画的争奇斗艳之地。加拉·普拉西第亚是公元379—395年在位的罗马帝国皇帝狄奥多西一世的女儿，虽然此处被称为陵墓，但皇帝的女儿并未安葬于此。如今，人们来到这里，几乎不再关心古代的往事，而是不由自主地被一股强大磁场的引力吸住：比圣维塔莱教堂还要早上一百一十多年，于公元430年拼贴而成的镶嵌画，再一次让世界上任何一种语言的形容词和感叹词都相形见绌。

从圣维塔莱教堂走到这里，尽管步行只要两三分钟，但在晴空万里时进入这个欧洲现存最古老的十字形建筑之内，外面的强光与建筑内部的黑暗会形成巨大的反差，眼睛很难迅速适应。在经历了至少几分钟的缓解过程之后，我们已经站到了弧形的拱券之下。抬头看见的是澄澈的夜空，数不胜数的繁星在竞相闪烁，小窗透进来的微弱光线，烘托出了一个如梦似幻的境界，到底是境于心外，还是界在眼中，都需要自己去判定。

这里是拉文纳最古老的镶嵌画，使用了大量来自波斯的陶瓷蓝和来自阿富汗的青金蓝石片。用夸张的手法说，仿佛繁星都开成了花瓣一般，此时此刻，即使有一百个赞叹，也不足以表达。再前行十几步，又会看到一幅有着绝妙构图的《善良的牧羊人》，半圆形拱券上镶满了星辰与花卉图案，只感觉距离天空如此之近，而站在其下的人，仿若上天派遣到凡间的使臣。我当时只有一个感觉，镜花水月，玄妙入神，醉醒之间，已真假难辨。

▲加拉·普拉西第亚墓内景

▲加拉·普拉西第亚墓外景

　　午餐之后，我们去了呈八角形的内奥尼亚诺洗礼堂，它始建于4世纪末或5世纪初，是拉文纳现存最古老的建筑。半圆形的屋顶上，耶稣和十二使徒正在约旦河边接受洗礼。尽管中世纪画风仍旧呆板，但却比圣维塔莱教堂里的查士丁尼一世与狄奥多拉皇后稍微灵动了一些。用望远镜看了五分钟之后，我突然发现肩部特别放松，原来镶嵌画可以治疗颈椎痛。

　　停留的时间比原计划多了一倍，一看表，来不及去看通票所包含的另外两座教堂里的镶嵌画，只好忍痛割爱。因为在拉文纳五千五百米之外的克拉赛，还有一处更令人叫绝的所在。

　　克拉赛的圣阿波利纳雷教堂是一栋君士坦丁一世的母亲倡议修建的巴西利卡式建筑。这种建筑形式的特点是平面呈长方形，两侧的柱廊支撑起条形的拱券屋顶。我们在朝着教堂内部尽头的镶嵌画走去的时候，表面上看似步履轻盈，但内心都不由自主地按照节拍前行，走出了一种庄严之感。我觉得，巴西利卡式建筑构造给人的印象犹如唐朝诗人王维在《使至塞上》中写的"长河落日圆"，当时，东西方并没有进行过文化交流，但却殊途同归，在文艺复兴早期或中期的岁月里，确定了相同的美学取向，进行着心照不宣的同步。

▲克拉赛的圣阿波利纳雷教堂

主祭坛上方的镶嵌画，尽管每一只羊仍然是悬空飘浮的状态，但工匠们罕见地使用了通过阴影进行过渡的手法。午后，当阳光从窗外投射到画面中的时候，我产生了一种幻觉，左右两侧的羊群正在慢慢地向中间靠拢，这种感觉，在看中世纪的绘画时，还从未有过。

▲圣阿波利纳雷教堂主祭坛上方的镶嵌画

　　拉文纳的镶嵌画是西方文化史在其发展过程中一次独特的定格，但丁在《神曲》中称其为"彩色的交响曲"，它们有一种魔力，也许你长时间不曾想起，但一被提及，仍会沉醉不已。

17 乌尔比诺

离开拉文纳和克拉赛之后，瓦伦汀异常兴奋，一边开车一边说着他的感受。本来是要开往乌尔比诺的，从 E55 公路绕过亚得里亚海边的里米尼之后，他看了一眼车内的导航，突然说要带我们去圣马力诺共和国。

离开山顶上的国中之国后，才觉得瓦伦汀的提议实在是妙不可言。因为意大利在中世纪的时候有大大小小几十个国家，19 世纪，"意大利建国三杰"之一的朱塞佩·加里波第在被追杀的过程中曾在圣马力诺避难，此后作为回报，他允许圣马力诺不必并入统一之后的意大利版图，而仍然保持独立。因而，我们可以看到这个从未被世界历史改变的弹丸之地的现状，并且一叶知秋，借此想象意大利成为统一的国家之前那些蕞尔小国的模样。

停好车之后，我们沿着十分陡峭的坡路气喘吁吁地爬到山顶的城堡之下。王梓要去买咖啡和饮料，却被瓦伦汀阻止了，正当他纳闷的时候，瓦伦汀端来了饮品，同时给我们三个人每人一枚硬币。原来，他特意付了纸币，为的是能够找回只有在这座山顶上才能得到的上面有圣马力诺字样的一欧元硬币。凭栏俯瞰，山下的远处是一片片绿色的意大利土地，近处是一片有着红色屋顶的低矮房屋，起伏绵延，就像水彩画一般。

▲山顶上的国中之国——圣马力诺

▲从圣马力诺俯瞰山下的意大利

因为喜爱而情之所至，我一直喜欢"音画"这个词汇。在文化史上，音乐与绘画密不可分，二者有着互补与互动的乐趣。旋律中有恬淡，画意里有波澜，在画作中听到音乐，在音乐里看到画面，就像此时此刻听到从山顶上的咖啡馆飘来的钢琴声，犹如白居易的诗句"共君一醉一陶然"。

从圣马力诺下山之后，沿着SP9号省级公路驶向马尔凯大区。停车稍事休息，远远望去，可以看到山顶上的乌尔比诺公爵宫。在车上，我们都喜欢听收音机里的古典音乐广播，此时恰好播送到贝多芬《第六交响曲》第二乐章的尾声，长笛和单簧管分别吹出了夜莺和布谷鸟的叫声，眼前又出现一片犹如天鹅绒般满是新绿的草地。在旅行的经历中，很少有如此绘声绘色的巧合，这就是音画的魅力。

▲在路边稍事休息，远眺右上方的乌尔比诺公爵宫

一个人，往往能以一己之力改变一个国家或者一座城市。意大利文艺复兴时期，在乌尔比诺贵族世家的蒙特费尔特罗家族中，圭丹托尼奥·达·蒙特费尔特罗公爵有一个私生子，他就是后来

在西方文化史上留下美名的费德里科·达·蒙特费尔特罗公爵（以下简称"蒙特费尔特罗公爵"）。

蒙特费尔特罗公爵自小就遭到继母的嫉恨，十一岁时被父亲送到威尼斯，受到了系统的人文主义教育。在青年人的认识中，大城市威尼斯较之小小山城乌尔比诺，二者的文化底蕴有着天壤之别。威尼斯的求学经历令他极大地开阔了眼界，尤其是威尼斯对文化艺术氛围的注重，给蒙特费尔特罗公爵留下了终生难忘的印象。

从军之后，蒙特费尔特罗公爵率军屡战屡胜，多年的戎马生涯让他成为一名勇猛的雇佣兵首领。二十二岁时，他率兵重回家乡，成为公国的新领主，并在1447年被教宗封为公爵。与其他贪图享乐的贵族不同，蒙特费尔特罗公爵酷爱艺术，这种喜爱并没有因为战争而有丝毫的改变。

统治乌尔比诺之后，蒙特费尔特罗公爵把通过战争积累的财富全都用于实现他的人文主义理想。历史上的君主建造宫殿，大都是贪图夜夜笙歌和酒池肉林的奢华享受，很少有像蒙特费尔特罗公爵这样的明智之士，将宫殿打造成有着浓郁文化氛围的乌托邦。蒙特费尔特罗公爵邀请当时最著名的建筑师设计建造了这座气势恢宏的公爵宫，并在宫内聚集了当时最杰出的音乐家、画家、雕塑家、建筑家、作家、哲学家、历史学家、科学家，诸如画家桑德罗·波提切利、皮耶罗·德拉·弗朗切斯卡以及建筑家布拉曼特等等。这些文人雅士以各自的智慧，将公爵宫打造成当时最耀眼的文艺复兴殿堂，乌尔比诺也由此做了六七十年的世界文化之都。

沿着四十五度倾斜的红砖坡路步行而上，经由一个不大的广场，我们先到了公爵宫外的乌尔比诺大教堂，主要是想看矫饰主义画家费德里克·巴罗奇画的《最后的晚餐》。当时正在举行弥撒，我们等了一个多小时，才走近那幅历时十年完成的有着鲜艳色彩的画作。因为角度的关系，需要通过望远镜才能看清画面中光影的明暗对比。

公爵宫用维特鲁威的建筑思路建成，两个圆形的塔楼是哥特式的，但其他地方却结合了意大利中部的地域特色。宫内最令人称奇之处，是1473—1476年建造的小书房。与庞大的建筑群相比，这里过于狭小，却又仿佛是一种刻意的浓缩，将公爵所有的梦想与愿望，都汇聚在了四周的木板墙上。蒙特费尔特罗公爵提出了书房的样式，让波提切利和布拉曼特等人绘制图样，工匠们按照全新的透视法，采用拼花对接的手法，在木板上拼出了宝剑、鲁特琴、长笛和五线谱等图案。其中，特别引人注目的是放在谱架上的五线谱，仿佛为另一面墙上的田园景色谱写了一首柔板的乐章。

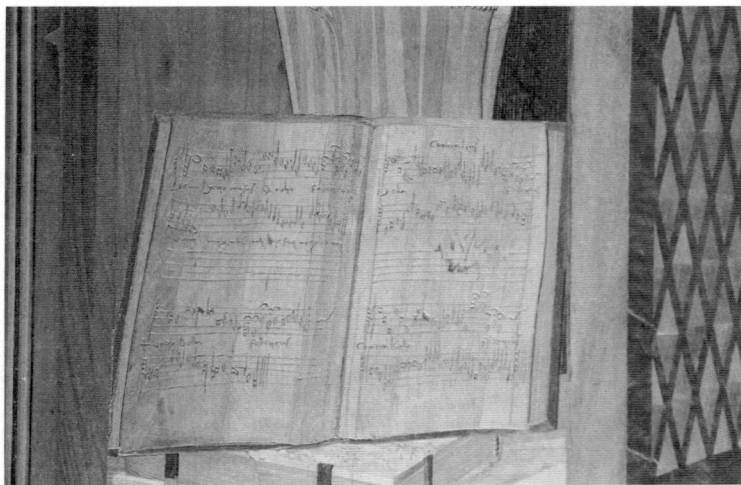

▲在公爵宫小书房木板上刻的五线谱

如今，公爵宫被分成马尔凯国家美术馆、考古博物馆与陶器博物馆三个部分向游客开放。最吸引我们的是位于第三层的有七十三个展览厅的美术馆。

蒙特费尔特罗公爵的儿子圭多巴尔多·达·蒙特费尔特罗公爵没有生育能力，遂将爵位传给了外甥。到了17世纪，爵位传到家族唯一的女性继承人手中，这位女继承人后来嫁给了美第奇家族第五位托斯卡纳大公费迪南多二世·德·美第奇，便将蒙特费尔特罗公爵收藏的大量绘画带到了佛罗伦萨。其中最著名的作品，是目前在乌菲齐美术馆展出的蒙特费尔特罗公爵夫妇双联画和在米兰布雷拉画廊展出的祭坛画，这些画作均出自文艺复兴早期的画家皮耶罗·德拉·弗朗切斯卡之手。我们在此后的行程中分别看到了这两幅作品，前一幅画的是蒙特费尔特罗公爵与深爱的第二任妻子的侧面像，妻子在顺境中保持的是克制，而丈夫在凯旋时秉持的是节制，给人们一种夫妻和睦才能使城邦安宁的强烈印象；后一幅是布雷拉画廊的镇馆之宝，从中可以看到比例、细节、光线和几何学的完美组合。

好在公爵宫的美术馆内仍有一幅蒙特费尔特罗公爵的画像，它是西班牙画家佩德罗·贝鲁格特在公爵宫供职期间绘制的，是肖像画的代表作之一。目前各地美术馆中的蒙特费尔特罗公爵画像画的都是左侧侧面，因为公爵的右眼在战争中被长矛刺瞎。在这幅肖像画中，侧身的蒙特费尔特罗公爵身穿盔甲，儿子圭多巴尔多手执权杖，象征着父子二人至高无上的权力。父子二人所在的空间非常狭小，应该是在公爵宫内那个狭小的书房，因为该幅作品正好完成于书房装修完的第二年——1477年。

皮耶罗·德拉·弗朗切斯卡留存于世的画作很少，但每一件都是精品。除了上述两幅，目前在公爵宫的美术馆内还可以近距离欣赏被称为文艺复兴时期最神秘最迷人的两幅作品，一幅是《塞尼加利亚的圣母》，另一幅是《被鞭挞的耶稣》。由于过于珍贵，两幅画都被挂在玻璃罩内。特别是后一幅，除了有众多的象征主义表达，最引人入胜的还有那些独到而又细腻的色泽，无论是静物还是画中人物的动感，都是15世纪意大利绘画史上的精美之作。

在美术馆内的显要位置还有一幅拉斐尔的木板油画，会让你浮想联翩而长时间驻足。这幅名为《慕塔》的贵妇人画像又被称为拉斐尔的《蒙娜丽莎》。有人认为画中女子是蒙特费尔特罗公爵的女儿，因为该女子与拉斐尔交往密切，才甘愿做了画中的模特。

如果时间充裕，在乌尔比诺还可以去公爵宫北侧拉斐尔出生的故居，从而对拉斐尔有一个更直观的了解。拉斐尔在蒙特费尔特罗公爵去世一年之后出生，因为父亲与公爵的良好关系，青少年时期的拉斐尔可以在公爵宫中细致学习并认真研究公爵收藏的画作，揣摩包括皮耶罗·德拉·弗朗切斯卡等前辈画家的风格与思路，博采众长为己所用，从而与达·芬奇和米开琪罗一起，成为意大利文艺复兴的三杰。

公爵宫建在陡峭的山坡之上，站在梦幻般的尖塔向下望去，山峦绵延起伏，远近高低各有不同，雾缠云绕，时而通透时而缥缈，我猜想拉斐尔油画中的那些山水与树木，一定有从这里看到的景色。

沿着坡路下行，天色暗了下来，仿若一部悲剧的最后一幕，令人哀伤。蒙特费尔特罗公爵染疾而死后，乌尔比诺在仅仅百年的时间里就从繁盛走向了衰落，然而想一想这座宫廷里崇尚过的举止优雅的礼仪，曾经传到了欧洲其他国家的宫廷和上流社会；那些著名的画作，几百年来一直感染着热爱美术的人们。此时此刻再回望一眼公爵宫，就会发出这样的感慨：历史不会计较乌尔比诺的兴衰，却记住了蒙特费尔特罗公爵对艺术的热情与敬重。

18 佩萨罗

我曾经去过瓦格纳在琉森、舒伯特在维也纳、维米尔在代尔夫特、卢梭在日内瓦等地的故居，遗憾的是这些故居内部只有少量遗物或者基本上空无一物。看书上说意大利作曲家罗西尼的故居藏品异常丰富，而罗西尼又是众多作曲家中最有名的美食家，不但会吃还会烹饪，所以在安排行程的时候特意圈定了罗西尼故居所在地——海滨城市佩萨罗。

1792 年出生的罗西尼创作了包括《塞尔维亚的理发师》在内的约四十部歌剧，却在三十七岁发表《威廉·退尔》之后退隐江湖。在罗西尼那个时代，普遍用母猪寻找白松露的踪迹，因为埋在地里的白松露会散发出类似公猪的雄性激素的味道，据说罗西尼是为了饲养母猪才放弃作曲的。七岁时，罗西尼就偷偷潜入佩萨罗的教堂喝光了弥撒用的红酒，他是当地出了名的坏小孩；八岁时被寄养在博洛尼亚的祖母家中，因为那里美食如云，所以罗西尼吃得肥头大耳。罗西尼曾经说过，他一直浸淫在皮埃蒙特白松露和那不勒斯意面的气味之中。他更是在人们尚未生吃的时候就生吃过白松露，成了吃遍天下的食客，他称自己是 "pianista di terza classe ma primo gastronomo dell'universo（三流的钢琴家，宇宙第一的美食家）"。1824 年，罗西尼去巴黎担任意大利喜剧院音乐总监时，对鹅肝赞不绝口；1855 年，罗西尼重返巴黎开了一家高档餐厅。餐厅在每周六都举办有达官显贵出席的沙龙，兴致所至，罗西尼会一边弹钢琴一边唱"哎呀，小小的青豆""多么浪漫的肉馅"等与食物有关的诙谐小曲，然后亲自下厨做鹅肝黑松露牛排。罗西尼的做法是先用大火稍微煎一下切成三厘米厚的菲力牛排，将用奶油煎嫩的厚切鹅肝放在牛排上方，浇上加了马德拉甜酒的佩里格酱汁，再撒上切片的法国黑松露。后来，法国"现代美食之父"马里-安托万·卡雷姆以及法餐"厨师之王"乔治斯·奥古斯特·埃斯科菲耶在罗西尼做法的基础上不断完善，欧洲各大餐厅里陆续出现了很多改良版。如今，在法国餐厅经常看到菜单中有"罗西尼牛排（Tournedos Rossini）"这道菜，而在法餐厅数量仅次于法国的日本，"罗西尼牛排（ロッシーニ風ステーキ）"更是风靡一时，有的餐厅为了适应顾客的口味，会将牛排改成鸡蛋、鸡肉或鸭肉，但一定要配上鹅肝和黑松露以及佩里格酱汁。

佩萨罗位于亚得里亚海滨，春天时风力较大。接待游客的住处大都建在海边，而在一个到处都是现代建筑的城市里，可选择且又中意的特色民居数量较少，所以我们选了以作曲家姓氏命名的罗西尼酒店。前台的女士热情地说："欢迎你们在这么冷的天来到佩萨罗，现在这个季节非常冷清，很少能看到外国游客的身影。"她递给我们佩萨罗的地图并在上面做了标记，果然是城以人兴，老城区里有很多以罗西尼命名的景点。

被城墙围绕的老城区内，有很多爱马仕等名牌奢侈品的直营店，显示出既交叉又融合的时代潮流。在矩形的中心区，从古罗马、拜占庭、中世纪到文艺复兴时期绵延一千五百多年的各式建筑，并没有因为时尚的存在而模样大改。与内陆那些保留完好用于居住的中世纪小城相比，佩萨罗的一些中世纪建筑在古代就是售卖海鲜的门店，走在街道上，远远就能闻到鱼虾的味道。

上午时分，走在一尘不染的石子路上，一边享受着轻柔的海风，一边在每周五才开的广场集市上闻着草莓和洋蓟的清香，慢悠悠地就走到了罗西尼故居。

故居位于一条窄巷里，不用广角镜头的话，只有捎带上旁边的建筑，才能将四层楼拍全。这是一栋建于 15 世纪并在 18 世纪初期又加盖了第四层的楼房，1792 年 2 月 29 日，罗西尼在此出生，并在这里度过了童年。1892 年，在罗西尼诞辰一百周年的时候，佩萨罗市政厅买下了这栋建筑并将其改建为博物馆。与其他大多名人故居收集遗物用于展出的做法不同，在罗西尼去世前拟定的遗嘱中，他要将乐谱、书信、他收藏的画家为他画的三十多幅肖像画以及他用过的制作于威尼斯的钢琴等悉数捐赠给故乡佩萨罗，如今，这些物品都在故居博物馆里展出。

看着那些手稿，再在听音室戴上耳机听《塞尔维亚的理发师》的录音，与在家里听唱片、看 DVD 或者在歌剧院看这部歌剧演出的感觉截然不同，不是音质，而是氛围。我觉得在展出的书信中，应该会有菜谱或者有关美食的内容，因为罗西尼在写信时经常会写某一道菜的做法或食材的选择等，但展柜上的标签都是意大利语。

▲罗西尼故居

在一个小广场上，有一座毫不起眼的建筑，如果不是门外竖了一块每年 8 月在此举办罗西尼音乐节的海报，决然想不到这是 1854 年以作曲家命名的只能容纳八百六十余名观众的罗西尼剧院。与罗马和米兰的大剧院不同，这家剧院的所有门票都不在网上预售，而是只在开演前四个小时开放窗口售票。我看到当晚有一场音乐会，曲目是罗西尼的六首《弦乐奏鸣曲》和贝多芬的《第四钢琴协奏曲》，独奏家和乐团的名字从来没有听说过，而且 21 点 15 分才开演，就在犹豫要不要买票的时候，窗口戴眼镜的女士微笑着说道："今天是周末，所以才演得晚，你们肯定不适应，而在我们这里，（夜生活）才刚刚开始。"

▲罗西尼剧院

在作为美术馆的佩萨罗宫展有威尼斯画派创始人乔凡尼·贝利尼的祭坛画《圣母的加冕》，画家在木板上不再使用蛋彩而改换成油彩，《圣母的加冕》是佩萨罗这座城市为数不多的绘画精品，值得一看。走出佩萨罗宫，一看到街上背着琴盒或拿着乐谱匆匆走过的青年人，就知道是罗西尼音乐学院的学生。校园内有一座罗西尼的坐像，从二楼半掩的窗户里不时飘来女学生正在练声的声音，正是《塞维利亚的理发师》中由花腔女高音演唱的咏叹调。而对古典音乐的乐迷来说，令他们更感兴趣的是学院培养的两位伟大的意大利歌唱家，一位是嗓音具有罕见威力的男高音莫纳科，另一位是被指挥大师托斯卡尼尼誉为有着"天使的嗓音"的女高音苔巴尔迪，这是一对珠联璧合的黄金搭档，曾让意大利歌剧放射出耀眼的光芒。莫纳科去世后，人们按其遗愿，将其葬于佩萨罗的中央公墓。本想前去凭吊，但因天色已晚而未能如愿。

晚上在一家以海鲜为主打的餐厅里，男店员说佩萨罗有一个"品尝亚得里亚海"的活动，最具特色的是用鱼和贝类熬成的海鲜汤。主料是渔民们捕捞时不慎划破而卖不出好价的鮟鱇鱼、海鹂鱼、笠子鱼、金乌贼、长枪乌贼、龙虾、螃蟹等等。厨师先用橄榄油和番茄酱将圆葱炒软，再放入海鲜、水、红酒醋、干白、盐和胡椒，有时候还加一些青红椒和绿西红柿等配菜，炖煮十五到三十分钟，直到鱼骨轻松脱离鱼肉，浓汤就熬成了，再配以无盐面包一起食用。可惜我们点的鱼汤里的鱼虾种类不多，因为还没到盛产鱼虾的季节，但是味道依然相当鲜美。

在罗西尼酒店前面的亚得里亚海边有一座彩色的罗西尼像，从正面看以为是罗西尼拿着琴弓和小提琴，但站到侧面才知道，罗西尼右手拿的是一把厨师刀，左手拿的是刚刚切下的一片火腿。也许佩萨罗想向游客强调，罗西尼首先是一位厨师，然后才是作曲家。

▲佩萨罗的彩色罗西尼像，罗西尼手里拿着厨师刀和火腿

　　都说意大利人红肉吃得少，偏偏罗西尼最爱吃牛排。除了肉食，罗西尼还自创了很多菜品，同时他也会自己搭配调制各种酱汁，例如一道普通的蔬菜沙拉，他不会简单地撒上盐、橄榄油和胡椒，而是专用法国普罗旺斯的橄榄油、法国产的香醋、柠檬汁和胡椒，还有英国产的芥末酱，放入这些调味料后，还要加几片薄切的白松露，他认为这样吃才算完美。罗西尼为意大利开辟了浪漫主义歌剧的时代，他本来可以继续用夸张的音乐和唱词来抒发情感，但他却说："世界上大概没有比吃更好的工作。"罗西尼是如何度过后半生的呢？我估计答案只有一个：以吃为主。

19 阿西西

　　去意大利旅行，参观美术馆、教堂、建筑等等，都有一个完全避不开的话题——文艺复兴、宗教改革与启蒙运动。三者之间互有关联，承接有序，构成了欧洲近代社会的思想根基。在欧洲，宗教一直有着巨大的影响力。我没有宗教信仰，因而十分赞同贡布里希在《艺术的故事》一书中的说法："在艺术、建筑和音乐方面，宗教向世人展现了非凡的创造力，但在其他方面，我赞同伏尔泰的观点，认为宗教有害无益。一个社会最可贵的品质之一，便是很少有人热心于宗教的意识形态，或是被它们所左右，因为这些事物只会干扰平静的生活，人们本应该将精力投入那些真正重要的事情中去，比如绘画和音乐。"

　　山城阿西西显然是一个复杂的综合体，对取向不同的人们来说，它的含义也各有侧重，但聚焦点都是出生于 12 世纪末期的圣方济各（又译"圣弗朗西斯科"）。

　　圣方济各原本是一个放荡不羁的纨绔子弟，后来因个人的境遇，失去了对世俗生活的兴趣，顺从了耶稣的感召，穿着褐色的粗布长袍，远行布道，接济穷人。很多人跟随他的脚步，也成了苦行僧。这是一种虽一无所有却乐此不疲的生活方式，表现为全神贯注的默想与静思、劝人悔过的火热与真诚。

　　来到阿西西的人们绝大部分是世界各地的信众，他们的主要目的是前往阿西西的圣方济各教堂祷告。教堂分为上下两层,圣方济各的墓在下层教堂的地下室。很多人在墓前或站或跪,表达着他们的虔敬之情。我看见一位男士跪在圣方济各墓前,起初不以为然,但等我在上层教堂停留了两个小时之后再次走下去,他依然纹丝不动地跪在那里。

将要在这座教堂看到以前在美术书上看过的乔托所画湿壁画的真迹,对我们来说,激动之情早已溢于言表。

▲阿西西的圣方济各教堂,楼梯上方是上层教堂,
内有乔托画的二十八幅湿壁画

中世纪的很多人是文盲,因而绘画的主要目的是为了向信众展现《圣经》的故事,让不识字的人通过简单易懂的画面产生直观的认知。在那一时期,古老的短缩法早已被遗忘,所有的绘画都不写实,没有美感,教堂里的湿壁画就像拉文纳的镶嵌画一样,画中人物既干瘪又扁平,站立的人物犹如悬在空中。乔托的可贵之处在于,他不再沿袭过去的笨拙手法,而是创造了与现实具有

惊人相似性的画法，能从外表和姿态中揭示人物的性格。正如傅雷在《乔托与阿西西的圣方济各——单纯而严肃的生命自白》一文中所说，自从乔托在阿西西的圣方济各教堂采用了新的绘画方法之后，"那些悬在空中的圣徒与圣母，背后带着一道沉重的金光，用贵重的彩石镶嵌起来的图像，再不能激动人们的心魂了"。

欣赏上层教堂里乔托所画二十八幅湿壁画的正确线路是，先面对入口，从左边墙壁第一幅《受到弱者尊敬的圣方济各》和第二幅《交出斗篷的圣方济各》开始看起，顺时针前行。看完左面的十三幅，走到光线稍亮的入口，经由入口两侧墙上各一幅的湿壁画，再依次去看另一侧的十三幅。最好的位置和方法是站在湿壁画的对面，使用望远镜看，玩味乔托与一千多年前的古希腊艺术隔空对话时迸发出的独特构思。每个人的欣赏视角不同，体会各异，但我觉得第一幅中人物与建筑的平衡、第二幅中金色披风的褶皱、第五幅中建筑物的远近透视、第十幅中虽高低错落却很有章法的建筑布局、第十七幅中的三维空间，都是神来之笔。

乔托是一个挣脱拜占庭保守主义束缚的天才，他在那个时代独辟蹊径，以其敏锐的洞察力和无畏的勇气，开启了绘画的新模式。他画的人物姿态各异，画中岩石、房屋、泉水和树木的布局也相当合理，尤其是构图与比例，让画中的人物在二维的平面中不再单薄和死板，而是变成了有活力的血肉之躯。如果用今天的视角和审美标准去评判，可以找出很多不尽如人意之处，然而，对于这样一位文艺复兴的先驱，只有表达感激，才是最大的敬意。

去阿西西那天的清晨，我听到窗外的树上站着众多的鸟儿叽叽喳喳叫个不停，看见卧室天花板上按一米间隔排列成房梁的那些树干，突然齐刷刷地直立在地上，转瞬之间，就在树冠上簇生了密密麻麻的树叶出来，我睁开眼想要细看，才知道刚才是做了一个梦。很显然，这是因为白天看了书上印的乔托在上层教堂画的《圣方济各向小鸟布道》使然。在上层教堂入口的那幅湿壁画前，我发现画中树干和树叶的颜色竟与早晨的梦境不差毫厘，只是梦中没有人物。我与乔托有缘，能在梦中复现他的画意，这种神奇真是不可思议。

离开教堂之后，到了午餐时间，我们沿着坡度很陡的弧形台阶来到拉福尔泰莎（La Fortezza）餐厅。点菜之前，与女店主闲聊，她指着屋顶的砖墙拱顶说"Medieval（中世纪）"，又告诉我们座位下面是用玻璃砖遮盖的断壁残垣，还提示我们留意走廊里的罗马式墙壁。女店主说这段话时，语气带着十足的历史自豪感。女店主的父亲于1983年拿到了品酒师证书，1986年又获得骑士勋章，我们原以为下一个会是更雅致的职衔，她却说

▲乔托画的《圣方济各向小鸟布道》
（教堂禁止拍照，图片来自网络）

父亲在1992年又考下了厨师证。为什么来意大利一定要品尝各种美食，就因为意大利的厨师有着极其丰富的想象力和创意，在他们的菜品中，可以领悟源远流长而又不断创新的饮食文化。女店主说，她为父亲考上厨师证而感到光荣，对她来说，这个职业更为重要。

桌上橙色灯罩内的灯光调得很暗，而阳光从墙上的玻璃花窗透出来映射出了比乔托的画鲜艳百倍的颜色，点上一道什么菜，才会与这样的场景相称呢？我觉得拉文纳那幅拼贴于约公元520年的名为《面包和鱼的奇迹》的镶嵌画，此时此刻最为恰当和对应，就点了菜单上的第一道菜"烟熏三文鱼配细香葱和特级初榨橄榄油"，如此一来，阿西西、圣方济各和乔托的颜色，就都有了。

　　阿西西有一座八百多年前建的马焦雷城堡，午餐之后，站在城堡之上，可以俯瞰圣方济各教堂和圣鲁菲诺教堂以及掩映在绿树之中的阿西西小城。对面半山腰的弯路上，一对八十多岁的老年夫妇长时间地望着远方——佩鲁贾的方向。

　　下山之后，拐下几道台阶，看见一个露天酒吧的门开着，就进去点了一杯玛奇朵浓缩咖啡。拿上咖啡绕到树下，看见那对老年夫妇也在角落的桌边坐着。四周静悄悄的，仿佛任何一声言语都会打破这里的静谧，唯独鸟儿最自在，因为这里是它们的世界。

▲在马焦雷城堡俯瞰阿西西
▲山坡上的咖啡馆，再次看见那对八十多岁的老年夫妇

　　我有一套唱片，是日本指挥家小泽征尔于 1983 年指挥《阿西西的圣方济各》世界首演的实况录音。这是法国作曲家梅西安历经八年创作完成的三幕歌剧，采用典型的现代音乐表现手法，打击乐的部分过多，真正具有抒情力量的弦乐很少，即使有，也总是断断续续。但是去了阿西西，回到家里再听那些打击乐的时候，却觉得完全可以接受了，因为那些声音犹如受难时的痛苦呻吟和苦行僧的自省。第二幕的第六场是小鸟布道，乐手们用各自的乐器即兴奏出了鸟声，与歌唱家的演唱融合在一起，人鸟同语，这也是音乐与湿壁画之间展开的一次通灵般的对话。

　　我后来又跟王梓多次聊起阿西西，都觉得很有必要再去一次。晚上，当大多数游客离开之后，周围万籁俱寂，那时候听到任何一种声音，都一定会刻骨铭心。

20 佩鲁贾

与乌尔比诺和阿西西一样,佩鲁贾也是山城。为了充分感受中世纪气息,也为了在翁布里亚大区的阿西西和佩鲁贾之间穿梭更便利,我们两晚都选择了住在位于两个小城中间的巴斯蒂亚翁布里亚。那里有一座建于13世纪的城堡可以入住,对我们来说,当然比其他的普通民居更有吸引力。

傍晚时分,车子开进古堡,彼时街道上的行人极少,没有背着旅行包的游客,也没有售卖明信片或者冰箱贴的小店面。车窗外的建筑,最高的也只有五六层,很少有红砖,多数是由方形或者未经打磨的天然石块堆砌而成,完全是阿西西的中世纪路数,只有每家窗台外面摆放着的鲜花,给这座小城带来了一丝活力。

去意大利的游客首选之地一定不会是佩鲁贾,因为无论是历史还是文化,很多城市都比它更有影响力。虽然这里有在意甲联赛中赫赫有名的足球俱乐部以及意大利国宝级巧克力芭喜(BACI)巧克力,但这些并非是我们最感兴趣的。来佩鲁贾,主要是为了听波兰钢琴家克里斯蒂安·齐默尔曼的独奏音乐会,因为齐默尔曼来华次数屈指可数,这是一次十分难得的机会。

佩鲁贾的道路都是依山而建,不仅狭窄,而且坡度很大。我们听见后面有一辆轿车快速地开过来,但前面明明就是路的尽头,那辆车却毫不减速,倏忽间就没了身影。惊恐万分的我们走近一看,原来路的尽头有一条很窄的左转弯道，如果不是在这条路上开过车，是万万不会疾驰而过的。

我们在意大利历时三年的壮游，除非晚上看歌剧或者听音乐会，晚餐从来不凑合，一定要提前预订当地最富特色的餐厅，品尝美食之国的各种美味，大快朵颐，才觉得心满意足。由于齐默尔曼独奏音乐会的门票在开演前半个小时才能取，而我们又没有在当地取票的经验，只好舍弃了预订餐厅的环节，决定随便找点儿吃的。

看到一家显然是为听音乐会和看歌剧的乐迷而开的餐厅，而让我们两眼放光的是，门口正在烤着比萨，正好符合我们赶时间的需求。意大利作曲家贝里尼为歌剧《诺尔玛》写的乐谱挂在餐厅墙上的大镜框里，而我又是《诺尔玛》的狂热爱好者，更增加了一种亲近感。另外，因为还从来没有在比萨的故乡品尝过这道面食，加上距离开演只有不到一小时，这家餐厅就成了我们的不二之选。

以前在国内吃过的必胜客之类的比萨全是美式，厚饼、烤箱、含有保鲜剂的番茄酱，都与发源地意大利的做法大相径庭。这里的主料与配料都相当讲究，先将新鲜的番茄在水里煮开，去皮之后切成小块，在锅里加入干牛至叶、干百里香和剁碎的新鲜大蒜、盐与白胡椒，用小火熬成番茄酱。把和好的面团擀成薄饼，将切片的马苏里拉奶酪铺在面饼上，抹一些熬好的番茄酱，再摆上切成片的生番茄。厨师在事先预热好的石板上刷上橄榄油，用长长的金属杆将放上面饼的石板放入烧木头的传统窑炉，几分钟之后，一款起源于那不勒斯的窑烤玛格丽特比萨就神奇地出现在眼前。吃了第一口，我就跟王梓说："以后再也不去必胜客了。"

齐默尔曼的钢琴独奏音乐会是在建于 1871 年的莫拉基剧院举行。这座剧院的外观极为朴素，没有雕饰，就像是一栋普通的公寓楼，除了墙上的剧院名称和演出海报，再也没有其他能证明这里是剧院的特征。我们围着这栋建筑转了两圈，也不知道在哪里取票，王梓一直在打电话，但总是无人接听，直到开演前半小时才打通，原来剧院的人刚刚上班。当电话那一头的女士告诉我们取票地点之后，四个人都笑了，明明觉得没有放过任何一个细节，但还是忽视了那块小木板，原来把木板拉开之后就是取票窗口。瓦伦汀抱怨说："你可以不写英语，但至少应该写意大利语吧。"

剧院内部，就如同我们在巴斯蒂亚翁布里亚住了两晚的城堡一样令人惊艳。虽然面积不大，但环绕的五层包厢说明这里演出最多的是歌剧。椭圆形穹顶上画着色泽艳丽的湿壁画，在包厢灯光的衬映之下，给人一种身处中世纪的幻觉。

齐默尔曼继 1991 年为德国 DG 公司录制了德彪西《前奏曲》的唱片之后，已有二十五年未再推出新的独奏专辑。他在不断搜寻新曲目的过程中，对舒伯特最后创作的两首钢琴奏鸣曲情有独钟，尤其迷恋舒伯特虽然重病缠身却依然粲然绽放的那些音乐语言。2015 年 11 月，齐默尔曼在日本新潟县柏崎市文化会馆举行了一场独奏音乐会。齐默尔曼对音乐厅的音效极为满意，他认为是将自己理解的舒伯特阐释出来的最佳场馆。他还得到柏崎市长和音乐厅的全面协助，在即将迎来自己六十周岁的 2016 年，为 DG 公司再次录制了独奏唱片。与其他绝大多数钢琴家将舒伯特最后三首奏鸣曲合在一起演奏的做法不同，齐默尔曼只选择舒伯特去世前两个月完成的第二十和第二十一奏鸣曲，他认为舒伯特这两首奏鸣曲预示他六十岁之后将要步入人生的新舞台，他要用自己极为丰富的演奏经验，来向过去告别。

▲齐默尔曼在莫拉基剧院的谢幕照

坐在拥有七百八十五个座位的剧院一楼的第一排，以最近的距离，最清晰地听到了齐默尔曼在日本录制唱片三个月之后的全新感悟。所谓余音绕梁，我深有体会。第二天下午，路过佩鲁贾最著名的十一月四日广场和马焦雷喷泉，在先验宫（现为国立翁布里亚美术馆）看费德里科·巴罗奇、安吉利科和佩鲁吉诺的画作，画面有着亮丽并耀眼的色泽，我仿佛看到前一天晚上从齐默尔曼手指间流淌出来的旋律，如同文艺复兴的光芒照在了美术馆的墙上，反射出浪漫主义的辉煌。

沿着主城区主干道前行，走上古罗马伊特鲁里亚时期的一道古城墙，这里有现如今已成为观景平台的花园广场。夕阳时分，极目远眺，左侧的阿西西全都沐浴在霞光里，我们都情不自禁地惊叹那种神圣的气息，让台伯河中游的谷地和眼前的特拉西梅诺湖都黯然失色。如果不是在城堡的餐厅预订了晚餐而要赶回去，我们都有些依依不舍。

▲在佩鲁贾远眺，图片左侧的山城为阿西西

　　导航走向停车场，在大街的尽头有一处坡度很大的石阶，沿着红砖和长条石缓缓而下，看到路边有一棵老树，树叶的绿色，在楼房的遮掩下显得失去了生机，天色渐渐暗下来的时候更是如此。然而，走完最后一个阶梯向右转去，就看到一束金色的光芒，穿过对面楼群之间的缝隙，照在那棵老树上。人们都说佩鲁贾最美的是夕阳，那棵老树，更给黄昏增色，成了我心目中又一张经典的明信片。

　　第二天晚上，我们在佩鲁贾最古老教堂之一的圣福都纳堂，再一次幸运地感受到夕阳的美丽。这座小教堂于 12 世纪建在一座建筑的废墟之上，1995 年教堂关闭进行内部修缮，持续了二十年仍未完工。站在侧门边上，只觉得浑身暖洋洋的，这又是一抹转瞬即逝的霞光，照彻出如同齐默尔曼琴声一样的温情。我们开怀大笑，只想把这些偶遇的光芒浓缩起来，带到明天的拂晓。

城堡内的晚餐，具有浓郁的中世纪情调。初榨的橄榄油带有洋蓟和野菜的苦味，与浓稠的香醋一起滴在蔬菜上，过了十几分钟，才缓缓地飘出一丝香气。点了一瓶安东尼里酒庄用 2009 年的萨格兰蒂诺葡萄酿制的干红葡萄酒，深感这种葡萄有着中世纪的性格，既固执又任性。尽管醒酒一个

▲夕阳照在圣福都纳堂的墙上

多小时，单宁的作用依然强劲，无愧其"单宁王"的称号。旁桌坐着一位意大利男士，衬衫熨烫得十分得体，一条薄围巾，遮不住满脸黑白相间的络腮胡。王梓说这款酒的单宁就是那位男士的胡子，总是显露出一种久经沙场的沉稳。我从酒中渐次闻出的柑橘、樱桃、草莓等清淡的味道，其实是一种假象，原以为不会醉，却偏偏醉了，喝完第三杯，我觉得头顶上那个中世纪的交叉肋拱在旋转……

21 斯佩罗

上午10点钟从巴斯蒂亚翁布里亚的城堡退房，把行李箱装上车，瓦伦汀朝着预约好的一家橄榄油榨油坊和酒庄开去。车窗外，不时闪过一些别具一格的小镇和村落，我坐在车上，偶尔会听到钟声，偶尔又会看见炊烟。王梓一看表，时间还相当充裕，就提议去事先并没有放进行程表的斯佩罗，因为在意大利的小镇中，斯佩罗几乎保留了中世纪原貌。

小镇入口处有一座建于公元前1世纪的城门，是意大利最古老的防御城墙之一，与其旁边的高塔一起成为小镇的守护者。既然没提前做功课，那就随意地走走停停，根据以往的经验，越是古老的地方，就越会有引人入胜的所在。

沿着三四十度蜿蜒的斜坡向镇中心走去，两侧的路面和房屋都用不规则的石块砌成，宛如一座石头城。如果路边没有停放着小型轿车和摩托车，真会以为穿梭到了中世纪。小镇有八千多常住人口，但好像都待在家里，门窗紧闭，路上看不到一个行人。每家每户的窗边、门外和花架上都摆放或是挂着花盆。4月中旬，报春花、仙客来、蝴蝶兰、牵牛花、三色堇、海棠、牡丹、杜鹃、芍药等都开出了各种颜色的花朵，把所有的坡路都点缀得如同花市。

▲瓦伦汀走在斯佩罗的坡路上

　　每年 6 月，当更多鲜花怒放的时候，当地人会在地面铺上手工绘制或者电脑打印的图稿，上面有设计好的图形，包括人物、动物、鸟类、花卉、教堂以及各种几何形状。每一个图形里都标注了花卉的名称、颜色和摆放要求，小镇的人们一夜之间就会用花瓣将图形填满，第二天一大早，街道上就出现了一百多块拼接的花毯。

　　然而，那是人最多的时候，当地人和四面八方的国内外游客蜂拥而至，让平时寂静无比的街道顿时变得喧嚣起来。我们虽然来早了，没有看到那个盛况，但却来对了，我们闻着花香走到小镇中心的广场，没有一点噪声，这就是我们四个人都喜欢的幽静。

　　所谓广场，其实只比走过的那些小巷宽了十米左右而已。进入广场上那座建于 12 世纪的教堂，有一处地方蒙着一块巨大的绿色篷布，那是正在进行内部修缮的巴格里奥尼礼拜堂。墙上有三幅巨大的湿壁画，是文艺复兴时期的画家、翁布里亚画派代表人物平图里乔为当时统治斯佩罗及其附近城邦的巴里奥尼家族绘制的。其中左侧的《天使报喜》格外生动，人物的动作、空间的布局和光线的处理都恰到好处。中央的墙壁上是《牧羊人的崇拜》，湿壁画的天空上是正在歌唱的唱诗班，中间是一座风景宜人的城镇，下方是耶稣刚刚诞生的场景。我特别喜欢那些更有层次感也更惹人喜爱的画面，但管理人员告诉我，虽然绝大部分湿壁画出自平图里乔之手，但画面中的圣母是年轻时的拉斐尔来斯佩罗时画的，因此很多美术史学者和拉斐尔的崇拜者也会专程来到这里。

目前已知拉斐尔最早的绘画作品是位于佩鲁贾和乌尔比诺之间的卡斯泰洛小镇教堂里的祭坛画，但由于1789年的大地震，那些画大部分被损毁，目前仅剩下几个残片。拉斐尔的画风受到在当时有很大影响力的老师佩鲁吉诺的影响，因而他刚一出道，就在意大利有了名声。1500—1501年，平图里乔邀请不到二十岁的拉斐尔在斯波莱托圣母升天主教座堂共同绘制湿壁画。平图里乔十分欣赏拉斐尔的画风，在接到斯佩罗的湿壁画订单之后，他再次邀请拉斐尔帮忙，目前我们看到的就是拉斐尔

▲1500—1501年，十七岁的拉斐尔在平图里乔湿壁画上画的圣母玛利亚（右二）（教堂禁止拍照，图片来自网络）

与平图里乔第二次合作的作品。

　　离开教堂，感觉自己的内心已经得到了极大的满足。继续漫不经心地往前走，我看见路边的树干上挂着一张字体被放大了的《纽约时报》复印件，王梓正要细看的时候，一位穿西服系领带的店主热情地招呼我们进到店里，他说他是做橄榄油和干红葡萄酒生意的，请我们品尝他最得意的橄榄油。

▲斯佩罗小镇一家经营橄榄油和葡萄酒的店铺

　　在意大利用餐，尤其是中午和晚上，都会用面包蘸着橄榄油和香醋，因而对于各地的橄榄油和香醋也算有了一定的体验。店主领我们到了地下室，拿出面包和几瓶橄榄油，也许是因为这里的环境与餐厅不同，特别是看到酒柜里摆满了意大利和法国最著名酒庄的葡萄酒，我们的心境也发生了变化，只觉得眼前的橄榄油格外清香，四个人连连点头，赞不绝口。

　　王梓、瓦伦汀和我都决定买几瓶带回去，店主看出了我们的热忱，又兴高采烈地拿出一瓶手写标签的橄榄油。一开始，他一边微笑一边将油倒入碟中，并没有对这瓶油做任何解释，当我们几乎是同一时间拍案叫绝的时候，店主大笑了起来，夸我们的口味很叼。

原来，这瓶手写编号为1219的橄榄油，是店主专门给法国最著名主厨之一的阿兰·杜卡斯长期供货的一款。阿兰·杜卡斯在巴黎、纽约、摩纳哥和东京经营的餐厅累计摘得米其林十九颗星，他本人更因有三家三星餐厅而被誉为"九星名厨"。这款限量版橄榄油非常内敛，没有张扬之气，品尝时如同回甘绵长的乌龙茶一样齿颊生香。每瓶四十欧元，王梓和我各买了两瓶。

店主的祖辈在斯佩罗开店经营橄榄油和葡萄酒，目前他是第七代传人，他对意大利的橄榄油和酒庄如数家珍。店门口挂着的那张《纽约时报》，刊登的就是报道这家店铺的文章。

临别时，店主得知我们第二天要去预约好的蒙特法尔科产区的卡普雷酒庄品酒，他让我们稍等。出来之后，他微笑着说："我跟那个酒庄的老板很熟，刚才我给他打了电话，你们去了之后会受到体面的欢迎。"

离开斯佩罗，我们在车上猜着店主说的"体面的欢迎"到底会是一种什么样的方式，我跟王梓和瓦伦汀说："估计是派几个人在门口鼓掌欢迎吧。"

22 蒙特法尔科

在斯佩罗的两个小时，从当天中午开始直到晚上，带给我们的不期而遇的惊喜是一个接着一个。

一到春天，橄榄树、葡萄树就开始在斯波莱托溪谷那些绵延起伏的土地上活跃起来，尤其在溪谷中最美丽的村落蒙特法尔科，到处都是任性生长的枝叶，这里的橄榄油和葡萄酒也以强烈的个性而闻名于世。

在郁郁葱葱的坡路边，有一家既压榨橄榄油又酿酒的芒特尼（Montioni）酒庄。我们选择这里的目的有两个，一是实地学习关于橄榄树和橄榄油的知识，二是享用地道的意大利家庭午餐。

意大利是仅次于西班牙的世界第二大橄榄油生产国，这里有典型的地中海气候，除了种植葡萄树，也适合栽培橄榄树。西班牙的橄榄树以大面积种植为主，但意大利因地势与西班牙不同，从北到南的橄榄树都种在丘陵地带，因而，两个国家的橄榄油味道也不相同。西班牙油有明显的果香，而意大利油则是青草、生菜、菊苣和洋蓟的香气。

庄主开着他的车，带着我们去一千米之外的橄榄树种植园。他每隔几天去一次，查看山坡上三千多棵橄榄树的生长状况。冬天的时候，会砍掉一些八九十年的老树，春秋两季再补栽，以保持稳定的产量。庄主喜欢在这里望着远处丘陵中的阿西西、斯佩罗和贝瓦尼亚，每次眺望，都能给他带来好心情，回去的时候，随手采几棵地里长的野芦笋，与其他蔬菜拌在一起，就是中午或者晚上要吃的沙拉。有很多买家包括远道而来的美国人看好这片高产的种植园，愿意出高价收购，但庄主说他从来没有心动过。

▲山坡上的橄榄树种植园

每年秋天，庄主雇用的农民会将采摘的油橄榄送到酒庄。榨油师们会在二十四小时之内将附有泥土的果实清洗干净，烘干处理后，再用带有金属锤的碾磨机将油橄榄碾成糊状，通过高速运转的离心机，分离掉80%左右的水分和果核，留下20%左右的油质，经过几天的过滤，最后在避光的房间里将初榨的橄榄油装瓶。

这片种植园生产的橄榄油与斯佩罗小镇专门给阿兰·杜卡斯供货的那种限量版不同，这里的橄榄油有着极其浓郁的香味。王梓特别喜欢那种味道，正好从意大利寄到英国十分方便，他每年都会订购几瓶。我在酒庄品尝第一口的时候，就感觉那种烈性与前一天晚上在城堡餐厅喝的萨格兰蒂诺干红葡萄酒是一个级别，冲劲十足。

这家酒庄最初以压榨橄榄油起家，后来转向种植葡萄树和酿酒。蒙特法尔科产区的主要葡萄品种是萨格兰蒂诺，庄主又带着我们去看他家五万平方米的萨格兰蒂诺葡萄园，我们对这种烈性的葡萄又有了更深入的了解。

葡萄园里竖着一排排的柱子，三条高度不一的铁丝串在柱上，每条铁丝的间距大约半米。庄主只让萨格兰蒂诺葡萄长到第一层铁丝也就是距离地面半米的高度，让每棵葡萄树只保留八个地方坐果，其余部分全部剪掉。而在种植蒙塔奇诺产区的桑娇维塞葡萄时，则让它长到第二层铁丝那么高。农民每隔一周就要开着拖拉机除草，一旦草多了，湿度就大，不利于葡萄的生长。庄主采用传统的做法，不仅使用人工灌溉，还像我在南非斯泰伦布什产区的酒庄看到的那样，在葡萄园边上种植白玫瑰，一旦出现病菌，与葡萄生长环境相似但比较娇弱的玫瑰更容易感染，感染后，白玫瑰的花瓣就会在葡萄感染前一周变色，从而提醒庄主用硫酸铜来对付病菌。

尽管有的酒庄从 9 月末就开始采摘萨格兰蒂诺葡萄，但这家酒庄却集中在 10 月份采摘。按庄主的说法，所有用萨格兰蒂诺葡萄酿制的酒，都要在酒窖的橡木桶中存放三年，装瓶后至少还要再放置半年。当天品了四款酒，其中 2011 年的酒颜色极深，一闻，就感觉有种狂放的野性急不可耐地从酒杯中散发出来。

庄主的母亲为我们准备了午餐，先是源自那不勒斯南部卡普里岛的卡普里沙拉，这也是意大利家庭里做得最多的沙拉。将西红柿厚切成片，摆上新鲜的马苏里拉奶酪和罗勒叶，加入自家压榨的橄榄油和海盐，就成了一道简单而又美味的冷盘。稍后端出来是摆在一个盘子里的干酪、火腿、煎蛋和面包，看似简单，却是原汁原味的乡村风味。甜点是加了萨格兰蒂诺葡萄的甜面包圈和桃派，尽管外形没有餐厅的面点师做得漂亮，但甜面包圈的味道令我们赞不绝口，萨格兰蒂诺葡萄原本粗犷的性格，被烤箱高温烘烤了之后，竟然变得特别柔顺。

▲2011年的萨格兰蒂诺（左一）葡萄酒和庄主母亲为我们做的卡普里沙拉

▲庄主母亲给我们准备的意大利家庭式午餐

酒足饭饱之后，庄主让我们品尝果渣酒，也就是用萨格兰蒂诺葡萄酿完酒后剩下的葡萄皮、梗和籽经过蒸馏得到的格拉帕酒——一种酒精度在30%—40%左右的无色透明烈性酒，又被称为意大利式白兰地。我不知深浅，以为是甜酒，将杯子里的酒一口喝了下去，庄主吃惊地瞪大了眼睛说："意大利人在家里吃完饭之后，为了提神，会慢慢喝上一小杯这种餐后酒，但没有像你这样喝的，很容易醉。"好在前一天晚上喝萨格兰蒂诺葡萄酒的时候我已经醉过一次了，这一次完全没有上头的感觉。

与袖珍的芒特尼酒庄相比，卡普雷酒庄显现出来的气势咄咄逼人。酿制萨格兰蒂诺葡萄酒的时候，因为单宁太重，酒庄改用来自法国的小橡木桶，小桶共有二千五百多个，每个小桶使用两年，用了三次之后就弃之不用，更换新桶。酒庄每年生产八十万瓶萨格兰蒂诺葡萄酒，在品饮的六款酒中，我并不喜欢那瓶酸度较高的经典款，而2011年的那瓶珍藏款的口感最合我意，据说可以存放二十五年左右，于是我毫不犹豫地买了一瓶。

▲在卡普雷酒庄品的六款酒，我喜欢右二的珍藏款

站在二楼品酒室的阳台上，我觉得强劲的萨格兰蒂诺酒并不总是桀骜不驯，望着蓝天白云之下看不到尽头的葡萄园，这种葡萄酒突然变得可爱了起来。

我拿出信用卡走到前台，正要支付每人三十欧元的品酒费时，年轻的女品酒师却说："你们今天免单。"四个人面面相觑，面部表情都很诧异，我迷惑不解地发出一声："哦？"

女品酒师笑着说："斯佩罗的先生上午打来电话说，你们四位是他尊贵的客人，所以我们就给你们免单了。"我们这才恍然大悟，想起在斯佩罗经营橄榄油生意的店主所说的"体面的欢迎"。我原以为，东方人事先肯定猜不出这种意大利式的热情，但就连瓦伦汀也摇头晃脑，说完全想不到会有这样戏剧性的一幕。他一而再，再而三地模仿我在听到免单时说的"哦"，此后每到一地，只要是感到吃惊的时候，这个二声音调的语气助词就成了他的专利，他的表情，总是比我的更有趣。

天气极好，空气特别纯净。去当晚的住处之前，我们决定到蒙特法尔科村落的中心转一转。听说坡路上不通汽车，我们就把车停在路边走了上去。这些村落与周围那些橄榄树种植园和葡萄园最大的区别，就是这里集中了一些中世纪的石头建筑物，两层楼房依山而建。虽说有五个入口，规模貌似很大，但如果不去博物馆、五个入口附近的五座教区教堂、橄榄油和葡萄酒商店以及咖啡馆的话，用不了十分钟就能走一个往返。

对于住在这里的居民来说，应该没有旺季或者淡季的概念，因为一年四季，几乎没有游客前来。一家葡萄酒小店铺的柜台上摆满了当地的萨格兰蒂诺酒，但放在最显著位置的是来自托斯卡纳的圣圭多酒庄的西施佳雅，这是一款用 1993 年 85% 的赤霞珠和

15%的品丽珠混酿的红葡萄酒，价签上的三百一十欧元格外醒目，鹤立鸡群般地环视着周围的低价签。

坡路两侧，摆着几把用橡木桶改成的座椅，应该是卡普雷酒庄淘汰下来的法国小橡木桶。坐在椅子上，虽然闻不到任何橡木的味道，但马上就让我们想起了巴罗洛的那个酒庄。朱塞佩·里纳尔迪酒庄为了抗议青年人改变传统的做法，特意把小橡木桶做成椅子，再贴上"这就是小桶应有的用途"的字条。然而此一时彼一时，这几个小橡木桶的椅子放在了蒙特法尔科，显得怡然自得。

▲坡路边的座椅，应该是卡普雷酒庄淘汰下来的法国小橡木桶

去路边的一家餐厅喝咖啡，一进门，仿佛来到了万国博览会，因为除用餐的桌椅之外，还摆着或挂着各种酒具、酒塞、海马刀以及小号、小提琴、单簧管、鲁特琴、纸币、锁具、刀具等等。一架孤零零的壁挂式老旧电话机没有接线，旁边贴着一张泛黄的白纸，上面写着英语"Use only if you are drunk（仅在醉酒时使用）"，

这就是在蒙特法尔科经常喝萨格兰蒂诺葡萄酒的人们最擅长的表达方式，除了粗放，还有幽默。

▲路边的一家餐厅，摆满了各种各样的物品

23 圣安那托利亚迪纳

俗话说再一再二不再三，但我们在那个晴空万里的白天，却接二连三地遇到了三个惊喜：一是在斯佩罗非常意外地看到了拉斐尔刚出道时画的湿壁画；二是在蒙特法尔科享用了三年壮游中唯一一次的家庭式午餐；三是在蒙特法尔科的卡普雷酒庄被免了一百二十欧元的品酒费。然而，傍晚的时候，还有第四次惊喜在等着我们。

离开蒙特法尔科之后，我们驱车二十分钟，来到一个常住人口只有五百多人的僻静之地——圣安那托利亚迪纳。当晚的住处就在这里，当时预订的时候，看到网站上有这样一段文字："在斯波莱托附近山谷的河畔，有一个袖珍的中世纪村庄。这家只有十二间客房的住所，其前身是一座建于13世纪的袖珍迷人的修道院。如今，依然可以看到中世纪时期的湿壁画作品。而村内由石墙环绕的中世纪教堂和庭院，又是举行婚礼的美丽场所。"虽然周围也有几个别致的民居，但是"13世纪""修道院"这几个字，最让我们着迷。

沿着呈蛇形的曲折山路盘旋而下，我们按约定好的时间抵达。天色已经暗了下来，山坡上飘散着早春独有的草香。只觉得这里的空气更为洁净，却看不出与其他的城镇和村落有什么不同，健身馆的灯光通亮，更没有一丁点儿中世纪的蛛丝马迹。原以为店主是在住处等着我们，但眼前的二层楼却大门紧闭，里面一片漆黑，王梓给店主打电话，二十分钟之后，店主开车过来，说他住在离此三十千米的一个地方。

▲傍晚时分，由13世纪的修道院改建的民居外景

▲墙壁上画于1250年前后的湿壁画

连说抱歉的店主快速地把我们的行李箱搬到前台柜前，就在登记的时候，我一眼看到前台左侧那个半圆形的拱券走廊，墙壁上有一些深颜色的东西隐隐约约地显现出来，难道它们就是网页上介绍的13世纪的湿壁画？

店主见我们都向那里投以惊诧的眼神，就以自豪的口气说道："墙上的湿壁画都绘制于1250年前后，七百多年以来从未遭受过破坏，一直完好地保留至今。今天晚上这栋二层楼都属于你们，因为只有你们四个人住，可以尽情地看。"

我们先去了小镇上开车需要十五分钟的德尔庞特（Del Ponte）餐厅吃晚餐。餐厅提前一天就给王梓发邮件，说他们晚上会有鳟鱼，我特别喜欢听奥地利作曲家舒伯特的《鳟鱼五重奏》，一听说有鳟鱼，就想起了那首五重奏的旋律。然而期待越高失望越大，煎的一整条鳟鱼味道一般，倒是按照意大利西海岸的利沃诺市的传统做法烹制的虾，用番茄炖煮，加以盐和胡椒调味，却是意想不到的鲜美。因为晚上要回去看湿壁画，就只点了一瓶皮埃蒙特产区赛拉图酒庄的干白葡萄酒。

回到住处，我们马上下楼，因为这是一个可遇而不可求的包场。湿壁画用赭红色和少量的绿色绘制而成，都是《圣经》中最著名的场景。因为年代久远，很多画面已经脱落，留下一些比较清晰的，应该是经过了后人的修复。我猜想当时的修士们回自己的房间或者去食堂用餐的时候都会经过这里，这时，突然听见旁边有东西掉落的响声，心里一怔，还以为是修士们踏着沉重的脚步穿越回来了呢。

▲墙上的湿壁画

虽然脑海中记着美术史上那些著名的湿壁画，但当晚的这些画更接地气。其他三个人回房间了，我继续待在那里，只觉得眼前湿壁画厚重的底蕴，需要用合适的状态、感觉、气氛和神情去面对。我没有资格和能力，来承接如此近在咫尺的压迫感。

24 奥尔维耶托

穿过曾在中世纪做过六百多年公国首都的斯波莱托，在弯曲的省级和大区公路上慢慢悠悠地盘旋五十多分钟，就到了童话般的高山小镇——托迪。

与阿西西、佩鲁贾、斯佩罗以及蒙特法尔科一样，托迪的周围也满是丘陵。在两片草坪之间，有一条笔直的步道通向神慰圣母堂。教堂的地基呈十字形，从中心点向四个直角方向伸出，再用方形石块砌成相当的高度。四边的顶端，被浇筑成半圆形的拱顶，四个半圆形拱顶又烘托着中心的圆形穹顶，内部就形成了中心圆形与四边半圆形顺势联动的空间。除了在视觉上带来圆润的质感和十足的动态，还让光线在任何一个季节都能从穹顶各个方向的窗户上照下来。一进门，我就看到一束明亮的光线，马上触景生情，想起《圣经·创世纪》中的一句话："要有光，于是便有了光。"

镇中心广场的四周有保留完好的中世纪城墙以及收藏众多绘画精品的美术馆，但我们来这里，只为欣赏这座意大利最精美的文艺复兴教堂。尽管人们过去误把这个完美的设计归于文艺复兴时期最伟大的建筑家之一布拉曼特的名下，但是耶非耶，都不重要。

如果说托迪的教堂令人眼前一亮，那么距此将近四十千米的奥尔维耶托的教堂，会让人目瞪口呆。

奥尔维耶托是本书前言中提到的"慢食运动"的代表，又被称为"慢城"，不允许车辆通行，所有汽车都必须停在城外的停车场，城内只能步行。走到小镇中心位置的奥尔维耶托主教座堂，需要绕过十几条弯曲而又狭窄的街道。从最后一条小路前面的明亮程度来看，那里应该是一个很大的广场。王梓先快步走到路口，待我们走近的时候，他回头跟我们说："先右转，千万别向左面看。"

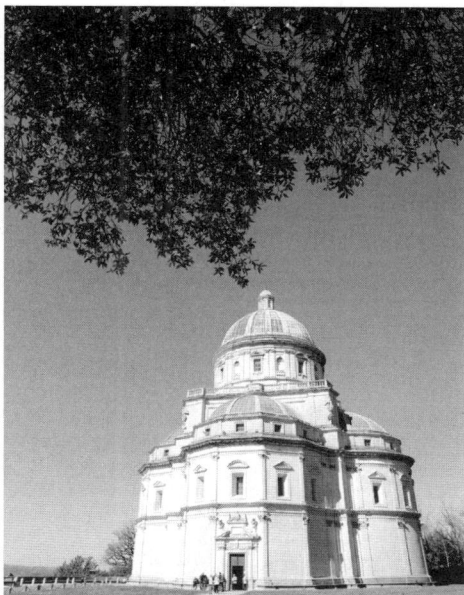
▲ 神慰圣母堂

三个人听令，就向右侧转去，并成了一排。王梓说："听我口令，向后转，一、二、三。"一转头，我们都愣住了，怔怔地站在那里说不出话来。尽管事先做了功课，但还是没有做好充足的准备，能气定神闲地应对和接受眼前这一片气势恢宏的场景。

这是我们从未看过的教堂立面，怪不得被称为"意大利哥特式教堂的典范"。这座大教堂于 1290 年开始建造，历时三百年才完工。除数不胜数的建筑工人，共有三十三名建筑家、一百五十二名雕刻家、六十八位画家和九十位镶嵌工匠相继参与了内外装饰，使其成为与锡耶纳和阿马尔菲齐名的意大利三个最绚丽多姿的教堂之一。

教堂立面之所以五彩斑斓，是因为自上而下布满了镶嵌画。

最上方的三角形里原是 16 和 18 世纪的作品，1824—1847 年，将画改换成了《圣母加冕》。与一千三百多年前拉文纳的构图和技艺相比，19 世纪上半叶的工匠们用透视法镶嵌的所有人物都非常逼真。用望远镜细看，圣女真情流露，乐师呼之欲出，有着令人难以置信的质感。

三角形下方两侧的镶嵌画都修复于 19 世纪。三扇门上方的三角形里的画，最早的作于 1365 年，最晚的完成于 1970 年，都是《圣经》中的场景。虽然时间跨度很长，但色彩的过渡毫不突兀，反而井然有序，看着就像是一个时代的作品。

遗憾的是，教堂门前的广场并不宽敞，除非带上单反 11—24mm 的广角镜头，否则，站在教堂正门对面的小巷里拍到的立面，总有两侧的楼房乱入，大煞风景。

▲奥尔维耶托主教座堂立面

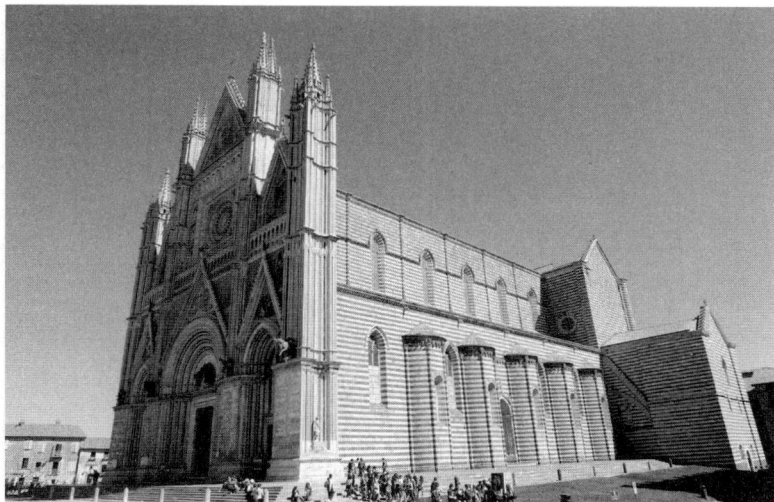

▲奥尔维耶托主教座堂侧面

我给这座教堂的点评只有八个字：金玉其外，金玉其中。欣赏了教堂两侧用白色与蓝灰色玄武岩镶边的外墙之后，进入内部，就要带上错觉和幻觉这两种感觉了。奥尔维耶托主教座堂与各地其他那些大教堂有着显著的不同，它的圆柱和墙壁上都是整齐划一、灰白相间的大理石条纹，在视觉上对比显著，张扬着冲击力。

在圣坛右侧，有一个建于 1408—1444 年的圣布里奇奥礼拜堂。1499—1504 年，文艺复兴时期的画家卢卡·西诺莱利在这里的墙壁上画满了精美的湿壁画。西诺莱利是皮耶罗·德拉·弗朗切斯卡的学生，年轻时就技艺超凡，甚至某些画作的构图和技法都超过了老师。他在奥尔维耶托的几年间，严格按照透视法画了《最后的审判》、但丁《神曲》中的地狱等等。在画地狱场景的时候，西诺莱利认识了一个情人，但情人最后却弃他而去，西诺莱利一气之下，把情人画成了一个下到地狱之后被邪恶魔鬼拉拽的娼妓。

▲西诺莱利在圣布里奇奥礼拜堂画的湿壁画

　　西诺莱利的湿壁画，在裸体、布局以及用色等诸多方面都给了米开朗琪罗启发。1535—1541 年，米开朗琪罗在梵蒂冈的西斯廷礼拜堂绘制《最后的审判》时，借用了很多西诺莱利的构思与构图，可以说，如果没有西诺莱利，也许就不会出现米开朗琪罗在绘画和雕塑中那些带有男性线条的女性裸体。正如瓦萨里在《艺苑名人传》一书中所说，西诺莱利"出神入化的技艺、美妙的构思、独具的匠心，为广大的匠人开辟了通向艺术顶峰的道路，使追随的后人得以青云直上"。很显然，这几句深情的赞誉，就包括了西诺莱利对米开朗琪罗的影响。如今，世界各地的游客蜂拥前去梵蒂冈膜拜米开朗琪罗的作品，却忽视了奥尔维耶托和西诺莱利，只有将西诺莱利的创意和米开朗琪罗受到的启迪联系在一起，在意大利观赏绘画才相映成趣。

衣着考究、温文尔雅的西诺莱利来到奥尔维耶托作画的时候，先是谈好了酬劳，然后提出了一个附加条件，每年要给他提供一千升当地的干白葡萄酒。奥尔维耶托兴建于火山凝灰岩的悬崖之上，这里的土质、气候和窖藏，对于酿制干白葡萄酒来说缺一不可，公元前7世纪时，伊特鲁里亚人就在这里种植葡萄并酿酒。至今，这里的葡萄园依然不使用杀虫剂、抗菌剂、除草剂和化学肥料，强烈的日光催化了葡萄的成熟，昼夜的温差变化和通风条件又增强了葡萄的香气，因而，这里酿造的酒，有矿物质的味道和浓郁的果香。

从主教座堂出来，坐在蔚蓝的天空下喝咖啡的时候，我看到柜台上摆着一瓶德库纳诺德巴尔比（Decugnano dei Barbi）酒庄的干白葡萄酒，透过棕色的酒瓶，酒体的色泽就像主教座堂里面镶嵌画的石片一样晶莹剔透。光看网站上的照片就知道，这个酒庄是一个真正的世外桃源，下一次再去奥尔维耶托的话，一定要去那里住上一晚，因为酒庄有四间客房，可以容纳十人入住，而我们也就四个人而已。

25 蒙塔奇诺

离开奥尔维耶托之后，我们临时决定去看一眼拉迪科法尼。这是一个只有一千多人口的小镇，在北线的阿斯蒂一章中写过的三条朝圣之路之一——通往罗马圣彼得墓地的法兰契杰纳大道——就途经这里。车轮压过土路扬起了尘土，车窗外的葡萄园若隐若现，但当我们走到奥尔恰谷海拔最高的拉迪科法尼城堡时，展现在眼前的是一片广袤而又通透的原野。拉迪科法尼位于奥尔恰谷，奥尔恰谷位于托斯卡纳，我想起了十几年前看过的一部电影，我们站着的地方，就在《托斯卡纳艳阳下》中出现过。此后的两天，我们的行程只有一项，那就是在托斯卡纳山谷的酒庄里尽情品酒。

意大利共有二十个葡萄酒产区，正好对应着整个国土的二十个大区，最著名的产区当属托斯卡纳、皮埃蒙特、威内托以及艾米利亚 - 罗马涅。蒙塔奇诺是隶属于托斯卡纳大区的一个小镇，这里遍布着总面积达二百四十平方千米的葡萄园，有三百多个大小不一的酒庄。位于奥尔恰谷和欧布罗尼谷之间的波吉欧酒庄是我们行程的第一站，这里种植的主要是桑娇维塞葡萄。

在意大利语中，桑娇维塞的意思是"朱庇特之血"。1590 年，人们发现这种皮薄、耐寒、晚熟、产量较高的品种特别适合酿制单宁柔顺、酸度适中的葡萄酒。此后，这种葡萄逐渐被广泛种植于意大利从北到南的广大地区，整个半岛仿佛都被朱庇特这位古罗马神话中众神之王的鲜血染红了一般，尤其在中部的托斯卡纳、翁布里亚、拉齐奥和马尔凯，桑娇维塞更是无处不在。虽然意大利各地的气候和土质千差万别，但桑娇维塞葡萄却有着超强的适应能力，能不断改变自身的特性，从而在任何一个地方都能成为受人喜爱的品种。

蒙塔奇诺小镇雨量较少、日照充足，夏季炎热干燥，属于典型的地中海气候。小镇周围的酒庄用桑娇维塞酿制出来的酒，陈年之后，往往有着石榴般的酒色，当地用方言"布鲁奈罗"命名这种葡萄意为"黑色美酒"，也就是说，桑娇维塞只有在蒙塔奇诺小镇才被称为布鲁奈罗。蒙塔奇诺周边的酒庄凡是用布鲁奈罗酿制的酒，在酒标上统一标注为蒙塔奇诺的布鲁奈罗（Brunello di Montalcino）。蒙塔奇诺的布鲁奈罗与巴巴莱斯科和巴罗洛一起被业界合称为"3B"，成为意大利葡萄酒中公认的顶级。

波吉欧酒庄的创建者是拉维诺·弗朗塞斯奇，19世纪末，他在蒙塔奇诺小镇周围的山坡上发现了布鲁奈罗的各种优点。此后，他的后人陆续将这种葡萄的种植面积扩大到六平方千米，形成了现在的规模。

每年秋天，酿酒师会将手工采摘的布鲁奈罗果肉放入不锈钢桶内发酵，用电脑控制温度，温度设定在二十五到二十八摄氏度之间。两周后，发酵后的葡萄开始出现淡淡的玫瑰色，此时，再与果皮和果核一起放入七到十摄氏度的橡木桶内，存放六至八周。2004年前使用的是斯洛维尼亚橡木桶，现在的新车间则全都换成了法国桶，用小桶酿制"超级托斯卡纳"—— 一种不遵守当地任何传统法规酿制而成的无法取得等级认证的红酒，大桶则专门用来酿制蒙塔奇诺的布鲁奈罗。

在波吉欧酒庄品酒时，记住以下几个要点，再去蒙塔奇诺的其他酒庄时就会轻车熟路：酒标上印着"Rosso di Montalcino"（蒙塔奇诺红葡萄酒）的，都来自年轻的葡萄藤，在橡木桶存放的时间只有半年到一年，因而没有陈年的复杂度和深邃感；标为"Brunello di Montalcino"（蒙塔奇诺布鲁奈罗葡萄酒）的，达到法定的陈年之后，酒体十分轻柔，有着明显的黑巧克力、黑莓或黑胡椒的浓郁味道；如果有"Brunello di Montalcino RISERVA"（珍藏蒙塔奇诺布鲁奈罗葡萄酒）的字样，都是最高级别的珍藏款。

　　所谓珍藏，是指在橡木桶和瓶中存放的时间必须达到意大利最高等级 DOCG 的严格要求。从 2001 至 2015 年，蒙塔奇诺只出过五种珍藏款，其中的 2010 年被当地人称为"一个伟大的年份"，因为那一年葡萄的产量很少，酿出的酒就更显珍贵，上市后即告售罄，目前在市场上早已断货，只能前来酒庄品尝。好在品酒师给我们开了一瓶，闻起来先是皮革味，然后飘出来的是黑胡椒的味道，入口之后，感觉酒体相当厚重，据说再存放二十到二十五年，还会有更丰富的层次感。

　　品了三款酒之后，品酒师递来一串钥匙，告诉我们顺着眼前的一条土路可以直接开到酒庄的客房。车轮开过之后，沙尘飞扬，很有电影里看到的托斯卡纳的乡土气息。

▲波吉欧酒庄客房前的土路

　　因为是淡季，

没有其他客人入住，周围一片沉寂。整栋楼房倒映在游泳池里，被西风吹出了抽象画的形状。放下行李箱后，距离晚餐的时间尚早，尽管葡萄园里刚长到小米粒大小的布鲁奈罗相当可爱，但奥尔恰谷的谷地更吸引我们。

▲夕阳时分，瓦伦汀在波吉欧酒庄客房外

车窗外不时闪现出以前只在图片上看到过的那种风光，一会儿是细细耕作的百里翠色，一会儿又是清风徐徐的绿绒漫坡。坑坑洼洼的柏油路两侧，种着笔直瘦削的托斯卡纳丝柏，让这片无欲无求的土地更有高低错落之感。夕阳西下，我们的身影被拉得很长，就像丝柏躺在地上一样。

晚餐在预订的芭比酒庄（Taverna dei Barbi）餐厅，点了该酒庄 2007 年的蒙塔奇诺的布鲁奈罗。一倒进酒杯，就从石榴红的酒色中飘出了淡淡的樱桃味，口感十分均衡。查到这家酒庄的祖先于 16 世纪因跟随科西莫·德·美第奇而腰缠万贯的逸事之后，喝起来更像是回望历史，与下午在品酒室的感觉完全不同。

第二天吃完早餐，途经蒙塔奇诺小镇的城堡，前去山坡上规模较小的乌鹊酒庄（Uccelliera）。本来庄主要亲自接待，但庄主夫人说丈夫临时要去锡耶纳，就改由她领我们参观酒窖和品酒。"Uccelliera"在意大利语中是鸟笼的意思，由于酒庄周围有很多灰色的布谷鸟，原主人给酒庄命名为鸟笼。1985年，二十二岁的庄主收购了酒庄之后，觉得"鸟笼"与周围的环境十分相称，就继续使用这一名称。庄主夫人向我们四个人和来自美国与德国的四位品酒者介绍眼前的葡萄园说："丈夫只种布鲁奈罗，在海拔一百、二百和三百米的地方各种了两万平方米，尽管每层只有一百米的落差，但因为日照和风吹不同，他观察和体会到了那些细微的区别，海拔越低的，单宁越重，而越高的甜度越大，于是就把长在三个地块的布鲁奈罗进行混酿，以求得更丰富的层次感。每年9月底到10月初，丈夫只招募十个人采摘，然后将三块地的葡萄放入在法国波尔多订制的橡木桶中，各存放三年，最后再进行混酿，混酿的比例，全由他根据三十多年的经验自行调整。"

庄主夫人还饶有兴致地向我们介绍法国橡木桶的制作过程："一般是砍伐已经长了二百多年的橡树，去掉不能使用的头尾，只留下树干；工人根据树的纹路切割成宽木板，日晒二到三年，其间不断翻面，然后拉到车间，按照尺寸要求切成木板再拼装成桶，一棵树大约能做五十个桶。"这时候正好有人敲门，说是新订购

▲乌鹊酒庄从法国订购的橡木塞

的法国橡木塞运到了，让她出去验货，过一会儿，她拿回来一些瓶塞，送给我们作为纪念。

与其他酒庄只打开三到五瓶请客人品尝的做法不同，庄主夫人带我们进入酒窖之后，从法国定做的橡木桶中依次抽出正在发酵和存放的七款酒，让我们了解布鲁奈罗从青涩走向成熟的过程，这也是所有酒庄中，对布鲁奈罗做出的最深入浅出的讲解。

进入品酒室之后，庄主夫人拿出了五瓶酒，与波吉欧酒庄一样，最容易入口的也是 2010 年的珍藏款，虽然混酿的口感稍酸，但有着明显的草莓果香。

乌鹊酒庄每年只产两千三百瓶酒，尽管数量很少，却屡屡被权威杂志《葡萄酒倡导家》和《品醇客》给予高分，例如 2001 年蒙塔奇诺的布鲁奈罗九十二分、2007 年的九十五分、2008 年的九十一分。虽然在酒庄无缘品享这些佳酿，但是看着诸如"开瓶时呈现出美妙的樱桃香与花香，随后香气变得紧实浓郁，带有泥土风味和单宁的涩感，但仍需要一些时间使其发展出甜美果香、

▲4月下旬，刚长到小米粒大小的布鲁奈罗葡萄

香料和皮革的融合风味"的评语，就味蕾大开，因为这些高分酒的最佳适饮期都在 2030 年前后，我们来得还不是时候。

庄主夫人在室外介绍酒庄的时候，她的身后是一千二百多年前用石头垒成的两层房屋，尽管没有钢筋水泥，迄今为止仍然坚如磐石。庄主担任蒙塔奇诺土地管理委员会的主席，在当地开有一家远近闻名的餐厅，可惜无缘前去。

▲早晨，蒙塔奇诺其他酒庄的拖拉机在葡萄园里除草

在蒙塔奇诺小镇吃过午餐之后，又经过一段凸凹不平的土路，我们来到托斯卡纳产区非常有名的老牌酒庄——阿尔泰斯诺酒庄。阿尔泰斯诺酒庄的两层主建筑建于 1414 年，如今，在红砖墙面抹了水泥之后，仍在继续使用。走过一片绿油油的草坪，可以俯瞰分布在建筑物周围种满布鲁奈罗和赤霞珠、梅洛以及霞多丽等十几个品种的五个葡萄园。

参观酒窖时，接待我们的女品酒师说，技师们正准备拆开五十八号大橡木桶下面的金属开关，然后钻进桶内清洗，本想看看这个难得一见的场景，但一个多小时之后还要赶往下一个酒庄，必须准时，因为那家酒庄要在我们到达的半小时之前开瓶醒酒。

在阿尔泰斯诺品的五款酒，与前两个酒庄一样，各有亮点。其中，我对 2008 年的蒙塔奇诺的布鲁奈罗印象最为深刻，在全球发行量最大的《葡萄酒鉴赏家》杂志与意大利国际葡萄酒展会共同评选的 2017 年度意大利顶级葡萄酒榜单中，这款酒获得托斯卡纳产区的第一名，而 2010 年的蒙塔奇诺的布鲁奈罗在《葡萄酒鉴赏家》中获评九十八分。虽然第五款 2013 年的酒并非鹤立鸡群，但我却相当痴迷，它很像伯恩斯坦的《单簧管奏鸣曲》的第二乐章，不自夸，不张扬，娓娓道来，潺潺而去，很有一种超脱与升华的况味。

我在品酒结束的时候问品酒师，为什么蒙塔奇诺的酒庄附近都是尘土飞扬的土路？她说主要是为了便于卡车运酒，自古以来一直如此，从来没有人想要去改进。这个解释并不能令我信服，难道还有什么其他原因？那就不得而知了。

前去意大利最早种植布鲁奈罗并被誉为意大利四大顶级酒庄的碧安帝山迪时，狂风大作，让穿着单薄衣服的我们瑟瑟发抖。按着约定的时间，我们准时开到酒庄门口，地上那几个无比巨大的松果试图吸引我的注意力，但一抬头，就看见不远处的二层楼的外墙上长满了茂密的攀缘植物，似乎要封存历史，却不能阻隔从百叶窗里透露出来的浓郁风情。女品酒师并不着急介绍酒庄的历史，因为她知道大家都是有备而来，所以先告诉我们，"对托斯卡纳来说，最好的年份要有几项必备的因素：冬天最好下雪，如果不下雪的话，气温至少要在零度以下；春天的时候多下一些雨，但夏天一定要炎热，再下两三次小阵雨，然而今年春天已经有十多天没下雨了。"刚才我们在阿尔泰斯诺酒庄时还云淡风轻，一个小时之后突然狂风骤起，却不见雨。我们听出了女品酒师的言外之意，对蒙塔奇诺来说，2016年并不是一个好年份。

▲碧安帝山迪酒庄的女品酒师在介绍托斯卡纳产区最好年份的必备条件，四瓶酒中，左一是现任年轻庄主酿的最具挑战性的一款

碧安帝山迪酒庄有一个原则，坚决不用不锈钢桶发酵，产自南斯拉夫的超大型黑色橡木桶已经使用了一百多年，仍未到要更换的年限。酒庄酿制的1955年的蒙塔奇诺的布鲁奈罗珍藏款，被《葡萄酒鉴赏家》评为"20世纪最伟大的十款葡萄酒"之一。与法国列级酒庄相同的是，这里的酒可以珍藏数十年甚至上百年，以至于有些酒的酒标上印着"提前八小时开瓶醒酒"的字样。

酒庄第一代庄主就出生在我们第一眼看到的那栋二层楼里，他继承了叔叔留给他的一片葡萄园，并最早开始在蒙塔奇诺种植布鲁奈罗。在1867年的巴黎世博会上，第一代庄主获得了"全球杰出酿酒师"的称号。在家族三百年的传承中，最令人称奇的事件发生在 1970 年，现任庄主的曾祖父为 1888、1891、1925 和 1945 年四个年份的珍藏款换瓶塞，此举轰动全球。在 1994 年的一场品酒会上，酒庄邀请了全球十六位葡萄酒鉴赏家品尝 1888—1988 年这一百年中十五个年份的蒙塔奇诺的布鲁奈罗珍藏款，其中一位著名的意大利品酒师为 1891 年的酒打了一百分的满分。

▲碧安帝山迪酒庄庄主的住宅

我们从品的三款酒中感受震撼的一点，就是这家酒庄虽然看似保守，但绝不墨守成规，总是别出心裁，从而为这个显赫家族的葡萄酒传承带来犹如强劲单宁一般的活力，同时又傲视群雄，向每一位挑战者炫示着谁与争雄的霸气。王梓、瓦伦汀和我都不约而同地认为，第三款酒最为大胆，现任年轻庄主的血液里流淌着父亲的冒险精神，他弃用当地的布鲁奈罗，而选用距离蒙塔奇诺一百千米以外的桑娇维塞。因为不再是蒙塔奇诺的布鲁奈罗，不能沿用过去的酒标，庄主索性就把家族的族徽斜着分开，再在最下方印上自己的姓名，用一种全新的酒标，彰显出面对挑战时的旺盛活力。

我买了两瓶酒带回来，因为这款新奇的酒既积淀着历史，又散发了昂扬的情绪，在厚重的层次里，蕴含着我最喜欢的勇气。

第二天晚餐前，在蒙塔奇诺小镇漫步的时候，我们看到了既深沉又绚丽的晚霞，映照出只有身临其境才能真正感受到的意大利葡萄酒的魅力。在洛斯泰里亚（L'Osteria）餐厅点酒时，我提议点班菲酒庄的酒，因为前一天傍晚我们曾经去过，但我们都不喜欢那里过于浓厚的商业气息，然而这家酒庄的酒却是闻名遐迩，身在蒙塔奇诺却不喝，岂不是舍近求远？我点了一瓶2010年的蒙塔奇诺的布鲁奈罗，这个伟大年份的葡萄被任何一家酒庄用来酿酒都出类拔萃，班菲酒庄的这一款，多次被世界各大葡萄酒杂志给予九十分以上的好评。王梓、瓦伦汀和我闻了之后，异口同声地说："有焦糖味。"说完了三个人都会心地笑了起来。餐厅准备的用于洒在餐前面包上的香醋来自意大利顶级的莱昂纳迪庄园，名酒搭配名醋，为我们在蒙塔奇诺住的两个晚上做了完美的收尾。

蒙塔奇诺小镇上的城堡每天都注视着我们四个人来来回回地从它身边经过，清晨走出，又在黄昏踏入，每一次都暖心地提示我们：只有浅酌低斟，才是一往情深。

26 锡耶纳

意大利的一些中世纪城镇或者村落之所以能够保留至今，除了有保护意识，还有很大一部分原因是它们的面积很小。但有一座城市，因为在历史上一直缺乏资金而未能进行大规模的拆旧建新，很多中世纪的建筑得以原封不动地保留了下来，这就是被誉为"意大利最美丽的中世纪城市"的锡耶纳。

早晨9点半从蒙塔奇诺的波吉欧酒庄退房，10点半就开到了锡耶纳城区的外围。我们预订的一家民居是一栋建于三百多年前的两层小楼，到了之后只觉得恍如隔世，因为眼前和远处的景色，让我们分不清哪个是历史，哪个是当今，只觉得好像穿越了，但低头一看我们穿的衣服，却不是古代的。

办好了入住手续之后，我们来到院子中央。远处是四千米之外的锡耶纳主城区，同时建于14世纪的大教堂、塔楼和宫殿高高地耸立在建筑群里，似乎是在朝这边招手，让我们赶紧过去。

穿过几条坡路，来到最著名的坎波广场。虽然通过图片已对广场的模样有了初步了解，但真正面对它的时候，还是会被眼前那种极为协调的布局所震撼。当时管理市政的九人议会依照地势，建成了一个扇形的斜坡广场，特意用红砖铺成九块区域，象征着九人议会的权威。广场最醒目的位置上有市政厅和塔楼，市政厅被称为意大利最优雅的哥特式建筑之一，正面的上方呈凹字形，对应广场上的凸出线条，有着显而易见的含义；环绕一圈的六七层连排楼房的一楼全都改成了接待游客的餐厅、咖啡馆和纪念品商店，如今，这里成为世界上最迷人的广场之一。广场上，很多人躺在鱼骨图案的红砖上，大部分人都朝着一个方向仰望，在他们视线的最高处，是一百零二米高的曼吉亚塔楼。

原计划先去塔楼之下的市政厅里的市立博物馆，但站在广场边上，看见二楼阳台上有一对夫妇正在喝咖啡，就改变了想法，四个人找了一家客人较少的咖啡馆，准备在室外发一会儿呆。多亏了这个临时起意，边喝咖啡边望着广场，就理解了文艺复兴早期那些以楼房作为背景的画作，也许画家们想要通过这样的视觉效果，来达到深度与广度的平衡。

▲曼吉亚塔楼与市政厅

曼吉亚塔楼内有五百零五级台阶，好在4月下旬不是旺季，不用排长队，登上塔顶之后，周围的游客很少。环视锡耶纳全景，是一片片赭色与浅红色相间的红砖小楼，不论是在中世纪还是当代，建筑用色都非常统一，也许有不成文的约定，没有人会用五颜六色来破坏这座城市的主色调。古罗马人在当时由锡耶纳控制，现在仍隶属于锡耶纳省的蒙塔奇诺附近发现了赭色，这是一种含有氧化铁和氧化锰的泥土颜料，西方绘画颜料中的赭色，英语称为"Sienna"，意大利语是"terra di Siena"，意思就是"锡耶纳的大地"。而红砖也是古罗马人的发明，锡耶纳当时盛产烧制红砖所需的最主要的原料——黏土。人们将黏土与页岩和煤矸石一起碾碎，压制成型后经过高温烧制，就成了锡耶纳建筑中最主要的材料。

▲在曼吉亚塔楼俯瞰锡耶纳，右侧带条纹的建筑是锡耶纳大教堂

塔楼下方的市立博物馆里有已被打通作为展厅的九人议会房间，墙壁上画满了被称为文艺复兴时期最重要的世俗画的湿壁画，由画家洛伦泽蒂绘制。当时的立意，是想通过《好政府的寓言》和《坏政府的寓言》等系列湿壁画，来对九人议会的成员进行善与恶的

提醒，让他们做出正确的决策。《好政府的寓言》的画面由三部分构成，最上方是三个飞翔着的女性形象，分别是神学美德——信仰、慈爱和希望的化身；中间坐成一排的是好政府，最左侧站立的女子象征公正，用左右两个大拇指把着不偏不倚的天平，而旁边用右手支头、斜靠在长椅上的女子则象征和平，她头上戴着桂冠，左手拿着一根桂枝，身后是甲胄和武器，言外之意是和平胜过了战争；下方是二十四位牵着绳子一字排开的市民，象征着城市的团结与和谐。

▲《好政府的寓言》

坏政府画面的中心则是暴政的化身，上方左侧黑灰色男子的右手拿着长钩，象征着攫取财富的贪婪之心；最醒目的位子上坐着一个长着青面獠牙和有着魔鬼发型的恶魔，其下方趴着一只象征助纣为虐的黑山羊。《好政府的寓言》中那位象征和平的女子此时被捆绑着双脚，表情十分痛苦。

▲《坏政府的寓言》

另一个房间里的《好政府在农村的影响》，洛伦泽蒂的原意是除了在城市要"居者有其屋"，在农村还要"耕者有其田"，然而如果仅仅局限于这样的认知，就会漏掉其中最值得玩味的中西方文化交流的融汇点。画面中心偏左的地方有一个红砖色屋顶的农舍，四个农民正在农舍前面的空地上挥动连枷—— 一种用短链将两根长木棍连接起来用于击打稻谷从而分离稻壳和稻米的农具，这个动作简直就是南宋画家楼璹画的四十五幅《耕织图》中其中一幅的翻版。如今可以见到的最早的《耕织图》摹本，是纽约大都会博物馆收藏的忽必烈之子忽哥赤临摹的《耕稼图》，洛伦泽蒂画的这四个农民挥动连枷的姿势，与忽哥赤的摹本只是对调了位置而已，难道东西方的绘画真有如此这般的巧合吗？

▲《好政府在农村的影响》

　　楼璹生于1090年，忽哥赤卒于1271年（生年不详），洛伦泽蒂生于1280年，从三位画家的生卒年月来看，显然是中国连枷在前而意大利在后。没有任何历史资料可以证明中国连枷如何传入意大利，我感觉可能与意大利旅行家马可·波罗有关。因为马可·波罗1275年第二次到访中国的时候，领教了众多比欧洲先进的文化成就，一定也见过用连枷打谷脱粒的场景，马可·波罗和洛伦泽蒂都生活在13—14世纪，由此猜测洛伦泽蒂画中的连枷，应该是马可·波罗带回意大利并在意大利的农村被广泛应用。离开锡耶纳几天之后，我在佛罗伦萨布兰卡契礼拜堂观看文艺复兴时期最早使用透视法的画家马萨乔所画湿壁画的时候，突然发现15世纪早期的意大利画家与同一时期的明朝画家在山水画构图与意境方面竟然出奇相似，几天之内能有两次这样的比较和联想，实在是妙不可言。

　　看了锡耶纳大教堂的立面，会发现它与奥尔维耶托的主教座堂有很多相似之处。锡耶纳大教堂的设计者和准确的建造时间已无从可考，但从建筑工程款项支出的记录文献上推断，它比奥尔维耶托主教座堂早了七八十年，而后者一定是拿到了锡耶纳的全套图纸，以抄袭或高仿的形式，照搬了锡耶纳的立面以及黑白相间的大理石斑马线。锡耶纳大教堂的内部，从正面、中央大堂、圆顶、唱诗班、后殿、八角形布道坛、祭坛、礼拜堂、宽恕之门、嵌板及地面，都布满了石雕、浮雕、湿壁画和镶嵌画。千万不能错过洗礼盆周围两组镀金的青铜浮雕，它们均出自文艺复兴早期的两位雕刻家之手，一位是多纳泰罗，另一位是吉贝尔蒂。他们使用了迥异于中世纪的透视法，大胆地采取了更新颖的构图，从而为原有的既定场景带来了全新的活力。当然，还一定要看皮萨诺父子与米开朗琪罗的雕塑以及布满金色星辰的圆形拱顶。

▲锡耶纳大教堂外景

▲锡耶纳大教堂内景

穿过大教堂北部侧廊的一扇门，就可以进入一处迷人的所在。皮科罗米尼图书馆是为教皇庇护二世皮克罗米尼修建的，当时专门存放藏书。目前给游客展示的主要是墙上的湿壁画、雕塑和在展柜内摆放的各种彩色的 15 世纪圣歌乐谱。在这里，也可以看到曾在斯佩罗的礼拜堂画过湿壁画的平图里乔的作品。1504 年，平图里乔将赫赫有名的人文主义者、诗人、历史学家和外交家庇护二世的生平，画满了四周和穹顶，他的用色鲜艳亮丽，场景壮阔宏大，尤其是画中的人物栩栩如生，大有呼之欲出之感。

晚上，我们来到一家只有当地居民才会去的餐厅，目的是想换换口味，体验一道极其普通的农家食物——其本源可以追溯到中世纪的杂蔬汤（Ribollita）。过去，在领主家做工的仆人将领主在宴席上吃剩下的面包带回家，与切成丁的土豆、胡萝卜、莴苣、

▲平图里乔在皮科罗米尼图书馆内画的湿壁画

芹菜、圆葱和豆类等蔬菜放在锅里，加入橄榄油、番茄酱和海盐，再撒上胡椒一起炖煮；当天吃不完的话，第二天再重新煮，汤会更加浓稠。我们都喜欢这道浓汤，想起白天看的洛伦泽蒂的《好政府在农村的影响》，又追加了一大碗。

第二天早晨，满头银发的民居女主人煮好了咖啡，摆好了自制的五六种果酱，让我们品尝她前一天晚上烤好的三四种面包。她在橱柜里摆满了画有农村风光的各式餐盘，仿佛在告诉我们，远处教堂和美术馆那些五六百年前的画作，总是少了一些鸟鸣与草色的气息，即使有像平图里乔那样的画家，画作的价格却是居高不下，普通百姓消费不起。而这里的质朴与简约，让我想起农民挥动连枷，从而产生了一种跨文化研究的想法。陶渊明说"微雨从东来，好风与之俱"，风吹不到锡耶纳的城区，但能吹到这里。

锡耶纳是提拉米苏的发源地，但我们都给忘了。

27 阿雷佐

十年前，读了《德国历史中的文化诱惑》一书，印象最深刻的是其中对"文化"一词的指向。作者沃尔夫·勒佩尼斯写道："法语和英语中的文化概念也能指涉政治和经济、技术和运动、道德与社会现实，德国的'文化'概念则在本质上指向思想、艺术和宗教。最令德国人引以为豪的、用以阐释他们自身成就与自身存在状态的词汇，就是'文化'。"

勒佩尼斯的父亲是一名飞行员，1945年2月13日，他驾机在空中盘旋，随时准备拦截前来轰炸的同盟国飞机。飞机上的三个人有两名是博士，他们一直没有接到地面发出的指令，不知道准确的拦截地点，但在收听到电台播放的理查·施特劳斯歌剧《玫瑰骑士》中的华尔兹舞曲之后，便共同认定了目的地，向剧中故事发生地维也纳飞去。然而飞了一段时间之后，三人都怀疑不是维也纳，机枪手突然想起这部歌剧首演的地方，于是马上转向，朝后来被同盟国飞机炸得千疮百孔的德累斯顿飞去。

写到托斯卡纳大区一个不足十万人口的城市阿雷佐的时候，我忽然想起了勒佩尼斯的这本书。最初，阿雷佐也多次遭到同盟国飞机的无差别空袭，一些藏有绘画作品的教堂和美术馆都被炸毁，但随着战事的进行，阿雷佐的文化设施却没再被轰炸。这是因为同盟国军队认为，集中损毁德国的伟大艺术作品，可以撕破喜欢收藏绘画的希特勒的心理防线，这要比对德国大型住宅区进行毁灭性攻击更有效果，因而，德累斯顿那些古老的教堂、洛可可式的宫殿、巴洛克的城墙和中世纪的街道遭到灭顶之灾，全部成了废墟。而只对德国文化设施发动轰炸，又可以对意大利产生强大的震慑，于是，阿雷佐的山下与山上就有了两种命运，山下的建筑被炸得面目全非，而山上更为珍贵的文化遗迹却毫发无损，也正是这两种截然不同的"待遇"，让文艺复兴时期的一个最宝贵的文化遗产有幸留存至今。

索菲亚·罗兰在电影《烽火母女泪》中有一句台词："不，他们不会来轰炸罗马的。"其画外音是说，意大利文艺复兴时期的辉煌成就，对整个欧洲的政治、经济、文化、艺术和教育等各方面都产生了全方位的重要影响，这种影响，让任何人只能对其敬畏，不管以什么名义，若要越雷池一步，就是对精神世界的严重亵渎，必将终生自责。正如现任教皇方济各所说："美会让我们结合在一起，它，甚至可以拯救我们。"我们此前都看了曾在阿雷佐取景的电影《英国病人》以及《美丽人生》，到了阿雷佐之后，对教皇的这句话有了更深刻的认识。

离开锡耶纳之后，驶向 E78 号高速公路，穿过美丽的卢奇尼亚诺小镇，我们径直前去阿雷佐。在雨中，穿过电影《美丽人生》中曾出现过的建于 1008 年坐落在倾斜坡面上的方形广场，直奔圣方济各教堂主祭坛后部的礼拜堂，为的是继欣赏完乌尔比诺公爵宫的画作之后，来阿雷佐欣赏出生于此地的皮耶罗·德拉·弗朗切斯卡在礼拜堂墙上画的湿壁画。

▲阿雷佐圣方济各教堂，
尽头是皮耶罗·德拉·弗朗切斯卡绘制湿壁画的礼拜堂

　　阿雷佐的圣方济各教堂，顾名思义，是为纪念阿西西的圣方济各而建，建筑外墙朴素至极，颜色单一，与圣方济各布道时的理念完全一致。皮耶罗·德拉·弗朗切斯卡在乌尔比诺、费拉拉、罗马作画之后，回到家乡，受托为当地富人的家族礼拜堂绘制了湿壁画。

　　湿壁画共计十幅，有着前后连贯的故事线。在《英国病人》中有一组镜头，饰演护士的朱丽叶·比诺什被排雷工兵男友设计的提升装置高高托起，她拿着火把，电影镜头给出了右侧上方第二组湿壁画的全景：中央留着黑色胡须的以色列国王所罗门正与前来耶路撒冷谒见的希巴女王握手，象征着 15 世纪对东正教与西方天主教形成联盟的愿望。除此之外，还有另外一种寓意，所罗门王砍了一棵树，因为木质坚硬，就放在湖中当作桥梁，在这幅谒见画面的左侧，希巴女王跪在地上祈祷时听到了一个预示，说是用于架桥的这棵树将来会被制成钉死耶稣的十字架，所以希巴女王告知了所罗门王，得到消息的所罗门王就下令将这棵树深埋。

▲以色列国王所罗门与希巴女王的湿壁画

公元 330 年 5 月 11 日，离开罗马的君士坦丁一世正式将拜占庭定为首都，将其作为整个罗马帝国的政治中心，也就是神圣的世界之都。根据记载与传说，君士坦丁一世迁都拜占庭的原因有二，首先，日渐强盛的罗马帝国东部已经与帝国西部形成分庭抗礼之势，而帝国东部最重要的敌人波斯又对帝国构成了严重威胁，必须提高警惕，加强防范，于是这个处于欧亚大陆之交的小渔村拜占庭，就成为君士坦丁一世这位有远见卓识的伟大战略家的首选之地；其次，公元 310 年，西罗马帝国发生了一场争夺罗马的内战，内战的前一天晚上，君士坦丁一世在梦中看到天空上出现了十字架形状的火焰，并听到了"这是你克敌的迹象"的声音，这个"神迹"预示他将在战役中大获全胜。之后的战事确如神谕，此后，君士坦丁一世就改信了基督教，而拜占庭作为一个新首都，完全可以不受其他任何异教的影响，从而成为一个纯粹的基督教城市。

由于君士坦丁一世崇奉了基督教，世界历史由此发生了一个根本的改变，因而以逼真的手法描绘出相应的场景，就成为文艺复兴早期艺术家的尝试之一。在礼拜堂正面右下方的墙壁上，皮耶罗·德拉·弗朗切斯卡以其高超的透视法，创作了他想象中的君士坦丁一世做梦的场景：他没有画十字架形状的火焰，而是在画面的左上角将火焰改成一个展开翅膀的天使，天使右手举着十字架，头部朝下向军队的帐篷飞去（因为遭到损毁，天使腿部缺失，如今只被水泥抹平而未重画）。伴随天使而来的天光将红色的帐篷顶照成白色，而未受光照的篷顶依旧红得鲜艳夺目。在天使的下方，手持长矛站在帐篷入口的卫兵如同一个黑色的剪影，坐在君士坦丁一世床边的卫兵则被天使之光照亮，画面右侧的卫兵又比黑色剪影亮了一些。在画中，画家画出了光线的明暗对比，而更深层的含义，则是躺在床上正在做梦的君士坦丁一世梦境里的暗色与第二天战场上的白天形成了反差。这种创意无比高超，让久远的传说变成了一个感人的事实。正如同样在阿雷佐出生的瓦萨里所说：弗朗切斯卡给我们提供了一种"无上的完美"，他把握那个场景的意义，完全可以与君士坦丁一世改信基督教的举动相提并论，而这一"神迹"能在无情的二战炮火之中得以幸免，其实就是冥冥之中的一种神意。

▲皮耶罗·德拉·弗朗切斯卡画的君士坦丁一世梦见十字架

虽然在圣方济各教堂之内也可以远观皮耶罗·德拉·弗朗切斯卡的那些杰作，但进入礼拜堂才有最佳的观看角度。门票需要提前预约，每批进入二十五人，每次限定在三十分钟。这些湿壁画的位置高低不一，需要使用望远镜才能充分感受到那个时代最具特色的色彩、构图、布局与光线。

阿雷佐并不是观光意大利的热门之地，但很多文化名人诞生于此，给小城留下了无形的文化痕迹。除了皮耶罗·德拉·弗朗切斯卡和瓦萨里，这里还是五线谱发明者圭多·达莱佐、电影导演罗伯托·贝尼尼的出生地。

▲从主祭坛后侧看到的礼拜堂

走出圣方济各教堂的时候，我又想起了贝尼尼自导自演的电影《美丽人生》，那个由瓦萨里设计的阿雷佐大广场就在我的眼前，与锡耶纳坎波广场一样也是一个大大的斜面。电影的最后，贝尼尼主演的男主角圭多死在了德国纳粹的枪口之下，他没有走完人生，却把美丽的未来留给了太太与儿子，就像阿雷佐在战争中给我们留下了皮耶罗·德拉·弗朗切斯卡的湿壁画一样。

战争与文化、毁灭与留存、美丽与暴力、浪漫与痛苦……到了阿雷佐，不知不觉就会陷入不得不对比的沉思之中。出了圣母玛利亚教堂之后进入一家咖啡馆，男店员微笑着跟我们说："阿雷佐的提拉米苏比锡耶纳的好吃。"的确，吃完一块，就不会再去回想那些令人痛苦的往事和故事了。

28 佛罗伦萨

　　在意大利品酒，除了要去一些最具代表性的产区，基安蒂也不应错过，尽管消费者现在更追捧"3B"，但基安蒂出产的"经典基安蒂"——一种至少要用 80% 桑娇维塞葡萄（也有用 100% 的）与最多不能超过 20% 的本产区其他葡萄混酿的干红葡萄酒，曾经是市场上的宠儿。这款酒有一个醒目的标志，在酒瓶颈上贴有圆形的黑公鸡标志，在电影《穿普拉达的女王》中，梅丽尔·斯特里普手里的酒杯装着的，就是经典基安蒂。

　　在阿雷佐只去了圣方济各教堂里的礼拜堂这一个地方，就是为了挤出时间，以便下午去基安蒂产区的巴迪亚可提布诺酒庄。这是意大利最古老的酒庄之一，一千多年前，修士们就在那里酿酒，而修道院的城堡和周围的田园风光，曾是文艺复兴时期众多画家作画的取景地，因此我们特别向往。

　　然而人算不如天算，偏偏从中午开始下起了瓢泼大雨。瓦伦汀看了导航的地图，去酒庄的路并不好走，只好放弃了原来的计划。王梓给酒庄打了电话之后，我们在距离佛罗伦萨还有一个小时车程的一个小镇吃了午餐，然后冒雨向佛罗伦萨开去。

　　一种融汇了天时、地利与人和的探索精神，让佛罗伦萨成为文艺复兴的发端之地。来自意大利各地的艺术家们聚集于这座崇尚复古的城市里，在阿诺河畔，复活了湮没千年的古希腊与古罗马的文化传统，为人类文化发展史绘制了一幅璀璨的画卷。我们去佛罗伦萨，就是为了身临其境地感受那段最值得赞美的历史。

在此之前，我们在北部和中部的城市选择住处时，都刻意回避主城区，但因为佛罗伦萨是梦幻般的艺术宝地，遍布了大大小小的各种古迹，只有住在城里最合适的位置，前往各个景点才最为便捷。在距离火车站步行只要六七分钟的斯卡拉大街上有一处两室两厅的公寓，成了我们的首选。

这是外表破旧的四层建筑的其中一个单元，原本属于伯爵夫人所有，一位定居在佛罗伦萨的新西兰画家购买了一楼、二楼和顶楼的几个单元，一楼用于作画，二楼租给入住一周以上的游客。

穿过长长的走廊，先要进入餐厅才能到卧室。在餐厅墙上最醒目的位置挂着一幅巨大的油画，出自20世纪初期活跃在佛罗伦萨的伯爵夫人的画家父亲之手。在河边的绿树下，一群裸体女子或是坐在草地上嬉戏，或扭动着腰肢起舞，看似欢快的场景，却被画家用昏暗的光线，处理成了另一种令人沮丧的情绪，尺寸越大，越发显现出喜庆背后的难言之隐。虽是百年前的作品，但因为保管不当，钉在木框上的粗麻画布已经露出很多破碎的边角。长条餐桌的表面和椅子上的皮革出现了很多裂纹，沙发、茶几、

▲入住公寓的餐厅

烛台、餐盘、灯座等等，也是百年前的旧物，在这些老旧的物件里，有着并不惊人却总是别具一格的陈年旧事。

进入卧室，看见床头柜上放着瓦萨里写的《艺苑名人传》英文版，房主人的意思显然是在提示，到了这座因经济繁荣与生活安康才给艺术昌盛创造了条件的城市，你将直接感知一个道理，这就是瓦萨里在书中写的："知识的苏醒、古典文学和哲学的再发现，给人们带来了一个崭新的生活观念，教导人类不再迷信地狱之可怖和天堂之希望，而是尽情享受可见的世界和感官的乐趣。"

一天晚上，我们在歌剧院听了钢琴家席夫演奏贝多芬《第五钢琴协奏曲》以及贝多芬《第九交响曲》的音乐会，回到公寓之后毫无睡意，去厨房开了一瓶红酒，关上顶灯，特意在餐桌点了一支蜡烛，以仿作几百年前的旧时光；烛光飘忽，同伴的面容若隐若现，从窗户投射进来的月光，让我想起李白《把酒问月》中的"今月曾经照古人"。第二天，在乌菲齐美术馆看到了17世纪上半叶长期生活在意大利的荷兰画家马蒂亚斯·施托梅尔画的《天使报喜》，前一天晚上我们在餐厅的光影和坐姿，俨然画中场景复现，我和王梓都感到惊叹："难道意大利是一个能够频频制造神奇的国度吗？"

去学院美术馆，在小雨中排了半个小时的队才取到预约的门票，如果在旺季，应该耗时更长。因为凡是来到佛罗伦萨的游客，都想要亲眼看一看米开朗琪罗用一整块大理石雕出的《大卫》。然而，绝大多数人只聚焦于雕塑出最阳刚男人的米开朗琪罗，却忽视了画出最美丽女人的波提切利，以致另一个展室几乎空无一人。在波提切利的笔下，格外安详的圣母玛利亚抱着圣婴的画面，给人以进入温柔乡的温馨感觉，看完了《大卫》，真应该在这样的感觉中沉浸一次，即使只有几分钟也是好的。

去圣马可修道院，因为游人不多，更容易享受一种难得的仪式感。五六百年之前，这种感觉是属于祈祷与沉思的修士们的，如今，它主要引导我们去直接感悟虔诚心与艺术的高度融合。走上铺着红色地毯的木楼梯，以仰望的姿势靠近最著名湿壁画之一的《圣母领报》，心中油然升起了对画家安吉利科的崇敬之情。身为修士的安吉利科认为，在修道院

▲透过米开朗琪罗雕塑的《四个奴隶》看《大卫》

比在尘世间更能使灵魂得到拯救，基于此念，他以最令人赞叹的透视法，既画出了比例精准的三维空间，又给出了一种只有净化灵魂才能进入如此美好空间的明示。

去美第奇家族礼拜堂，顾名思义，会想到13至17世纪的名门望族美第奇家族。作为意大利文艺复兴最伟大且最有成就的赞助人和幕后推手，美第奇家族为世界文化做出了巨大贡献，为人类留下了最丰富最宝贵的财富。然而人们来到这里，并没有站在美第奇家族四十九人的石棺面前凭吊，而是仔细端详米开朗琪罗的精美雕塑——洛伦佐二世·德·美第奇墓上的男性（《暮》）和女性（《晨》）、朱利亚诺·德·美第奇墓上的女性（《夜》）

和男性（《昼》），从中揣摩比对的深意；如果能有自己的感知，就是理解力得到了升华。

去圣洛伦佐大教堂，要进入内部的礼拜堂欣赏菲利皮诺·利皮那幅构图独到的《天使报喜》。达·芬奇和波提切利等大多数文艺复兴前后的画家都画过这个题材，但他们的画中没有任何遮挡，唯独这幅画别出心裁，画家把廊柱画在中间，让见到此画的人在看第一眼的时候感觉相当别扭。菲利皮诺·利皮喜欢美女，科西莫·德·美第奇知道他的性格，就把他锁在房间以便让他安心作画，谁知他半夜撕破床单做成绳子从楼上滑下来。也许中间那根柱子是故意画上去的，用柱子代替绳子，是对人为封锁所表达的最强烈的抗议。

去圣母百花大教堂，登上文艺复兴最宏伟的标志——穹顶，从直观意义上来说，我感佩布鲁内列斯基的壮举，然而，我更愿把这个穹顶看成是意大利文艺复兴的集大成者。穹顶内有一幅湿壁画，是出生于佛罗伦萨的画家多米尼克·迪·米凯利诺在但丁诞辰二百周年的 1465 年画的《但丁与神曲》。望着站立的但丁，我有了这样的联想：布鲁内列斯基把文艺复兴的先驱但丁放置在穹顶的顶端，把包括他自己在内的意大利人环绕在穹顶上由四个相互穿插的筒形拱组成的八角形回廊拱上，从而共同立起了一座圆形的丰碑。人们把文艺复兴的时间划定为 14 至 16 世纪，我尤其敬重 15 世纪，那是最伟大的画家、雕塑家、建筑家、思想家和幕后推手最活跃的一个时代，其精彩程度可谓空前绝后。按出生年月排序，这些伟大的人物依次为：布鲁内列斯基、吉贝尔蒂、多纳泰罗、安吉利科、科西莫·德·美第奇、保罗·乌切洛、马萨乔、菲利皮诺·利皮、皮耶罗·德拉·弗朗切斯卡、安德烈亚·曼特尼亚、韦罗基奥、波提切利、佩鲁吉诺、洛伦佐·德·美第奇、达·芬奇、平图里乔、马基雅维利、米开朗琪罗、乔尔乔内和拉斐尔。

去圣乔万尼洗礼堂和大教堂歌剧博物馆，需要仔细欣赏用青铜整体浇筑的浮雕大门，这是被认为艺术才能在多纳泰罗和布鲁内列斯基之上的吉贝尔蒂的杰出作品。雕塑家复兴了古罗马人曾经用过的青铜脱蜡制作法，为八角形罗马式洗礼堂的两扇门分别设计制作了二十八个和十个画面组成的《新约》与《旧约》的故事，尤其是从亚当和夏娃被逐出伊甸园一直到所罗门与希巴女王握手的场景，让米开朗琪罗大为惊叹，热情地赞誉其为"天堂之门"。只要靠近原作，分辨那些完美无瑕的旷世杰作，就能领会文艺复兴时期雕塑技艺上的最高成就。看了第六幅《约瑟夫被卖为奴隶》，会为十分高级的透视法和建筑物阴影为画面营造的深度而赞叹不已，再仔细看北门中的《三博士朝圣》，左侧竟然有一个非洲人，这些细节是在提醒我们，还要多看，才能多发现。

去乌菲齐美术馆，就不要去想所有美术书上的各种解说，在琳琅满目的画作面前，语言越发显得苍白和徒劳。挂着波提切利的《春》和《维纳斯的诞生》的展室总是人头攒动，如果你想要看得真切且图清静，我有一个建议：先去看别的画作，闭馆前半小时再返回四十一号展厅，那时候99%的游客就像突然蒸发了一样，你可以大饱眼福，半个小时看两幅镇馆之宝，时间足够了。

去老桥，无论早晨还是夕阳时分，都可以想象旧日的时光，而最让我触景生情的，则是眺望老桥旁边的一座桥头，回想英国画家亨利·豪里达于1883年画的油画《但丁与贝雅特丽齐》中的场景：但丁和他最爱的贝雅特丽齐从两个方向同时走到了桥头，贝雅特丽齐的女友和身后穿着湖蓝色长裙的女仆都向但丁望去，虽然但丁由衷希望贝雅特丽齐能望向自己，但贝雅特丽齐却红着脸"高傲"地看着前方。但丁被单相思的魔力击中，胸口阵阵作痛，他试图用左手平复悸动的心。那幅油画是静止的，但我的心绪却像阿诺河水一样涌动，拿出耳机，在手机里找到柴可夫斯基重游佛罗伦萨后写过的一首弦乐六重奏《佛罗伦萨的回忆》，第二乐章的旋律极其轻柔，就像但丁让贝雅特丽齐带着他上天堂的感觉一样，缓缓升起，飘然而去。

▲亨利·豪里达的《但丁与贝雅特丽齐》

去布兰卡契礼拜堂，是要向摆脱中世纪粗劣画风的画家马萨乔致敬。在美术史上，同时代人中将透视法运用得最好的马萨乔对人物进行了生动的描绘，尤其与拉文纳镶嵌画最显著不同的是，他彻底摒弃了中世纪的悬浮画风，让所画人物都稳稳地站到了大地之上，这种真实和自然的画法具有开创性的影响，堪称西方美术史上的里程碑。瓦萨里在《艺苑名人传》中说马萨乔"在很大程度上扫除了艺术中的僵化、枯涩和诸多困难，第一个着眼于优美的姿态、运动、真实和生动以及形象的真正特性和自然状态，可谓前无古人"。看了墙壁上所有的湿壁画之后，我用望远镜再次仔细欣赏《纳税银》时，突然发现画面远处的湖边，几棵落了叶子的树木后面并不是积雪，完全就是明朝诗人林鸿在《精岩寺》诗中写的"一峰独凌削，众壑相氤氲"，而画面右上方的亭台楼阁，又与元朝画家倪瓒的意境异曲同工。洛伦泽蒂在锡耶纳画的湿壁画曾经引发我的联想，而比倪瓒小一百岁的马萨乔的风景画再一次让我感到好奇，东西方的画家到底谁影响了谁，还是彼此在对山水的心得上心心相印、殊途同归？我对我的发现兴味盎然。

▲马萨乔的《纳税银》（局部）

去皮蒂宫，我要向美第奇家族表达无限的感激之情。如果在乌菲齐美术馆未能心满意足，那么在美第奇家族住过的皮蒂宫内观看家族世代收藏并保存至今的画作，就如同锦上添花。除了菲利皮诺·利皮、波提切利、提香、丁托列托、卡拉瓦乔和鲁本斯，你还能看到众多拉斐尔的作品，尤其是拉斐尔在文艺复兴鼎盛时期画的《椅中圣母》，只要记住那个微笑，就可以忘却所有的烦恼。

2016年的佛罗伦萨有一家米其林三星和五家米其林一星餐厅，瓦伦汀把我们送到这里之后，第二天要开车回瑞士上班。在他临行前一天的晚上，我做东，在市中心瑞吉酒店的米其林一星餐厅"冬日花园"（Winter Garden）为他钱行。一般来说，星级餐厅最重视的是菜品和服务，并不追求建筑外表与内部的装潢，然而这家餐厅却以乱花渐欲迷人眼的气势，不断给食客带来具有典型文艺复兴室内装饰风格的视觉冲击。在硕大的倾斜式枝形水晶吊灯下，圆柱都被涂成了深绿色，在有黄色和红色花卉图案的地毯上，摆着适合冬季和春季使用的深红色仿古绒布沙发。这就是佛罗伦萨，到处尽显奢华，即使是餐厅，也让你的注意力不能总集中在食物上。由于预订得早，餐厅给我们留了一个最好的座位，就在大厅吊灯之下最中间的地方，这也是整个大厅最亮的地方，但即便如此，因为灯光调得太暗，以至于端上来的每一道菜都看不大清晰。

主厨米歇尔·格里格里奥（Michele Griglio）与女副主厨瓦莱里娅·皮奇尼（Valeria Piccini）对托斯卡纳大区美食的精髓了如指掌，尽管用鸡蛋和面粉加入墨鱼汁做的意面稍咸，但最上面的炸虾仁很脆，淋上用鮟鱇鱼、金枪鱼和藏红花做成的酱汁后，咸味得到了很好的中和，藏红花的浓郁味道尤其让我叫绝；最值得称道的是甜点，为了冲淡此前重口味菜肴的浓烈味道，在菠萝、饼干碎屑和椰子酱做成的意式冰激凌旁边，摆放了对半切开的草莓，配以马斯卡彭慕斯和用橙皮、覆盆子与草莓做成的糖浆，不是很甜，却有着尽在不言中的层层余韵。

▲自左至右：我和太太、王梓、瓦伦汀在"冬日花园"餐厅

因为没去成基安蒂产区，我就点了一瓶世界最古老的葡萄酒家族安东尼世家酒庄 2010 年的一款经典基安蒂。这瓶酒使用的是帕西尼亚诺修道院富含石灰岩与黏土的葡萄园内种植的 100% 的桑娇维塞，在 10 世纪建成的酒窖内的橡木桶中已经陈年三十个月以上，酒体相当饱满，果香十分浓郁，有着强烈的黑莓味道。

在佛罗伦萨住了七晚，早晨结完账后拖着行李箱步行前往火车站。半个小时之后，王梓收到女房主发的邮件，说在卧室里发现了一副眼镜。这是老花眼的我看电脑时戴的，我一个人迅速折返回公寓，从女房主手中接过眼镜，连声称谢。

每天都沉醉在绚烂的文艺复兴时期的艺术品之中，才会顾此失彼，这也是忘了最重要物品的原因。"梦魂应绕碧云飞"，如诗中所说，这件小事再次向我提示佛罗伦萨的美，要在高处的米开朗琪罗广场上，听水声细语，看夜幕低垂。

29 摩德纳

　　2016 年"全球 50 佳餐厅"榜单的第一名，是摩德纳的弗朗西丝卡纳（Osteria Francescana）餐厅，需要提前三个月预订，而且十一张餐桌在放开预订的几分钟之内就会被一抢而空。王梓告诉我，他当时一直目不转睛地盯着表，刚一到点，就以迅雷不及掩耳之势订好了一桌，而我们整个中线的行程，完全以这家餐厅能否预订成功来制订，如果订不上，则整个线路就要做较大的调整。

　　佛罗伦萨没有直达摩德纳的火车，需要先坐到博洛尼亚再换乘。中午到了预订的摩德纳民居，似乎是天意使然，入住的房间号牌就是马切西、餐厅主厨马西莫和我们四个人都同样酷爱的"musica（音乐）"。因为晚上要去吃大餐，中午就没有预订餐厅，接待我们入住的女青年建议我们先去住处附近的市场转一转，又强烈推荐我们去一家全是当地人的小餐厅。

　　前行十几分钟，就到了摩德纳一家很大的市场，琳琅满目的货架恰似画家手里的调色板，叫得出和叫不出名字的各种食材竞相争艳。王梓说："要不是下午还要去已经约好了的香醋作坊，在这个市场里就能转半天。"走上餐厅的二楼，十几张桌子早已坐满，我们进去的时候，正好在墙角处空出一张桌子，我跟王梓说："如果再在市场多看十几分钟，怕是去了也要吃闭门羹了。"

　　午餐之后，我们去了摩德纳大教堂，为了怀念世界三大男高音之一的帕瓦罗蒂。2007 年 9 月 6 日，七十二岁的帕瓦罗蒂因患胰腺癌去世，他的葬礼就在这座教堂里举行。当天摩德纳万人空巷，来自世界各地的粉丝聚集在教堂外的广场上，向这位被誉为"高音 C 之王"的歌唱家深情告别。帕瓦罗蒂与在佩萨罗出生的作曲家罗西尼一样，都是音乐界里名列前茅的美食家，他最胖的时候重达一百六十千克，虽然有在合唱团唱男高音的父亲的基因，但更主要的还是家乡摩德纳的美食过于诱人。

下午 3 点，我们坐出租车按时抵达摩德纳的香醋作坊乔治香醋坊（Acetaia di Giorgio）。香醋是摩德纳的特产，但与中国米醋、陈醋、老醋和白醋的做法截然不同。早在 11 世纪，摩德纳和另一个美丽小镇雷焦艾米利亚就开始酿制香醋。文艺复兴时期，陈年的高档香醋成为皇室、美食家和艺术家的餐桌上必不可少的调味品。

▲举行过帕瓦罗蒂葬礼的摩德纳大教堂

摩德纳是最大的香醋产地，有二百多家作坊，这些作坊酿造香醋的历史虽各有长短，但一直使用传统的工艺，选用的葡萄也大致相同，只是细节略有区别。

我们去的那家作坊，从外表看，建于1860年的二层小楼与普通民宅毫无二致，只有院子里的草坪和喷水池，在阳光下显现出浑然相融的暖意。接待我们的是穿着十分考究的男主人，他说："白葡萄的白玉霓和红葡萄的蓝布鲁斯科是酿制香醋的主要原料，祖辈从一百二十多年前就开始制作香醋：每年8月和9月，采摘葡萄之后先进行压榨，只留下果肉（有的作坊也保留果皮），在大锅里煮八到十个小时，将剩下的40%—50%的浓缩汁晾凉，放入一楼的大木桶内存放三到四年，然后换到二楼和阁楼内的小桶内开始记年。每五到八个小桶为一组，每组的木材或全部相同或材质各异，为的是发酵并融汇出不一样的果木香味，每个小桶上方都留了一个小孔，以便让浓缩汁自然氧化并变得黏稠。"王梓问男主人都用什么样的树木，他回答说："各家作坊不尽相同，橡木、桴木、桑木、栗木、杜松木、白蜡木与樱花木等等，应有尽有。"

根据原产地命名保护制度和欧盟原产地指定保护制度的严格规定，每个传统香醋作坊的香醋分别要达到十二年和二十五年的法定陈年。与葡萄酒庄不同的是，各个香醋作坊不能自行装瓶，必须要有品鉴师检查并品尝，确认合格之后，才能在指定地点由指定机构装入特定的一百毫升的球瓶，再贴上各个作坊的商标；即使达到二十五年的陈年，没有通过品鉴师的首肯，就需要继续存放，直到合格。

摩德纳的夏天格外炎热而冬季特别寒冷，是制作香醋最理想的地方。凡是放在房间最顶层的小木桶，都是因为那里的日光最强烈，也最利于发酵。在这家作坊的阁楼，男主人从橡木和白蜡木小桶中依次抽出六种正在陈酿的香醋让我们品尝，最后三款最为经典，黏稠柔和，适合重口味的菜肴，例如红肉或三文鱼；陈年二十五年的最后一款，酸度更低，黏稠度极高，在蔬菜沙拉里滴上几滴，它的回甘绵长最令人难忘。

去作坊之前，我对香醋知之甚少，但在意大利各地餐厅的餐桌上都会摆放香醋和橄榄油，吃的次数多了，品尝的水准也天天见长。在前述蒙塔奇诺小镇吃晚餐时，用餐前面包蘸上小碟里的香醋和橄榄油，感觉那天晚上的香醋与此前任何一家餐厅的味道都大不相同，四个人就像探宝时突然发现了珍品一般，不约而同地叫起好来，滴滴香浓，意犹未尽，都觉得应该买几瓶带回去。用餐结束后，王梓问女店员哪里有售，女店员不做过多的介绍，让我们稍等，几分钟后从库房拿了几瓶不同年份的香醋出来。我们各自买了四瓶，回到住处上网一查，大为惊诧，原来这是意大利顶级的莱昂纳迪作坊生产的香醋。下次再去摩德纳的时候，一定要到位于福尔米吉内小镇的这家作坊和其拥有的十万平方米葡萄园去看一看，他家的香醋除陈酿十二年和二十五年的，还有三十年、五十年和一百年几个品种，其中流传至今最长久的陈酿，已有一百五十年。

由于香醋种类繁多，挑选时往往让人不得要领，在品尝或购买的时候，需要记住以下几点：其一，最高档的是 ABTM（Aceto Balsamico Tradizionale di Modena），即陈年十二年和二十五年的传统香醋。其二，瓶标上印有"Aceto Balsamico di Modena IGP"者，被称为"摩德纳香醋"或者"商业香醋"，这是大路货中的上等品；它会模仿或者接近传统香醋的口味，却又打破了保护制度的种种限制，例如，会使用上述两种葡萄之外的品种，但产地必须是在摩德纳；浓缩汁只在木桶中放置两个月左右甚至更短，由于黏稠度不够，就加入了焦糖和增稠剂。其三，产量最多的是中下等品，凡是瓶标上印着"condimento balsamico""salsa balsamica"或者"Salsa di mosto cotto"的，都属此类，产地不只局限于摩德纳和雷焦艾米利亚。其四，使用果汁和添加剂勾兑而成的，价格最便宜，一尝便知，为下下品。

深沉浓郁的色泽、独一无二的琼浆、平衡有度的酸甜、按滴计价的品尝，这是我对摩德纳香醋的直观印象。摩德纳传统香醋是一种点石成金的魔术，来意大利除了美食、美酒、橄榄油和奶酪，又实地品尝了几种传统香醋，没有比这种体验更令人满足的了。

当天的重头戏是晚餐，但在中午我们就与餐厅主厨马西莫不

◄ 去过的香醋
作坊的阁楼

在香醋作坊品 ►
尝的传统香醋

期而遇，有了一面之缘。出了民居的院门，刚向左拐进一条寂静的石板路，就看到刷着涂料的墙上挂着一块很小的铜制的餐厅招牌，朴素程度与世界第一的鼎鼎大名完全不对称。本来只是路过，但巧合的是，戴着板材镜框近视眼镜、满脸络腮胡子的马西莫正推门走出来，他一看到我们就知道是当晚预订座位的四位客人，热情地向我们打招呼并主动提出要合影，笑容可掬地说："期待你们晚上的光临。"

▲2016年世界第一餐厅的正门，右侧是餐厅招牌

　　马西莫和阿尔巴的恩里科·克里帕主厨都深受马切西烹饪理念的影响，在接受采访的时候，马西莫曾经说过："马切西以他的激情和艺术天性以及对艺术和音乐的热爱，将烹饪升华为尊贵的艺术品，他告诉我们，不要以念旧的心情看待往昔，而是要批判式地审视过去，以便能从过去采撷最好的东西应用于未来。"从当晚的所有菜品来看，马西莫所要体现的，正是这样一种精神。

马西莫与马切西一样也酷爱音乐，他收藏了一万两千多张爵士乐黑胶唱片。无论是在意大利还是在全世界餐饮界，马西莫都有着至高的地位和深远的影响力。意大利的《共和国报》监制了葡萄酒和餐厅评选的年刊，2016年，餐厅年刊给马西莫打出了历史上从未有过的二十分满分，这是对其厨艺、品味和创意的高度嘉许。

▲在餐厅门口巧遇2016年世界第一主厨马西莫

马西莫从小就喜欢看母亲做菜，爱上厨艺之后更是一发而不可收。他的人生有三大激情，音乐、当代艺术和烹饪，他在做菜时最重视的就是文化。我很喜欢他说的这些话："厨艺在烹饪的时候当然很重要，但文化，你却不能请别人给予你，有没有文化的差异，决定了厨师素质的高低，如果你有'文化'，想象力就会被各种各样地放大，就能做出将味蕾与头脑紧密相连的菜品。文化是人类连绵不断积累起来的知识、意识和责任感的集成，没有文化，就不会产生知识、意识与责任感，厨师这个职业的未来，就是以文化为基础，这是必须牢记的一点，在这一方面，意大利与日本料理有很多相似之处。厨师要玩味你脚下的土地，也就是发自内心地去理解这片土地，只有这样，土地上的食材，才能在你的爱心之中，变成美味佳肴。"

与各大米其林星级餐厅的主厨一样，马西莫主要提供创意，平时并不亲自掌勺，他的厨师团队最多时有四十多人，厨师们会向马西莫提出很多奇思妙想，与马西莫达成一致意见之后，便付诸实践，试吃之后，只有大家都感到满意的新菜品才会正式推出。那天晚上，我们用时三个小时品尝了十四道菜，菜品摆盘看似简单，却蕴含了能够激发想象力的丰富内涵。

在马西莫写的一本厚厚的书里，图文并茂地详细介绍了餐厅过去做过的菜品，但那天晚上端上来的鱼蛋面却并没有在书中出现，一定是马西莫和厨师们开发出来的新菜。在圆盘中间，用墨鱼汁画了一条胖鱼的形状，鱼眼圆睁，鱼鳍和鱼尾有着明显的动感，在鱼肚里，叠放着切片的马鲛鱼、虾、八爪鱼、鱿鱼和紫菜；同时端上来的另一盘是长条实心细面，其最大的特点是，和面时不加水，只用面粉和马鲛鱼蛋，煮面时也不在锅里放水，而是用马鲛鱼的鱼头和鱼骨熬成的浓汤。讲解菜品的店员告诉我们，要与用牡蛎和蛤蜊做成的红色汤汁合起来一起吃，才是研发这道菜的本意。我们边吃边玩味刚才说的"合起来一起吃"的意思，各自说出来自己的感悟之后，四个人有四种答案，正觉得有趣的时候，马西莫从厨房走出来，看到我们的盘子里只留下了胖鱼的图案，他说："只有大的马鲛鱼才有鱼蛋，取其鱼蛋，食其鱼肉，再画成鱼形让它重回大海，这就是一个轮回。"我们的解读与马西莫说的大异其趣甚至完全相反，但这就是这道菜的精妙之处，就像听一首无标题音乐，每个人都可以去想象，而马西莫的解释，似乎更有哲理。

▲鱼蛋面

　　印象最深刻的是蔬菜与花卉沙拉，这是世界上最完美的蔬菜与花瓣组合。马西莫出生于美国并在纽约长大，被美国的凯撒沙拉深深吸引，回到意大利之后，他对恺撒沙拉进行了大量改进，这种改进至今也没有停止。他将覆盆子、芫荽、薄荷、酸橙、橙子、柠檬、迷迭香、鼠尾草和香草等将近三十种蔬菜、香草、香料和可食用的鲜花，按季节和颜色不同，摆成一大朵盛开的花卉图形，在上面撒上酷似花粉的红色糖粉，蔬菜和花瓣下是摩德纳香醋和其他酱汁。吃起来的第一感觉如同蔓越莓的酸甜，但每个人的味蕾不同，感觉到的侧重点也不一样，我觉得甜，瓦伦汀却说有点酸，但几秒钟后，我俩就对调了感受，真是妙不可言，堪称睥睨天下的杰作。

▲马西莫不断改进的蔬菜与花卉沙拉

　　马西莫最信任的助手是日本副主厨绀藤敬彦。绀藤跟随马西莫多年，从米其林一星、二星一直到2012年为餐厅摘得了三星，最可贵的是，两个人都想通过使菜品外软内酥或者外酥内软，来揭示刚柔相济的人生道理。"悲惨与尊贵"系列的开胃菜以及"黄色是美丽的"系列的第一道甜品是绀藤的创意，既体现了2015年米兰世博会"润养大地，泽给苍生"的主题，又展现了马西莫一直强调的"用最简单的食材做出最高级的味道"的深意。

▲餐厅的部分菜品

连续六年一直稳居"全球50佳餐厅"榜单的前三名之后，弗朗西丝卡纳成了世界上最难预订的餐厅。为了满足需求，近年，马西莫在摩德纳郊外买下了一栋废弃的19世纪的三层小楼，该地距离摩德纳有二十分钟的车程，而马西莫开着风驰电掣的玛莎拉蒂只需十几分钟。马西莫将其装修成带有十二间客房的田园酒店，进入前厅就会看到主厨收藏的爵士和歌剧黑胶唱片以及古老的留声机，入住客人如果有兴趣，可以听到他收藏的1956年发行的法国香颂天后伊迪丝·琵雅芙的《玫瑰人生》。夫妇俩还在院子里种菜，这些蔬菜理所当然地成了酒店餐厅的首选食材，其客房的房价从四百五十欧到七百五十欧不等，餐费为四百五十欧/人，弗朗西丝卡纳餐厅的厨师轮换着前来烹饪，以满足订不到世界第一餐厅而又特别想前来品尝的食客的心愿。

　　曾经有人说：如果把意大利比喻成一顿饭，那么摩德纳就是主菜。抢订上餐厅当然最好不过，订不上的话，摩德纳4月份的汽车节、5—6月的香醋节、6—7月重现中世纪风情的埃斯特城堡之夜、9月份的哲学节以及10月份的土特产展销会等等，都可以来。

30 帕尔马

瓦伦汀离开佛罗伦萨之后，余下行程中的摩德纳、帕尔马和米兰三个地方，只能坐火车前往，去摩德纳的时候还不太习惯，去帕尔马时就适应了。从帕尔马火车站走到帕尔马主教座堂附近的民居只需要十几分钟，火车到站后，三个人都觉得不坐出租车，应该走着过去，因为帕尔马是融汇了不同文化的城市，有不少中世纪和文艺复兴时期的建筑，在18世纪西班牙波旁王朝统治时期还盖了一些法式建筑，意大利很少有这样一座天然的建筑博物馆。

走出很不起眼的二层楼火车站，竟然没有一辆出租车，原来所有的司机都响应出租车司机工会的号召罢工了。上午10点，我们慢悠悠地拖着行李箱走在行人稀少的人行道上，一半的店家还没开门，凡是开门的，大都是卖帕马森干酪和帕尔马火腿的店铺。帕尔马的邻居博洛尼亚和摩德纳都以美食闻名，博洛尼亚被称作"美食之城"，摩德纳被誉为"美食天堂"，但这些称谓都来自民间，我们踏入帕尔马的2016年，这座城市已被联合国教科文组织评为"创意城市美食之都"。

人是一个复杂的矛盾体，工作的时候总是一脸严肃、忙忙碌碌，就像毛姆在小说《月亮与六便士》里写的，"文明人践行着一种很奇怪的才智：他们把短暂的生命，浪费在烦琐的事务上"。然而到了有着二千二百多年历史的帕尔马，会发现这里没有繁华都市的混杂与喧嚣，也没有偏僻小镇的僻静和寂寥，人们喜欢浪漫的生活情调，在餐饮、绘画、歌剧、音乐和宗教文化的协调中，创造出了一切可以享乐的机会。在城区漫步时，我们看到的总是不以物喜、不以己悲的放松状态，感觉尽兴已经成了帕尔马人的惯性，这一特点在晚餐时分，体现得更为明显。

晚上下起了蒙蒙细雨，在威尔第合唱餐厅（Ristorante Corale Verdi）预约的晚餐时间是 8 点，还有一个多小时的空闲，我们决定在雨中漫步，路过 20 世纪最著名的指挥家之一的托斯卡尼尼的故居，发现早已打烊。餐厅坐落在一条胡同的两层楼内，得名于作曲家威尔第去世四年之后在此成立的威尔第合唱团，墙上到处都挂着威尔第和最擅长指挥威尔第歌剧的托斯卡尼尼的照片、雕塑，还有在帕尔马皇家歌剧院演出的海报、剧照和报纸，提示着合唱团与作曲家和指挥家之间的亲密关系。二战结束后的 1946 年，托斯卡尼尼从美国回到意大利，重新登上了帕尔马皇家歌剧院的指挥台，多次指挥合唱团与歌剧院的管弦乐团共同演出威尔第的歌剧。帕瓦罗蒂的父亲就曾是合唱团的一员，在歌剧院参演过多部威尔第的歌剧；1976—1977 年，如日中天的帕瓦罗蒂也与合唱团在帕尔马皇家歌剧院多次合作过。

威尔第出生在距离帕尔马四十千米一个名叫勒朗科勒的乡村，那里与出产库拉泰罗火腿的吉贝洛只有十四千米，虽然帕尔马火腿是世界三大火腿之一，但吉贝洛的库拉泰罗才是火腿中的顶级，连查尔斯王子和米其林九星名厨阿兰·杜卡斯等名人也需要提前一年才能预订得到。与罗西尼一样，威尔第也是一位相当挑剔又善于烹饪的美食家，晚年他买了很多田地，雇用农民养猪，然后自己做风干火腿，虽然比不上库拉泰罗火腿，但威尔第乐在其中。

他在给世界各地的作曲家和歌唱家写信时，总是捎带上自家产的火腿，并在信中详细说明切片的厚度，搭配何种菜肴。意大利有一位米其林一星餐厅的主厨，他的曾祖父当年就在威尔第的家中做工，曾祖父曾经告诉他，按农民们的说法，用冬天杀的猪做成的火腿"与威尔第的音乐一样精彩"。如今，这位在帕尔马开店的主厨继承了曾祖父的手艺，每年做五千多只火腿，只卖给马切西（2017年12月26日辞世）和马西莫等人开的极少量的米其林三星餐厅。

当晚餐厅的菜单上也有考究的火腿拼盘，但周围几桌的客人都没有点。最让我们吃惊的是对面坐着的一位虽然瘦削但看起来十分干练的老先生，他戴着板材眼镜，点了一瓶红酒，指着老店员推车上那几盆煮熟的猪肉和内脏，要求每一种都切上厚厚的几片，盛在一个大盘子里，然后就一个人不紧不慢地边喝边吃起来。蒙田说过"这个国家的人们不习惯吃太多的肉"，我在帕尔马却感觉，蒙田是不是说错了？

白天在帕尔马国家美术馆，对出生于帕尔马的16世纪矫饰主义画家帕尔米贾尼诺等的油画印象较深，但总体感觉这家美术馆的精品不多。然而到了帕尔马主教座堂和另一座福音教堂，看到深受达·芬奇影响的文艺复兴晚期画家柯勒乔在穹顶画的湿壁画，相当震撼，可以弥补在国家美术馆的失落之情。走进法尔内塞剧院，游客更少，王梓在空荡荡的全木质结构的空间里唱了几句威尔第歌剧《茶花女》第一幕中的"饮酒歌"，犹如空谷回音，那种余音绕梁的美感，其实就是威尔第希望看到的生活场景："干杯吧，请举起这精雕细琢的酒杯，把短暂的时光沉醉在欢乐的喜悦里，世上的一切都是无聊无趣，让我们及时行乐，享受着爱的欢愉。"

▲帕尔马法尔内塞剧院

▲帕尔马主教座堂穹顶柯勒乔画的湿壁画

晚餐之后，雨大了起来，给对桌切肉的那位不会说英语的老店员也不跟我们商量，就叫来了一辆出租车，看来只有当地人才知道上午的罢工是不是结束了。车轮不时溅起水花，落在满是灯影的水洼里，帕尔马以它的城市个性，让我们知道真正有质量的生活是什么样子，爱尔兰作家王尔德那句"我不想谋生，我想生活"，或许就是对帕尔马说的。

31 米兰

离开幽静的中小城镇，到了五光十色的米兰，很容易眼花缭乱。然而喜欢慢节奏并不等于对大都市的繁华无动于衷，恰恰相反，变换一下固有的生活方式，获得自身精神上的另一种满足与快乐，生活也会多姿多彩起来。

米兰过于繁华，每个人都有自己的关注点，教堂、博物馆、歌剧院、名品店、足球场、展览会……我去米兰之前就确定了自己的目标，排在第一位的，是去圣玛利亚感恩教堂欣赏达·芬奇的《最后的晚餐》。

在乌尔比诺的蒙特费尔特罗公爵招贤纳士的同一时期，酷爱艺术的米兰公爵卢多维科·斯福尔扎也礼贤下士，不惜花重金从意大利各地聘请最优秀的音乐家、画家、雕刻家、建筑家来到米兰，例如画家达·芬奇、佩鲁吉诺、柯勒乔和西诺莱利以及建筑家布拉曼特等。如果说文艺复兴时期的美第奇家族推动了佛罗伦萨的文化繁荣，那么卢多维科·斯福尔扎公爵则让米兰的文化发展达到了顶峰。1494 年，卢多维科·斯福尔扎公爵对来到米兰的达·芬奇特别赏识，不但听他演奏自制的七弦竖琴，还对他涉猎绘画、雕刻、音乐、建筑、土木、解剖、天文、地理、植物、地质、气象、光学和力学等科学与艺术领域的才华钦佩不已，此后在长达二十年的时间里，让他为自己和妻子、情人以及女儿们画了众多的肖像画。

当时，圣玛利亚感恩教堂的名称是圣玛利亚感恩修道院，卢多维科·斯福尔扎公爵想在里面建一座家族陵墓，在陵墓中央区域放置一幅大型的湿壁画，他希望画的内容是展现耶稣被罗马士兵逮捕前夕与十二门徒共进最后一次晚餐的情节，从而感念耶稣的苦难和带给世人的恩惠。他认为，在所有画家中，只有达·芬奇最能胜任。

如何在长度将近九米的墙壁上以最生动的构图和最形象的姿态画出那个场景，达·芬奇思索了很长一段时间，画了很多草图。开始绘制时，他先在墙上勾勒出草图中的人物，有时候天一亮就动笔，中途不吃不喝，一直画到日落，但有时候又三四天不动笔，引起修道院院长的强烈不满和不断抱怨，直到达·芬奇请来卢多维科·斯福尔扎公爵出面调解为止。之所以中间停歇，是因为达·芬奇一直拿不定主意如何画犹大的脸，反反复复修改了很多次，最后，对他不满的修道院院长的脸就成了犹大的脸。

传统的湿壁画画法是直接在刚抹到墙壁的湿灰泥上涂抹颜料，但颜料会随着湿灰泥的干燥而褪色，从而失去一部分刚涂抹时的光泽，画家也无法在中途进行修改。达·芬奇想改变这种工艺，让画面显得更生动、温暖和鲜艳。他先在墙上抹两层干燥的灰泥，再涂上干燥速度很快的铅白，从而让底色明亮起来，也就是说，达·芬奇所画的不再是湿壁画，而是经他改良之后的干壁画。

达·芬奇发现，即使在干壁画上涂抹了颜料，也可以随时进行修改，这让不愿意墨守成规的他大喜过望，他甚至大胆地将油彩与蛋彩混合在一起，不再使用湿壁画的颜料。然而，他发明的混合颜料会受到四季温度与湿度变化的影响，不能牢固地附着在墙壁上，不断滋生的霉菌又会不断侵蚀壁画，导致原有的色彩不断褪色和脱落。1495 至 1497 年历时两年完成的壁画，到了 1517 年就开始出现皲裂，颜料也发生变质，当瓦萨里 1536 年看到这幅画的时候，画面已变得模糊不清，当初那种细腻得如同真品的桌上铺着的亚麻布大都褪色，画面右侧餐盘中的食物也完全辨认不清，原作的魅力大打折扣。

壁画刚完成的时候，颜料和油漆尚未变化，站在画前的卢多维科·斯福尔扎公爵十分喜欢，对精彩绝伦的构图更是赞不绝口。因为达·芬奇采用了焦点透视的原理，把画面与墙角的结合处画成了一个逼真的空间，如同房间延伸了一样。看画的时候，人们发现达·芬奇与十二门徒就坐在房间的尽头共进晚餐。卢多维科·斯福尔扎公爵放弃了原来的想法，此后，这个房间就变成了修道院的食堂。1656 年，修道院要打开一条从食堂通往厨房的通道，就在耶稣和三个门徒的脚下凿开了墙壁，致使画面中只留下了左右两侧九个门徒的脚部，耶稣和其旁边门徒的脚部不复存在。此后，人们不断分析和研究被砸掉的部分，认为耶稣的双脚很可能是交叉在一起，暗示着将要受难的方式；但这些只是推测而已，并无实据，因此，虽然后来堵死了通道并用水泥抹平，但没有人予以补画。

1726 年进行第一次大规模修复的时候，修复师认为这幅画是用油彩画的，因而使用了强效溶剂清洗了表面，并在已经剥落的地方重新补画了油彩，但时间一长，油彩依然脱落；19 世纪时，修复师更是拙劣地使用了棉花蘸酒精的方式修复，导致原有的色彩越来越难以辨别；1901—1908 年的修复师否认了以前的看法，发现达·芬奇使用的不是油彩而是蛋彩，但依然于事无补。

距离我们最近的一次修复从 1978 年开始，由意大利女修复师皮宁·布兰比拉·巴西隆（Pinin Brambilla Barcilon，著有《达·芬奇和我的一生》）主持，直至 1999 年修复完成。修复小组使用高倍显微镜、声呐、雷达和微型摄像机等，认真分析了原作的颜料和以前的修复给画面带来的影响，用当时最先进的科技手段，去除了历次修复时涂抹的油彩等颜料，尽管仍然受到一部分人的质疑，但已经没有人会比他们做得更好了。

如今，人们站在 1999 年 5 月 28 日重新开放的画作面前，依然赞叹被瓦萨里誉为"是上帝之赐予而非人类技艺所造就"的达·芬奇，能将猜疑、焦虑、恐惧和愤激表现得如此淋漓尽致，其他任何一位画家的同名题材的画作，都完全不可与之相提并论。

为了长期保存现有的修复成果，教堂方面严格限制参观的人数与时间，门票必须提前预约，但这种预约相当困难，很少能够一蹴而就。临行之前，我每天都打开网页查看我们在米兰的那几天有没有门票，但直到上了飞机，也就是到米兰的二十天之前，订票网站一直显示的都是无票状态。到了第一站博洛尼亚之后，太太每天都给教堂打几个电话，大多数的时候不是占线就是无人接听，偶尔有几次接通了，满心欢喜，听到的却是完全听不懂的意大利语录音。抵达米兰的一周前，我已经心灰意冷准备放弃，晚餐后在佛罗伦萨住处的客厅聊天时，王梓突然发现网站上放出了 5 月 4 日仅有的两张票，分别是用英语和意大利语导览的门票，就以闪电般的速度帮我们付了款，这才如释重负，晚上极其激动，直到下半夜才睡着。

▲分批次欣赏《最后的晚餐》

　　参观方式是每批次二十五人，每次限定十五分钟。房间采用严格的恒温恒湿系统和特殊的灯光，允许不打闪光灯拍照。在换取门票等待进入的时候，门外有很多没有预约或者根本就不知道需要预约的游客在侥幸地等机会，与他们翘首以盼的表情相反，工作人员的态度粗暴，语气也很蛮横。缓慢排队前行时，我留意到摆放于走廊的展板，上面有修复前后的对比照片。最新修复之前，除了耶稣与身后还算明亮，画面左侧也就是耶稣右手边的门徒们都处于灰暗之中；以前修复时在墙上画了便于区分的横竖线，明处显然是被修过，暗处则是尚未处理的部分，明暗的区分特别明显；所有人的面部、颈部和衣服都被侵蚀得如同生锈，尤其是画面右侧耶稣左手边第二个门徒雅各布的衣服上的颜色全部掉落，左手边第三个门徒腓力的头发和颈部也是惨不忍睹。

▲最新修复前的《最后的晚餐》

▲目前正在展出的《最后的晚餐》

　　我们在布雷拉画廊、波尔迪·佩佐利博物馆和斯福尔扎城堡里待了三天，欣赏到文艺复兴时期的绘画与雕塑，大饱眼福。值得一提的是与达·芬奇的《最后的晚餐》相关的盎博罗削画廊，距离我们在米兰的住处只有五百米，每天早出晚归，都要从它的门前经过，按照先远后近的想法，特意在离开米兰前一天的下午前往那里。

画廊的面积不大，除了据说是美术史上第一幅静物画的卡拉瓦乔的《水果篮》，弥足珍贵的还有达·芬奇的《大西洋古抄本》共计一千一百一十九页的手稿，内含两千余幅各种机械和武器的设计图以及对于工程学、水力学、光学、解剖学、结构学、几何学和天文学等学科的研究笔记，展出的只是其中很少的一部分。达·芬奇在米兰画的木板油画目前存世的只有两幅，一幅在巴黎卢浮宫，另一幅就是画廊收藏的《音乐家肖像》，据说画的就是资助人卢多维科·斯福尔扎公爵。

画廊内还有一幅与达·芬奇有关的作品，1611 至 1616 年，圣玛利亚感恩修道院为了避免《最后的晚餐》不断掉色和脱落，请画家维斯品诺（Vespino，又名 Andrea Bianchi）到原作前临摹。维斯品诺用油画复制了达·芬奇壁画中的主要场景，长度与原作相同，但高度折半，仅画了餐桌前的十三个人物，而背景的窗户、窗外的风景，餐桌上的面包、酒杯和餐盘以及桌子下面露出的所有腿脚都没有临摹，因而凿开墙壁时被毁掉的耶稣和三个门徒腿脚的形状无人得知，成为一个永恒的缺憾。我庆幸事先决定了先去教堂然后再来画廊的顺序，因为如果先看维斯品诺临摹的作品然后再去教堂看原作的话，反差太大，会有极大的失落感。

与罗马、佛罗伦萨和威尼斯一样，在米兰也至少要停留一周。参观哥特式建筑杰作米兰大教堂，在斯卡拉歌剧院听女高音歌唱家卢西亚娜·塞拉（Luciana Serra）的独唱音乐会，看意大利指挥家里卡多·夏伊指挥的普契尼歌剧《西部女郎》等等，无论白天抑或晚上，我们的行程排得满满的，但如果你问我对米兰印象最深的是什么，我的首选是达·芬奇的《最后的晚餐》。

32 罗马

　　罗马自古以来就是人们向往的"世界之都"，它是古罗马帝国的首都，古老的遗迹见证了它的悠久历史。基督教文化和文艺复兴以及巴洛克艺术在这里和谐地融合在一起，形成了罗马独一无二的城市形象。中世纪时，众多信众沿着千年古道法兰契杰纳大道，从英国、法国和瑞士前往罗马朝圣。自佛罗伦萨开始的文艺复兴，在15世纪下半叶发展到罗马并在这里进入全盛时期，罗马教廷开始将艺术作为人类灵魂最崇高的天赋，将基督教的人文精神进行了最艺术化的表达，陆续倡建的教堂和博物馆等公共建筑，成为那个时期几任教皇的宗教理想与艺术家们的艺术创造完美融合的结晶。

　　罗马对16至19世纪欧美的作家、诗人、画家、作曲家和哲学家一直有着巨大的吸引力，蒙田、委拉斯开兹、约翰·弥尔顿、歌德、司汤达、叔本华、拜伦、雪莱、济慈、安徒生、瓦格纳、罗伯特·勃朗宁、李斯特、屠格涅夫、易卜生、马克·吐温、亨利·詹姆斯、尼采、王尔德、高尔基、托马斯·曼、詹姆斯·乔伊斯等等，都在罗马度过了无数个不眠之夜。在普通人中，壮游意大利的英国人最多，而罗马更是他们最重要的目的地，因为在那里可以看到令人震撼不已的古希腊和古罗马雕塑。这些英国人因为多次前去罗马而积累了丰富经验，其他国家的追随者都希望找一个英国人带他们旅行，例如最喜欢罗马的歌德就说过："我非常渴望由一位学识渊博、精通艺术和历史的英国人带路。"

1740年，歌德的父亲去意大利旅游，他对罗马钟爱有加，将一张罗马的全景地图带回家里挂在客厅，常常站在那里陷入美妙的回忆之中。少年歌德在那种气氛中长大，他很想知道父亲经常说的罗马到底有什么神奇之处，很早就有去罗马旅行的心愿。来自长辈的影响是潜移默化的，歌德的独生子后来也爱上了罗马，不幸的是他于1830年在罗马突发脑溢血去世。

1786年8月28日是歌德的三十七岁生日，他在欧洲历史最悠久的温泉小镇卡罗维瓦利接受了亲朋好友的祝福之后，不辞而别，翻越阿尔卑斯山南下前往意大利。他先到了北部的维罗纳、维琴察、帕多瓦和威尼斯，仅威尼斯就待了十七天。越靠近中部的罗马，越是难掩兴奋之情，因而只在佛罗伦萨停留了三个小时，他就迫不及待地赶往他最向往的城市。后来他在回忆这段经历的时候写道："之所以急于赶赴罗马，是因为一种无法控制的欲望，只想早一点看到那个永恒之都。"看着罗马的建筑，歌德说："这些在我很小的时候就已经知道了，只不过这些楼房现在在我面前立起来了而已。"他激动地写下了在罗马的第一句话："现在，我终于来到了世界第一城！"

离开罗马之后，歌德继续南下前往那不勒斯和西西里岛等地，第一次意大利之旅时间长达二十个月。在旅行期间，歌德穿着普通意大利人的衣服，宣称自己是个画家，用流畅的意大利语与当地的艺术家交流。有时候，他会和在意大利逗留长达十六年的德国画家也是他的挚友蒂施拜因同游，蒂施拜因曾经画了一幅《歌德在罗马平原上》，画中的歌德穿着意大利长袍，坐在废墟旁边的一块石头上望着远方，这是如今最负盛名的歌德肖像画之一。回国以后，歌德用二十八年的时间写成四十五万字的《意大利游记》，记录了在意大利南北旅行的各种感受。

▲蒂施拜因画的《歌德在罗马平原上》

蒂施拜因在罗马古城区的科尔索大道18号的旅馆为歌德安排了住处，两人住在一个房间。蒂施拜因给站在窗前向科尔索大道眺望的歌德画了一幅速写，歌德脱去了长袍，站在半开的窗前探出上半身，充满好奇地打量着这座到处都让他感到新鲜的城市。歌德在这里住了十几个月，从那不勒斯和西西里等地返回罗马之后，他再一次把最惬意的5号房间作为住所。

歌德在游记里说他从最北端的大门波波洛城门进入罗马，在城门附近的人民圣母教堂首先看到了卡拉瓦乔画的两幅圣保罗。我们在罗马追随了一部分歌德的足迹，只是时间有限，没能走全。最先到的地方就是波波洛城门，下车以后，雨越发大了起来，风也刮得越来越猛，即便带了伞，从城门到教堂的几百米距离也一定会被淋成落汤鸡，索性在城门下躲了二十几分钟雨。然而这是值得的，雨停了之后进入礼拜堂，旁边一位欧洲游客说，刚才这里还挤满了人，现在就好多了，起码可以靠近看个仔细。卡拉瓦乔画的两幅圣保罗，尤其是《圣保罗的皈依》有着令人叹服的光影处理，只有在真迹面前才能真正领略那种高超的明暗对比手法。几天之后，我们又在圣路易吉·迪·弗朗西斯教堂看到了卡拉瓦乔画的《圣马太殉难》《圣马太蒙召》和《圣马太与天使》，画家的用色和用意等非常大胆，明暗对比更为强烈，我特别喜欢那幅《圣马太与天使》，传递出了最生动的神态和深意，而所有画册和网上的图片都与原作差之千里。

▲卡拉瓦乔在圣路易吉·迪·弗朗西斯教堂画的三幅圣马太

　　歌德在罗马常去的美术馆之一是卡比托利欧博物馆，建于罗马城内最高的卡比托利欧山上。定居在罗马的日本作家盐野七生在《罗马人的故事》中写道：公元前 6 世纪，伊特鲁里亚文明在意大利这片土地上达到了顶峰，"伊特鲁里亚人是一个以产业发展和通商为主的民族，关于城市建设，他们与希腊人的想法不同，他们更喜欢把城市建在微微隆起的小山上。即便是靠近大海的地方，如果不靠山，他们也是不会有兴趣的。他们从来没有想过要在平原上生活，他们更愿意生活在小山上、城墙围绕的坚固城堡内"。最初建在七座山丘之上的罗马也是沿袭了这种习惯，因而，卡比托利欧山就成了古罗马文明的起源。

当时，带着憧憬的心态，歌德坐着马车来到山脚下，走上长长的斜坡，就是为了能一而再再而三地陶醉于博物馆里的古希腊雕塑和油画之中。那时候没有电灯，晚上开馆时只能手持火把，凑近去看包括《马可·奥勒留骑马像》《垂死的高卢人》《拔刺的男孩》和《卡比托利欧的维纳斯》等雕塑作品，而有油画的房间，即使再昏暗，也不能带着火把。这里的藏品十分丰富，我们去了两次，每次都能待上半天，除了精美的古希腊和古罗马的雕塑，卡拉瓦乔、提香和丁托列托的油画最让我们流连忘返。

歌德去万神殿的时候，他按捺不住激动的心情写道："这个圆形大厅无论内外，都因其伟大，而让我感受到了兴奋和由衷的尊重。"但他并没有描述安放在圆柱大厅里的拉斐尔石棺。我们在意大利和其他国家看了很多拉斐尔的油画，站在墓前，最容易联想到的就是那些有着安详面庞的圣母，洛伦泽蒂在石棺上做的圣母雕塑比拉斐尔画的圣母逊色多了。

▲万神殿的拉斐尔墓

从歌德的游记中可以得知，他去罗马时，在图拉真广场上的图拉真柱里面自由出入，通过楼梯可以登上柱顶。歌德说："傍晚登上图拉真柱，一览无余，从上面往下看，斗兽场在夕阳的照耀下，是最壮观的景象。"世界各地的游客到罗马一定会去看斗兽场，在歌德的心目中，它不是简单意义上的残暴，而是古罗马文明的一个象征，他引用了"英国史学之父"比德（Beda Venerabilis）的话，来证明斗兽场在他心目中的地位："只要斗兽场还在，罗马就会存在；如果斗兽场倒塌，罗马就会倒塌；如果罗马倒塌，世界也会倒塌。"

在距离斗兽场不远的地方，有一个已被清理出来的古罗马废墟，购票进入之后，需要有敏锐的注意力，因为如果不特意去看遗迹之外的新建筑，在里面转久了，往往会"走"不出来。我们面对的这片废墟，曾是一个横跨欧洲、亚洲和非洲的庞大帝国的中枢，它曾盛极一时，如今却灰飞烟灭。歌德来到这里的时候，废墟的一半还被泥土覆盖着，牛羊在悠闲地吃草，他进入只发掘出一半的废墟，又多次从窗户上俯瞰，他说这是"世界上绝无仅有的景色，能够在傍晚夕阳的映照下眺望这幅宏伟的图画，是一种无法估量的享受"。

▲古罗马废墟

　　歌德在游记中并没有写全他看到的罗马，也许是要给后人一个补全的机会吧。罗马有很多地方值得一去再去，例如多利亚潘菲利美术馆，这是一栋建于 15 世纪的四层楼房，当初是罗马规模最大的贵族宅邸，如今，多利亚和潘菲利两个家族的后人住在顶层，将楼下的房间用以展出家族祖辈收藏的油画和雕塑等艺术品。与其他美术馆不同的是，走廊的墙上也挂满了油画，但由于墙很高，最上面的画基本看不清楚，其他房间里的墙上也都挂得满满的。唯独有两件作品受到礼遇，被单独放在一个小房间里，一个是委拉斯开兹于 1650 年第二次到访罗马期间所画的《教皇英诺森十世肖像》，另一个是贝尼尼做的委拉斯开兹的头像雕塑。委拉斯开兹的这幅油画被认为是历史上最出色的肖像画之一，但单独摆放的主要原因是，家族中的乔凡尼·巴提斯塔·潘菲利于 1644 年当选为教皇，让潘菲利家族颇感荣耀。

▲委拉斯开兹的《教皇英诺森十世肖像》

与卡拉瓦乔其他作品的扭曲与昏暗不同，多利亚潘菲利美术馆收藏的《逃亡埃及途中的休息》是一幅极为恬静的作品，这是卡拉瓦乔早期的代表作，虽是巴洛克风格，但画风仍然受到威尼斯画派的诸多影响，与其他画家所作的以逃亡埃及为主题的作品的风格大为迥异，怀抱耶稣的圣母脸上并未现出疲累和惊恐的表情，浅黄带着轻微红润的着色让面部充满了安逸与甜美之感，背对观众的是正用小提琴演奏经文歌的天使，圣约翰展开乐谱以便让天使更自如地演奏。我最喜欢卡拉瓦乔画的圣约翰，那种无比专注的眼神是一种希冀，他所祈愿的乐声主要是对圣母与圣子的抚慰之情。在卡拉瓦乔五幅以音乐为题材的作品中，该画有难得一见的喜感，这也与画家本身起伏不定的生活状态有关，画这幅画的时候，卡拉瓦乔一定处在一段快乐的时光里。

到河畔圣方济各教堂时，里面正在做晚祷，等了二十多分钟之后才得以进入。在主祭坛左侧，用望远镜终于看到贝尼尼的雕塑杰作《受祝福的卢多维卡·阿尔贝托尼》，投了硬币之后灯光亮起，那些光亮恰似来自上天的祝福；圣母堂里的贝尼尼的雕塑《圣特雷莎的狂喜》，更是巴洛克雕塑的杰作，自从有了雕塑家伟大的想象力之后，那块大理石就不单单是冰冷

▲贝尼尼的雕塑《圣特雷莎的狂喜》

的石头，而是满含着痛苦和甜蜜的综合情感。在罗马，我常常会被贝尼尼以及其他雕塑家的雕塑精品深深打动，正如歌德所说："我们不问情况和理由，只管顺其自然，感叹于那些不可估量的艺术。"

我们没有去歌德最喜欢的距离科尔索大道不远处的阿根廷剧院，而是在住处旁边的罗马歌剧院看了普契尼的三幕歌剧《托斯卡》，这是与米兰斯卡拉歌剧院和那不勒斯圣卡洛剧院齐名的意大利三大歌剧院之一，除了入场检票，幕间休息时可以随便出入。20点开演，22点15分第二幕结束开始幕间休息，但规定的半个小时过后演出迟迟没有动静，在观众持续喝倒彩的声音中，广播

里才说是出现了一点故障，希望大家耐心等待，结果又等了半个多小时才开始演出第三幕。这让我触景生情，想起了世界最著名的女高音玛丽亚·卡拉斯的一段逸事。1957年12月末，玛丽亚·卡拉斯在这家剧院演唱意大利作曲家贝里尼的歌剧《诺尔玛》，第一天晚上的演出非常成功，但因为剧院没有开暖气，她突患感冒，第二天晚上演出时严重失声，只好取消了第二幕以后的表演，观众都是花了几万里拉买的票，没能看完全剧，心有不甘，进行了疯狂的抗议和辱骂，成为剧院和玛丽亚·卡拉斯之间一段很不愉快的经历。

在罗马期间，正逢俄罗斯指挥家特米尔卡诺夫在圣塞西莉亚剧院指挥圣塞西莉亚音乐学院管弦乐团演出六场音乐会，太太是特米尔卡诺夫的超级粉丝，提前就买了连续两晚同一套曲目的门票，曲目是我们都酷爱的肖斯塔科维奇《第五交响曲》和鲁岗斯基弹奏拉赫玛尼诺夫的《帕格尼尼主题幻想曲》。然而到了罗马之后，剧院说特米尔卡诺夫因病不能前来，让太太非常失望，去剧院退票之后，晚餐都吃得很少。

傍晚，我们从第二次去的卡比托利欧博物馆出来，因为距离预定的晚餐时间还有两个小时，所以打算看看周围的街景。穿过天庭圣母玛利亚教堂时，看到有乐队在排练，原来这里马上就要演出贝多芬《第九交响曲》的慈善音乐会，索性在座椅区的后面站着听完了整场。指挥和格罗塞托市交响乐团都名不见经传，虽然乐团的水平和教堂的音效都不算出色，但对我们来说，算是歪打正着。

▲在天庭圣母玛利亚教堂站着听贝多芬《第九交响曲》

▲建于公元前2世纪的海克力斯神殿

▲公元前11年建成的马切罗剧场遗址，如今楼上已被改建为公寓

在歌德和欧美艺术家、哲学家与作家们经常光顾的希腊咖啡馆点了咖啡和提拉米苏，在巴贝里尼广场的巴贝里尼鱼（Pesceria）餐厅连续两晚点了用一个大方盘盛的意大利式生鱼片，在市中心米其林一星我的朱利奥·特里诺尼（Per Me Giulio Terrinoni）餐厅品尝了数道风味独到的海鲜和精美的甜品……既有景

▲从圣天使堡远眺梵蒂冈圣彼得大教堂

深醉人眼，又有味醇入心田。

▲巴贝里尼广场一家餐厅的生鱼片

有一句意大利语说"Roma, non basta una vita（即使穷尽一生，也难以阅尽罗马）"，这和"条条大路通罗马"一样，都在形容罗马的包罗万象与四通八达。我们在罗马住了十三天，却依然还有很多没去成的地方，歌德说："一个人如果看到了罗马，他就看到了一切。"若是都看全的话，又会如何呢？

33 蒂沃利

　　古罗马皇帝哈德良博学多才，年轻时就热衷于研究古希腊文化，在雅典花费了大量时间钻研建筑和美学。登基之后，因为不喜欢住在罗马的宫殿，他利用所学到的知识，自行设计了哈德良别墅，从公元 118 年开始，他将在希腊收集的大量古希腊雕塑和镶嵌画等艺术品用于这座皇家禁苑的建设之中。紧接着在公元 126 年，他又下令将罗马早期的一座神殿改建为万神殿。

　　万神殿成为保留至今最完美的古罗马建筑之一，但哈德良别墅却早已破败，成了一片废墟。为什么两座建筑会有截然不同的命运呢？因为万神殿从 7 世纪开始一直是教堂，而哈德良别墅从 3 世纪以后不再被使用，中世纪时更被当作采石场，后来逐渐被人们遗忘。直到 15 世纪晚期，从佛罗伦萨兴起的文艺复兴传到罗马，贵族们发现三十千米之外的哈德良别墅里有很多古希腊和古罗马文化的遗迹，为了加以借鉴和模仿，也为了建造自家园林，便竞相拆解并搬走了宫殿、神殿、广场、剧场、图书馆、柱廊、花园、喷泉、浴池、蓄水池中的石柱、壁龛、雕塑等等，其中拆运数量最多的人之一，就是伊波利托二世·德·埃斯特。

　　埃斯特出身于文艺复兴时期统领费拉拉公国的埃斯特家族，祖父酷爱音乐并重金资助众多的音乐家，希望将小小的费拉拉打造成欧洲的音乐中心；父亲赞助过乔凡尼·贝利尼和提香等威尼斯画派的画家，也喜欢演奏鲁特琴；姑姑是嫁给曼托瓦侯爵弗朗切斯科二世·贡扎加的才女伊莎贝拉·德·埃斯特。在这样一个崇尚艺术的家庭里，埃斯特自小就学会了拉丁语和希腊语，积累了非常渊博的学识。

十岁时，埃斯特继承了叔叔的米兰教区总主教一职，父亲想让他成为教皇的主要助手，但因父亲与教廷之间有矛盾而未被选中。三十岁担任红衣主教之后，埃斯特意欲成为教皇，四十岁时第一次参选却名落孙山；第二年，他被任命为蒂沃利总督，实际上是教皇看破了他的企图而将他外放，但埃斯特仍然渴望重返罗马，此后又相继六次参选，均以失败收场。

担任蒂沃利总督之后，埃斯特收购了当地一所修道院，聘请罗马建筑家和考古学家皮罗·利高里奥帮他改建成官邸，最初并没有想要建成很大的规模，但参选教皇屡屡受挫而不能重返罗马之后，为了发泄愤懑的情绪，家财万贯的埃斯特买下了修道院附近的山谷，开始修建一座庞大的埃斯特庄园，用来散心解闷。

皮罗·利高里奥一直在哈德良别墅从事考古挖掘工作，按照埃斯特的想法和要求，这位谙熟哈德良别墅布局和构造的考古学家搬来了大量石柱和雕刻等能够用于庄园建设的物件。然后又以建筑家的身份，依着地形做了非常精密的规划设计，其中最大的亮点是建了两条水槽，引入流经蒂沃利的河水，设计了一整套庞大而复杂的喷水系统，全靠重力来汲水和循环，让整座庄园里的五百多处喷泉自如喷洒，与当今使用电力与水泵设施的喷泉系统相比，毫不逊色。

因为这里的喷泉非常壮观，参观的路线一般都是自下而上，一边攀爬陡峭的石阶一边看左右两侧的各种喷泉和雕塑。但我们却反其道而行之，先去看了房间内那些矫饰主义的壁画，以便让情绪有一个渐进的过渡。出门之后听到了水声，眼前出现了一段一百多米长的平台，看到的第一个喷泉，既不是擎天柱式的喷涌，也不是仿瀑布式的倾泻，而是并列成两排的一百只石刻的动物，水从动物口中流出一道道抛物线，弧度、力度、宽度、节奏和声响几乎相同，远远望去，就像是一群动物在狂欢节上合唱一般。

▲埃斯特庄园景色

在庄园里看到的雕像，由埃斯特和皮罗·利高里奥共同商议之后选定，放置在各式喷泉附近。公元前10世纪，古希腊在位于土耳其的以弗所建立了一个高度文明的港口城市以弗所，在古罗马帝国时期，以弗所的规模仅次于罗马，城内到处都是古希腊和古罗马的雕塑，但正如本书下一个章节将要讲到的奥斯提亚安提卡一样，随着地貌的变迁和入海口淤泥的不断堆积，以弗所逐渐被埋没。文艺复兴时期，人们从以弗所遗迹中发掘了大量雕塑，其中最多的是古希腊和古罗马神话中的众神石像，例如有很多乳房而被视为滋养、丰收和繁育象征的狩猎与生育女神阿尔忒弥斯、爱上仙女阿马尔菲的半人半神赫拉克勒斯、爱神与美神维纳斯、月亮和橡树女神狄安娜等等。皮罗·利高里奥参考了这些出土的众神石像，在埃斯特庄园里进行了大量的仿造。除此之外，他还搬来了太阳神阿波罗和九位文艺女神的居住灵地帕那苏斯山以及其他古罗马城市里的雕塑，连同哈德良别墅里的雕塑一起，让埃斯特庄园成了存放古希腊和古罗马雕塑的王国。不知内情的人会误以为进入一座展出古希腊和古罗马雕刻作品的露天博物馆，前来庄园欣赏喷泉的宾客会向埃斯特询问那些雕刻，埃斯特会口若悬河般详细解释，常常陶醉在滔滔不绝的快感之中。

▲庄园里的雕刻

　　顺着台阶下行，越往下，水声越大，尤其是建在地面上那座壮观的喷泉墙，在万里无云的晴空下，从白色的水幕上不断映现出一道或两道彩虹。最令人称奇的是通过喷泉演奏管风琴的一套装置。1566 年由两位法国的喷泉工程师设计制作，水夹带着空气从高处以螺旋形状垂直落下，拍打了水槽底部之后，水会与空气分离，水就成为转动八音盒圆筒的动力，而空气进入管风琴的风箱，管风琴就会响起来。

▲庄园里的喷泉

古典音乐的乐迷都喜欢听匈牙利作曲家和钢琴家李斯特写的《旅游岁月》，这部钢琴组曲分为《瑞士》《意大利》和无标题第三集三个部分。李斯特于1861年移居罗马，1865年开始住在埃斯特庄园，他每天都会在这里望着从喷泉涌出来的形状从不重复的水柱以及浓郁的松柏，在组曲第三集中写了《埃斯特庄园的绿庄》和《埃斯特庄园水的嬉戏》，这两首钢琴曲给了后人很多启发。20世纪法国作曲家德彪西写的《水中倒影》、拉威尔写的《水之嬉戏》等印象主义音乐，就受到了李斯特的很多影响。

▲李斯特纪念牌

　　看过埃斯特庄园的喷泉之后，我在家里再听《旅游岁月》，尤其是雨天，更能听出既有悲情也有欢愉的真情实感，那些余韵富有诗意，最能在俗世里缓解自己的情绪。

　　庄园里有一个地方可以远眺罗马，居高临下，视野极佳。我见王梓正扶着石栏看夕阳，就迅速按下了快门，这样的场景马上

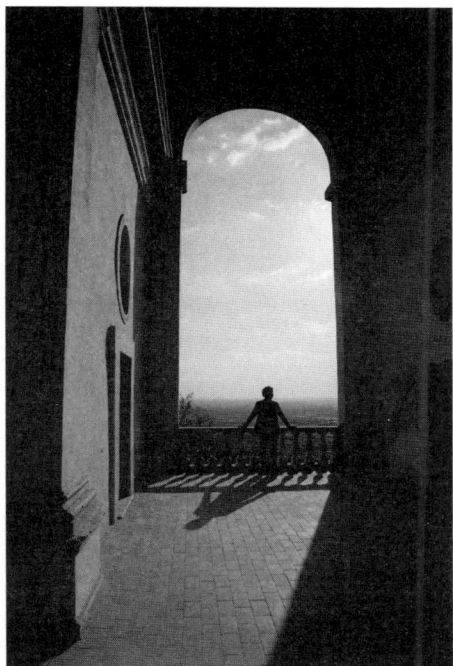

▲王梓沐浴在埃斯特庄园的夕阳中

让我想到了埃斯特。四百多年以前，埃斯特也会站在这里望着罗马的方向，远处的水声声声入耳，他的心情却是百感交集。埃斯特曾经赞助过文艺复兴时期意大利最杰出作曲家之一的帕莱斯特里纳，如果作曲家也站在这里，我觉得一定会为了安慰埃斯特的心绪，为他写一首《牧歌》。

34 奥斯提亚安提卡

在罗马西南三十千米靠近菲乌米奇诺机场的地方，有一个城市与古希腊和古罗马时期的以弗所相同，都以繁忙的港口和发达的贸易而富甲一方。据史学家考证，奥斯提亚安提卡最早兴建于罗马王政时代的公元前620年前后，比以弗所晚三百年左右。这里最初兴建的是防护设施，主要目的是为了保护在第勒尼安海和台伯河交汇处蔓延开来的盐田，因为当时的罗马远远不如古代希腊城邦国家那样发达，流通和支付的货币不是古希腊的银币，而是奥斯提亚安提卡海滩盐田晒出来的盐。

公元前3世纪，古罗马和古迦太基为了争夺地中海的霸权，进行了三次战争，为了抵御入侵，人们又在台伯河入海口不断修建军港、军营和城墙等防御工事，奥斯提亚安提卡也因此逐渐具备了一个城市的规模。古罗马赢得战争的胜利之后，随着战事的减少，军港变成了商港，地中海沿岸的物资源源不断地通过这里运到罗马，奥斯提亚安提卡成了距离罗马最近也是最便捷的中转补给站。到了2世纪，城区规模越来越大，又相继建了城门、神殿、剧场、广场、议事堂、公共浴场、商店、餐厅及仓库等公共设施和大量住宅，人口最多的时候超过五万人，成为罗马帝国一座十分繁华的大城市。

3世纪时，古罗马帝国皇帝克劳狄一世在台伯河北岸修建了一座新的港口，严重影响了南岸的奥斯提亚安提卡，致使货物大量分流。祸不单行的是，南岸又发生了大规模的疟疾，人口不断减少，活下来的人们陆续离开这里迁往其他城市。此后，随着台伯河水的泥沙在入海口层层堆积，淤泥将奥斯提亚安提卡逐渐吞没。历经几代人的变迁，没有人会再提及这座港口城市，奥斯提亚安提卡被彻底遗忘。

我们去的那一天，蔚蓝的天空上只飘着几朵白云，空气格外通透而清爽，被发掘出来的古城，无论是贯穿东西和南北的两条石板铺装的道路，还是没有了屋顶的断壁残垣，都像是刚刚被雨水冲刷过了一般，透露出繁盛的底色。无名的野花在微风中轻轻地摇曳，如同在和行走的人们轻声细语地交流，用红黄两色的花瓣告诉人们，古城已经苏醒，而且没有经过大量的修复，只是最大可能地恢复了原貌而已。

▲一个儿童站在发掘出土的广场石雕像前

走在被发掘出来的道路上，会发现这里的道路中间不像庞贝那样凸出，这是因为当初建造了一整套非常合理的上水和下水道系统。古罗马时期，因为人口密度很大而修建了名为"因苏拉"的建筑，一楼是店铺和餐厅，二楼是起居住宅，这种构造如今在罗马和其他大城市早已荡然无存，但在已重建天日的奥斯提亚安提卡却可以看到它的原貌。虽然原来的木头门窗早已腐朽，但其他部分都保存得相当完好，成为后人了解古罗马民居建筑的重要实物参考。

▲发掘出土的城市遗址

街道上有众多用红砖砌成的保存小麦和谷物的仓库，说明当时的粮食运输和仓储业都十分发达。与庞贝那些众多的小型作坊相比，这里的面包坊数量较少但面积很大，连同那些L形柜台的外卖餐厅一起，彰显出只有在人口密集的城市才会显现出来的庞大消费能力。至今，陆陆续续已被发掘出来的店铺将近八百一十家，站在高处或走上石阶之后，能看到每一家的地面上都有标志着业种的镶嵌画图案，虽然颜色单调了些，但如果不是被掩埋着，早就被后人扒掉而重新盖上了新建筑。

▲从地面上的渔船和鱼的镶嵌画图案来看，这里以前是鱼虾店铺

走着走着，就看到了卡比托利欧神殿，它没有了房顶，分散在四周的圆形石柱也大都断裂，只保留了石阶和建筑主体，但其庄严的气势，与其他散落的宗教建筑一起，反映出当时的古罗马在古希腊泛神论基础上继续奉行多神信仰的包容性。

▲卡比托利欧神殿

剧场也是古罗马城市中必不可少的大型设施，与那些建在僻静山谷中依照倾斜的山势而建的古希腊剧场不同，奥斯提亚安提卡的露天剧场建在平坦的河床边上，能够容纳四万多名观众，可以想见当时的设计者独具匠心的选址与布局。虽然乐池和舞台上的相关设施早已坍塌，但坐在观众席上，依然可以想象古罗马人在澄澈星空下一边享受着清爽的海风一边沉醉于剧情中的场景。

▲露天剧场

王梓说他在汤布里奇公学的英国同事来奥斯提亚安提卡旅游的时候发现，若是拂去地上的泥土，可能会现出被掩埋了两千多年的镶嵌画。在没有向导的情况下，我们看到的都是已经被清理出来的地面，也不知道哪里的泥土底下会覆盖着意想不到的惊喜，但走在砖墙和楼房之间的感觉相当奇妙，尤其在周围没有其他游客的时候。

过去，人们一直认为在已经发掘出土的古罗马城市里，庞贝最大，奥斯提亚安提卡次之；但在 2014 年，英国和意大利考古学家通过考古和发掘，发现奥斯提亚安提卡的面积比庞贝还要大，随着发掘的不断深入，估计还会有更多新的发现。

文艺复兴时期，作为历史学家和诗人的教皇庇护二世曾经写过一首《挽歌》，慨叹奥斯提亚安提卡被无情掩埋的悲惨境遇。那种心情在当时是哀叹，在如今就变成了感慨。在意大利，能够保存至今的古罗马建筑大都零零散散并且数量稀少，但在奥斯提亚安提卡，可以一次性看到更多，与庞贝一样，这里是引发怀古幽情的不二之选。

35 梵蒂冈

在意大利发表处女作《意大利绘画史》的司汤达在文学上名标青史，也在医学史上留下了自己的美名。

1817 年，这位法国作家在佛罗伦萨圣十字教堂的一个小礼拜堂看乔托的湿壁画《圣方济各之死》时，突感头晕，他在用笔名"司汤达"发表的游记《罗马、那不勒斯和佛罗伦萨》中写下了当时的情景："我来到了这样一个地方，艺术与激情让上天和我成了天人合一的状态，以至于离开圣十字教堂时，我心跳过速，感觉人生就此枯竭，走路时都害怕摔倒。"

20 世纪 70 年代，意大利的医生陆续接触到一些病例，一位精神科医生从 1982 年开始进行临床诊断，发现来自西欧和北美的二十五到四十岁独自出行的男性游客在意大利的美术馆看画时，会惊恐、心悸、胸痛、昏厥甚至出现幻觉，恢复正常的时间长短不一，短则几个小时，长则一到两周。医生们在排除了器质性病变和神经官能症之类的功能性疾病之后，认为原因是来自眼前强烈的冲击感与夙愿以偿的幸福感所形成的合力，引发了患者完全不能控制的过于兴奋和激动的情绪。过去在临床上从来没有遇到过这样的症状，因为司汤达做了最早的表述，医学界便将其称为"司汤达综合征"。

罗马有九十多家博物馆和美术馆以及九百余座大大小小的教堂，人们从中挑选出自己最想去的二十几家，根据审美疲劳的程度，可以随时调整原定的行程，从而张弛有度，给大脑一个缓冲的空间。但梵蒂冈却不同，就算在一到两天之内只去梵蒂冈博物馆和圣彼得大教堂两个地方，也很容易在多如繁星的伟大艺术品中头晕目眩。有报道说，每年至少有几名欧美单身男游客在圣彼得大教堂突患"司汤达综合征"。

梵蒂冈位于罗马的西北部，在罗马帝国的鼎盛时期，伊特鲁里亚人常常在这里进行占卜，英语中梵蒂冈的"Vatican"，就是源自拉丁语中占卜之意的"Vaticinia"。在君士坦丁一世统治时期，基督教成为罗马帝国的国教，地位越来越显赫，影响力也越来越大，教宗以居住地的梵蒂冈和罗马为中心建立了教宗国，将罗马作为首都。到了 15 世纪中期，教宗国的国土面积达到一万七千多平方千米。19 世纪下半叶，意大利结束了四分五裂的状态，在收回了包括罗马在内的教宗国大部分领土之后，打算收复梵蒂冈，从而建立一个完全统一的国家，然而却遭到了退守在梵蒂冈的教宗的强烈阻挠，双方僵持了五十多年。意大利未能彻底统一的另一个原因来自全世界数以亿计的天主教信众，在信众们看来，梵蒂冈是心目中的圣城，不应该被纳入意大利这一个国家的版图，只能继续维持独立国家的地位。迫于全世界尤其是本国天主教信众的强大压力，1929 年 2 月，墨索里尼政府与教宗签订了条约，同意梵蒂冈的独立权与领土权，这便是目前简称为梵蒂冈的梵蒂冈城国的由来。

从表面看，梵蒂冈是罗马的城中之国，国土面积只有 0.44 平方千米，仅用城墙作为与罗马的分界线，但两个国家却是藕断丝连，那种千丝万缕的联系，在艺术上表现得最为明显。

1984 年，梵蒂冈全境均被列入世界遗产，在全世界独此一例。

有着五百多年历史的梵蒂冈博物馆是境内唯一对外国游客开放的博物馆，云集了十五万余件历代教皇收藏的艺术品。如果将分布在一千多间展室和五个艺术长廊中的展品全部看完，行走的长度在七千米以上，约需两天的时间。我们不想早去晚回赶在一天之内看完，所以事先选择了特别想看的重点展馆，将行程分成两天，尽管如此，两天下来，大脑还是被塞得满满的。

▲梵蒂冈博物馆地图馆一百二十米长廊上金光灿灿的拱顶湿壁画

博物馆的门票需要提前预订，否则就要在门口排长队，既浪费体力又索然无味。去西斯廷礼拜堂看米开朗琪罗的湿壁画《创世纪》和《最后的审判》的人，永远都比在佛罗伦萨学院美术馆看米开朗琪罗的雕塑《大卫》的人还要多，还要拥挤，除非一大早博物馆一开门就去，或者快闭馆前找准时机，否则只能随着滚滚人流向前慢慢挪步，那种感觉令人相当不快。好在进入不允许拍照的礼拜堂内，看到穹顶和四周墙壁上的湿壁画，拥挤带来的沮丧就会烟消云散。米开朗琪罗于1508—1512年完成的《创世纪》中，那些娴熟的技巧和令人叫绝的画面，完全就是人类情感与美感融合的终极体现。礼拜堂四周的长椅上总是坐满了疲惫的游客，毕竟要充分领略米开朗琪罗的绘画艺术，基本上只能长时间站着用望远镜仰望。在看墙上《最后的审判》时，我想起了达·芬奇在米兰圣玛利亚感恩教堂弃用湿壁画画法的《最后的晚餐》，如果达·芬奇当时没有标新立异，他留下来的作品，一定不会千疮百孔，而是与《创世纪》和《最后的审判》一样精彩绝伦。

　　我们停留时间最长的地方还有博物馆里的署名室，也就是拉斐尔绘制湿壁画的四间画室的其中一间。在米兰盎博罗削画廊看了拉斐尔《雅典学院》的草稿，再在这里欣赏绚丽壮观的画面，我对作画时只有二十五岁的拉斐尔产生了更多的敬意。我觉得，如果只用一幅画来说明意大利文艺复兴在人类历史上的影响，这幅《雅典学院》就是最好的概括，因为拉斐尔将苏格拉底、柏拉图和亚里士多德等古希腊以及古罗马的哲学家与思想家聚集一堂，同时也将自己画在画中，其目的显然是要宣扬这样一种理念：正是拉斐尔生活的年代彻底复兴了古希腊和古罗马所崇尚的理性精神和审美理想，才让人类站到了平等、和谐与自由的殿堂。

房间内除了西墙代表哲学的《雅典学院》，还有南墙代表诗学的《帕那苏斯山》、东墙代表神学的《圣体的争论》和北墙代表法学与道德的《三德像》三幅湿壁画。我特别喜欢富有诗意和暖意的《帕那苏斯山》，它先于《雅典学院》绘制完成，虽然没有后者那么深厚的哲学底蕴，但却是一幅充满诗情画意的图景。太阳神阿波罗与希腊神话中主管文艺的九位缪斯女神围拢在居住地帕那苏斯山，拉琴的阿波罗与他左右两边的女神，代表了音乐、牧歌、舞蹈、喜剧和抒情诗等美好情操；站在阿波罗右侧的，分别是侧身站立穿着红色长袍的但丁、穿蓝色长袍的古希腊诗人荷马和穿着绿色长袍的维吉尔，站在画面最下方的是彼特拉克和薄伽丘等文艺复兴时期的诗人与作家。这是拉斐尔做出的最明显的提示，文艺复兴的先驱与实践者们用虔诚的心态，承接了古希腊和古罗马的传统，从各个角度和层面给人类带来了如同画面般温馨美好的愿景。拉斐尔的构图也充分展示了他的天赋，按瓦萨里在《艺苑名人传》里的说法，是"上苍赐予他在我们的艺术中产生一种与我们诸画家的特质有截然不同的效果的力量"。

▲署名室里拉斐尔画的《帕那苏斯山》全图

▲《帕那苏斯山》局部：左一但丁、左二荷马、左三维吉尔

　　我们去了两次圣彼得大教堂，第一次冒雨在广场上排队五十分钟等待购票，接受了在欧洲所有国家都没有经历过的最严格的安检，排到售票窗口的时候已然冻得瑟瑟发抖。在玻璃罩外看完米开朗琪罗二十二岁时用一整块大理石完成的成名作《圣殇》之后，就把这位文艺复兴时期最伟大的雕塑家在意大利和梵蒂冈的四尊哀悼耶稣死亡的雕塑看全了，这是一种巨大的充实感和满足感。

　　在无与伦比的圣彼得大教堂内外，怎么可能忽略 17 世纪意大利最伟大的巴洛克艺术家贝尼尼呢？到了梵蒂冈就会强烈地感觉到，如果说在罗马看的分散在美术馆和教堂里的贝尼尼雕塑是近在咫尺的惊奇，那么到了圣彼得大教堂就会受到宏观上的强烈震撼。在教堂内沿着狭窄的螺旋状楼梯登上穹顶之后，可以看到眼前容纳三四十万人的椭圆形广场，贝尼尼用最完美的平衡感，营造了眼前那一片壮阔、宏伟的气势。走进广场的时候，又会产生感动内心的亲近之感，贝尼尼在广场两侧矗立起弧形的多立克柱式圆柱二百八十四根，每根圆柱高十五米，共计四排，象征张开双臂的拥抱以及来自圣彼得大教堂的慈爱与关怀。在广场的中央有一座二十米高的来自四千多年前的埃及方尖碑，左右各有两个喷水池，方尖碑与每个喷水池中间有一个白色大理石的圆圈，上面刻着"Centro del Colonnato（柱廊中心点）"的字样，中心点是黑色的圆盘，站在圆盘望向左右两侧，就会发现原来交错的四列圆柱，竟然变成了一条直线。

▲在圣彼得大教堂穹顶俯瞰贝尼尼设计的教堂广场

这就是贝尼尼的神奇，在梵蒂冈欣赏 17 世纪最伟大的艺术大师的非凡杰作，正如司汤达所说，是"一生中所遇见的最为宏大和最令人感动的画面"。意大利人从小就对那些伟大的绘画、雕塑和建筑司空见惯，因而对"司汤达综合征"具有先天的免疫力，其他欧美游客在自己国家的美术馆明明也会看到文艺复兴时期的艺术品，为什么到了意大利，就会不由自主地失控呢？

南线

　　2018 年的南线之行，最震撼的是西西里岛。先去了有着异国情调的巴勒莫，然后是流光溢彩的蒙雷阿莱、犹如梦回古希腊的塞杰斯塔、古希腊神殿集中地阿格里真托、金光灿灿的巴洛克之城诺托以及西西里的宝石陶尔米纳。从墨西拿乘船回到陆地，去了具有颓废之美的马泰拉、保存着壮观古希腊神殿的帕埃斯图姆、重见天日的古罗马城市庞贝、虽杂乱无章却令人难忘的南部第一大城市那不勒斯。意大利南部的人的确比北部和中部都慵懒，但放慢节奏，是更有人情味的休闲生活，"慢食运动"所提倡的，就是这样一种态度。

36 巴勒莫

从罗马到西西里大区首府巴勒莫的航程只需要一个小时，飞机将要在山海之间的跑道上着陆的时候，舷窗外的风景与飞抵都灵和博洛尼亚的感觉完全不同。看过莫妮卡·贝鲁奇主演的电影《西西里的美丽传说》之后，一直对地中海最大的岛屿充满了好奇，如今，马上要从巴勒莫开启十几天的西西里岛的旅程，也即将以南部之旅来结束连续三年的意大利壮游，我的心情就像机场咖啡馆里那杯重口味的玛奇朵，在奶泡的下面，浓缩了更多的复杂情感。

与从伦敦直飞过来的王梓会合之后，坐上事先预约好的出租车前往市内一家由 16 世纪建筑改建的民居。机场距离市区三十多千米，车窗外高耸的椰树和其他的亚热带特征不断提醒我们，这是以前从未见过的另一种意大利风情。越靠近市区，越感觉不到中世纪和文艺复兴遗存的气氛，六七层的普通民居与华丽的巴洛克式建筑没有规律地穿插组合在一起，灯光都是暖色的，不约而同地展现出对于尘世的热情。

南部之旅中最为辛苦的是瓦伦汀，他前一天早晨从洛桑开车到热那亚，住了一晚之后，第二天再坐轮渡到巴勒莫，此后还要拉着我们三个人环绕西西里岛的其他城市。当天晚上给他接风，菜单上全是从当地捕捞的和从法国进口的海鲜，我们点了生蚝、章鱼沙拉、蓝鳍金枪鱼和其他鱼类的生鱼片拼盘、烤海鲜串等等，这是第一顿意大利南方的海鲜，四个人都吃得不亦乐乎。

巴勒莫位于地中海的中部，公元前734年，腓尼基人首先在此建立港口，从而掌握了地中海贸易的主动权，因为具有得天独厚的地理优势，此后这座港口城市又相继被古希腊人、古罗马人、东日耳曼的汪达尔人、东哥特人、阿拉伯人、诺曼人、法国人以及西班牙人占领。

最早给巴勒莫和西西里岛输入先进文化的是阿拉伯人，902年，他们建立了以巴勒莫为首府的西西里酋长国，带来了当时最先进的知识，尤其是岛内没有的各种农作物以及灌溉技术，将西西里岛建成了一个农业和商业都十分发达的伊斯兰国家。阿拉伯人还将丰富的建筑工艺与经验传授给当地人，在岛内兴建了大大小小三百多座清真寺，其中最大的一座，就是利用公元4世纪教堂基础加以改建的现今的巴勒莫大教堂。

1057年，诺曼人——一个定居在法国诺曼底公国的骁勇善战的民族开始南下，从阿拉伯人手中夺得了意大利南部的大部分领土，1130年建立了西西里王国，1185年又将阿拉伯人的清真寺改建为基督教的巴勒莫大教堂。王国的首任国王罗杰二世除了拥有卓越的政治才能，还在学术和艺术方面有着深厚的造诣，他网罗了欧洲最优秀的数学家、地理学家、艺术家和工匠，大兴土木，让巴勒莫充满了异国情调。这位国王并不排斥阿拉伯人的传统，将阿拉伯语、希腊语和拉丁语都作为王国的官方语言，伊斯兰教和基督教共生共存，创造了一种非常融合的地域文化，这在中世纪是非常难能可贵的举措，巴勒莫也由此成为东西方交流的枢纽。诺曼人吸收了伊斯兰文化的一些理念，新建了许多阿拉伯式的建筑物，在对巴勒莫大教堂改造的过程中，改建了诺曼式的半圆形殿堂，但也保留了阿拉伯人原有的清真寺内的一些装饰，因而，联合国教科文组织 2015 年将巴勒莫大教堂列为世界文化遗产时，认定这座教堂是阿拉伯－诺曼风格的建筑，这种表述，在西西里岛以外的地方并不多见。

在经历了哥特式、拜占庭式、阿拉伯式、诺曼式、文艺复兴式以及巴洛克式等一轮又一轮的审美转换之后，巴勒莫变成了各种文化交织的万花筒。巴勒莫大教堂更是将各种建筑风格巧妙融合成一体的典范，以其综合性的风格，对这座城市的复杂历史作出了最直观、最生动和最形象的诠释。

大多数游客只侧重于看教堂的正面和内部，而忽略了最令人赞叹的后殿。因为事先做好了功课，我们先从后殿开始看起，在锯齿形的垛墙之下，最精美之处在于交叉拱门的形状，那些复杂的几何形状的图案，是典型的阿拉伯人的技艺，有着高度的对称性和美感。绕到大教堂正面宽阔的院落之后，展现在眼前的既有 13 世纪受到哥特式风格影响而建的尖塔和钟楼，又有 15 世纪西班牙加泰罗尼亚风格

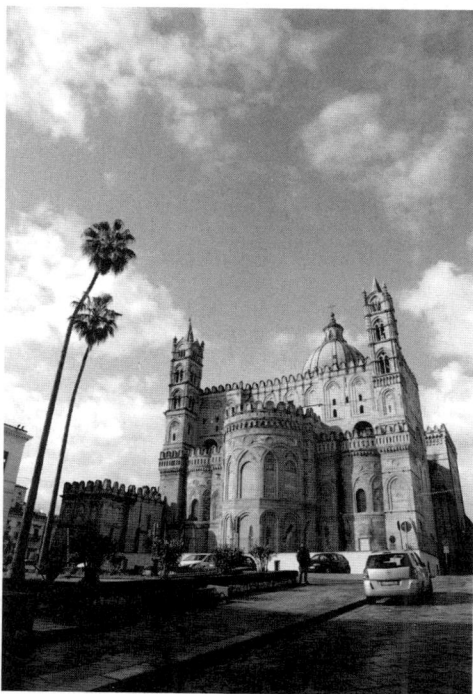

▲巴勒莫大教堂的后殿

的门廊与门柱，还有 18 世纪最后一次施工时增添的中央圆顶，如此截然不同的风格组合在一起，竟浑然天成，毫无违和感。进入教堂，看到的内部装修是非常简洁的新古典主义风格，与外观多姿多彩的杂糅形成了巨大反差。教堂内部原来有一整面的镶嵌画，遗憾的是后来在大修的时候被全部拆除，只留下了大门上方的圣母与圣子，殊为可惜。

从巴勒莫大教堂走去诺曼王宫的途中，湛蓝的天空、卷积的白云、弯曲的黄土路和碧绿的棕榈树构成了一幅绚丽的风景画，仿佛故意为我们要去的下一个景点做了预示般的铺垫。诺曼王宫是一座四层楼的长方形建筑，现在是西西里市议会的所在地，最初由阿拉伯人兴建，此后的诺曼人和西班牙人多次对其内部进行改造，但唯独金碧辉煌的帕拉蒂纳小教堂被完好地保留下来。来诺曼王宫，只有这座长三十二米、宽十二点四米的小教堂最值得一看，其余的可以忽略不计。罗杰二世加冕之年的 1130 年下令修建了这座供他个人使用的礼拜堂，历时十三年改建完成，这位国王对待宗教信仰采取了极其宽容的政策，因而王国内的意大利人、希腊人、阿拉伯人、诺曼人和犹太人都能和平共处，这座小小的礼拜堂，正是伊斯兰教和基督教信众中的工匠们联合完成的杰作。在四周都是拱形结构的圆柱之间有一扇小门，进去之后，会先看到伊斯兰建筑装饰性拱顶的钟乳石檐口，在里侧的穹顶与四周，用金色附带少量蓝色的石片，将创世纪、耶稣的生涯、圣彼得和圣保罗等故事镶嵌成神圣的画面。墙面上的镶嵌画固然精彩，但最大的亮点在主祭坛上方，耶稣的面部犹如被画笔涂上深浅不同的颜料，不戴望远镜的话，用肉眼根本看不出来是用各种颜色的石片拼贴镶嵌而成的作品，尤其是耶稣的头发和胡须堪称一绝。

▲诺曼王宫里的帕拉蒂纳小教堂

▲帕拉蒂纳小教堂里的耶稣镶嵌画

走出诺曼王宫，在1996年开业的诺阿玛尼小餐馆（Trattoria ai Noamanni）吃午餐。"Trattoria"在意大利是"小餐馆"之意，比意大利语"餐厅"的"Ristorante"低一个档次，无论是内部装修、菜式、配酒和价位都更加大众化。这是我们第一次选择在小餐馆用餐，一顿饭下来，感觉比很多餐厅的味道更美，价格也更便宜。

按照惯常吃法，我们每个人各点了一道头盘，四个头盘依次端上来之后，每人都分一点，就是为了尽可能多地品尝更多样式的西西里岛美食。

第一道的生鱼被切成碎片，只加了柠檬、杏仁、橄榄油和罗勒叶，而没有任何咸、辣、酸或甜的调味料，完全不腥，体现出鱼肉最质朴的味道。章鱼用开水稍微一焯，口感刚刚好，加了土豆、番茄、豆子、罗勒、柠檬和很少的海盐，西西里岛的菜果然有别于北部尤其是山区的高盐菜品，很有清心寡欲的意思。炸鳕鱼球配腌圆葱是最大的惊喜，鳕鱼肉被油炸后外酥里嫩，与腌成酸甜口味的软圆葱片一起食用，让我大有相见恨晚之感，以致后来有朋友让我介绍巴勒莫的主要景点，我没有先推荐大教堂和有精美镶嵌画的小教堂，而是首推这道鳕鱼与圆葱，我觉得小饭馆的这道菜的搭配堪称绝配，可惜在此后的行程中再也没有享用过。我点的主菜是虾、箭鱼与石斑鱼馅的"包馅意面（Ravioli）"，在意大利还从未吃过如此细腻的虾肉，肉糜就像是被磨成二百目的超细粉，先是鲜味，然后会在嘴里留下一丝丝的微甜，虽清淡，却令我欲罢不能。四个人每次都会在餐后给所有的菜品和甜品打分排名，以前从来没有意见完全统一的时候，唯独这一次，大家异口同声地认为炸鳕鱼球配腌圆葱排名第一。就在继续点评的时候，主厨穿着绿色上衣推着甜品车走过来，西西里岛的甜品也很诱人，但如果点了，下午肯定会犯困，可是还有两个教堂要看呢。

下午先去的圣卡塔尔多教堂也是阿拉伯-诺曼式建筑，方形结构的顶部建了三个被涂成红色的圆顶，设计师和建设者都信奉伊斯兰教，虽然参考了天主教堂的建设经验，但内部却

▲炸鳕鱼球配腌圆葱

极其简约和朴素。毗邻的海军元帅圣母教堂的规模也很小，然而一进入里面，就会看到四周和穹顶布满了镶嵌画，在半球形的屋顶上，四个天使围绕着耶稣飞翔。虽然比拉文纳的镶嵌画晚了将近六百年，但看得出中世纪的绘画风格依然没有丝毫的进步，坐着的耶稣如同悬浮着，飞翔的天使就像匍匐着一样。尽管如此，在阿拉伯几何学式样的布局中，工匠们将金色石片磨到了最小的尺寸，算是把镶嵌画做到了极致。

▲海军元帅圣母教堂穹顶的镶嵌画

第三天早上，路过巴勒莫最热闹的巴拉洛集市，有一半的商铺还没有开门，路边的摊位上，摆着阿拉伯人和西班牙人从中世纪开始引入意大利的西红柿、茄子、土豆、辣椒、菠菜、橙子、柠檬以及意大利土生土长的洋蓟等各种蔬菜和水果，表面上一片祥和，看不出这里的商贩仍然要向黑手党缴纳保护费的任何迹象。在巴勒莫的新老城区，如果你好奇地问黑社会在哪里，没有人会告诉你，但答案其实就在少数零星商店的玻璃门上。从2003年开始，一群年轻人发起并成立了一个名为"Addio pizzo（再见，保护费）"的组织，号召大家拒交保护费，如果商家同意这个倡议，就要在门上贴出打着橙色叉号的圆形标签，意思是提醒前来收取保护费的黑手党，一旦进店，商家就会立即报警。然而，目前在巴勒莫只有七百多家响应者，整个西西里岛合计也就不到一千一百家，大部分商家依然选择息事宁人的做法。好在黑手党从来都没有跟游客过不去，甚至公开宣称保护游客，因而走在巴勒莫的街道上，一切都风平浪静。

　　离住处只有一二百米的马西莫剧院位于老城区和新城区交叉点的威尔第广场，这座占地面积将近八千平方米的建筑在欧洲仅次于巴黎大歌剧院和维也纳国家歌剧院，虽然也有少许古希腊神殿的特征，但更多的是19世纪中期的新古典主义风格。剧院内部设计注重线条的流动性，这些线条体现在圆形的穹顶、高达五层的包厢以及三千二百多个座位上。据称剧院的音效绝佳，但那几天没有任何演出因而未能实证。参观时进入圆形的庞贝厅，王梓站在最中间的圆点位置唱了几句格里高利圣咏，袅袅余音，洋洋盈耳，绝妙的回响彰显了声学设计的魅力。剧院里有一个外观富丽堂皇的皇家包厢，为当时统治西西里岛的波旁王朝的国王而建，但住在那不勒斯的国王看到这个包厢之后却大为光火，因为竟然比那不勒斯的还要奢华，说了一句"西西里不配拥有这样的包厢"之后扬长而去。此后意大利统一了，再也没有了国王或皇帝，皇家包厢自然而然地名存实亡。电影《教父》第三部曾在这个包厢里取景。

▲马西莫剧院夜景

▲马西莫剧院的皇家包厢

　　夕阳西下的时候，不到十分钟就能走到海边，晚风轻拂，没有涛声，却也没有令人陶醉的浪漫情调，因而我不太赞同歌德在《意大利游记》中写的巴勒莫有"世界上最优美的海岬"的说法。马西莫剧院经常演出威尔第的歌剧《西西里晚祷》，在歌剧的第

▲电影《教父》第三部的取景地——皇家包厢

五幕里有一首"感谢朋友"的咏叹调，其中的两句歌词就是我在巴勒莫住了两个晚上的心情："西西里的海岸，我多么希望这是平安喜乐的一天。"

37 蒙雷阿莱

　　距离巴勒莫十千米的蒙雷阿莱有一座大教堂，被称为西西里岛最伟大的诺曼式建筑之一，2015 年与巴勒莫大教堂和切法卢大教堂同时被列入世界文化遗产，我们最感兴趣的并非建筑本身，而是装饰在教堂里面的镶嵌画。

▲蒙雷阿莱大教堂外景

　　镶嵌画与蛋彩画和湿壁画一样，主要被用于早期基督教的传教活动，社会底层不识字的民众要了解《圣经》的内容，只有边看图画边听宣讲，才会有通俗易懂的感觉，也更容易记忆。正如 6 世纪与拉文纳镶嵌画同一时期的罗马教皇格里高利一世所说："文章对识字的人能起到什么作用，绘画对文盲就能起什么作用。"

蒙雷阿莱大教堂为什么会有世界最大面积的镶嵌画呢？

1166 年，罗杰二世的孙子，十二岁的威廉二世成为西西里王国的第三代国王，即位时没有任何从政经验，由其母亲摄政。威廉二世的父亲死后，原本是要葬于其祖父罗杰二世在位时期建造的切法卢大教堂，但遭到了巴勒莫大教堂的英国主教的反对。威廉二世亲政之后，为了彰显国王的权威，同时表达与巴勒莫主教抗衡的意志，便在蒙雷阿莱新建了一座教堂，建成之后，将父亲的灵柩从巴勒莫大教堂里迁出，安葬在这座教堂之内。

因为巴勒莫已经有了主教座堂，这位国王担心新建教堂会引起民众的误解和不满，左思右想之后，先将金银首饰埋在地里，然后对外散布说国王做了一个梦，狩猎回来之后的他正在树下午睡时，圣母玛利亚现身说："你所在的地方埋着财宝。"威廉二世在众多民众面前让人开挖，果然与梦中的场景一样，让充满好奇心的人们信以为真。他顺势提出要向圣母玛利亚表达感激之情，而最好的方式就是建一座呈现给圣母玛利亚的大教堂。

威廉二世在历史上被称为"好人"，但丁在《神曲》中给他安排进了天堂。他博学多才，精通多国语言，因为性格内向，便希望通过外在的形式来显示自己的能力，表现在蒙雷阿莱大教堂上。除了要修建十二座塔楼和高墙，在教堂里面还建了有二百一十六根立柱的回廊，如今看来也是蔚为壮观。尤其是他要求在装饰教堂内部的时候，镶嵌画的面积一定要超过祖父罗杰二世在诺曼王宫里的帕拉蒂纳小教堂。于是，工匠们沿袭了五百多年来曾在拉文纳使用过的技艺，在主祭坛与柱廊上方穹顶的所有空间里，做成了通体的镶嵌画。

▲蒙雷阿莱大教堂里的镶嵌画

　　柱廊拱券的上方分为上下两层，下层描绘的是《旧约》的场景，例如亚当和夏娃、挪亚方舟等等，上方则全是《新约》的场景。主祭坛上方凹形弧面上的耶稣半身像最为夺目，如果事先不知道那是镶嵌画而又不带望远镜的话，就会以为只是一幅湿壁画而已。若用望远镜慢慢地细看，也只能分辨出外衣上的细小方格的贴金石片。耶稣面部的皱纹、头发和胡须用米粒大小的石片切割打磨镶成，浓淡有致，疏密相间，最神奇的是面部两侧的红润光泽，

▲下层《旧约》中的挪亚方舟镶嵌画

▲主祭坛上方的耶稣镶嵌画

如果信众们站在教堂里仰望，就会立即被耶稣栩栩如生的面部表情深深感染。

巨大的耶稣像下，圣母和十二门徒姿态各异，在耀眼的金色之中，呈现出一种神圣的氛围。在总面积达六千多平方米的镶嵌画中，威廉二世特意强调了君权神授的思想以及他对圣母玛利亚的感激之情，左侧的镶嵌画是坐着的耶稣在给威廉二世加冕，右侧则是威廉二世跪着将蒙雷阿莱大教堂呈现给圣母玛利亚，以此来证明他当时的那个"梦境"为真。

古罗马帝国的拜占庭艺

▲威廉二世将蒙雷阿莱大教堂呈现给圣母玛利亚

术只是注重宗教的象征性而不以形体为基础，这种方式在中世纪的西西里王国也一直持续着，没有任何的改变。例如工匠们竟然连跪姿都做不出来，只能以屈膝来代替，古希腊和古罗马的绘画传统被彻底遗忘之后，这些不逼真的处理手法更适合中世纪的宗教理念。理解了每个时代各自具有的艺术形式之后，再看所有的镶嵌画，就不会受到形象是否生动这一思维定式的局限了。

走上蒙雷阿莱大教堂的观景台，可以看到蓝天白云之下的第勒尼安海岸，远处的巴勒莫大多是五六层以上的楼房，眼前的蒙雷阿莱的砖红色屋顶掩映在一片黄金般的谷地中。中世纪的工匠们也曾面对过这样的景致，然而他们在做镶嵌画的时候，竟然无动于衷，墨守成规，完全没有产生重拾古希腊短缩法的任何念头，实在是那个时代的一大悲哀。

▲在蒙雷阿莱大教堂顶端眺望远处的巴勒莫和第勒尼安海

38 塞杰斯塔

　　公元前8至6世纪，希腊的人口急剧增长，善于扬帆起航的古希腊人凭借着本身拥有的强大海军力量，不断向西部的意大利半岛、东部的小亚细亚半岛和南部的北非扩张，建立了一个环绕地中海的"大希腊"城邦。他们最喜欢距离较近的西西里岛以及意大利南部的沿海地区，登陆之后，陆续兴建了一些与本土形制完全相同的城镇，西西里岛由此变成了希腊在海上的西大门，这就是我们会在意大利本土南部和西西里岛看到古希腊的公共建筑神殿、露天剧场和竞技场遗迹的原因。

　　目前，保留尚算完好的遗迹，主要分布在西西里岛的塞杰斯塔、阿格里真托、陶尔米纳、锡拉库萨以及意大利半岛南部的帕埃斯图姆等地，其他城市的遗迹因为支离破碎，完全没有了原来的气势，失去了被保护的意义。例如，考古人员在塞利农特发掘出五座神殿，但只有赫拉神殿存有面积较大的柱础，多利克式立柱大多已经倒伏，现在被重新用混凝土和水泥加固起来；在塔兰托发掘的神殿，只找到两根多立克式立柱，其余部分均已荡然无存，露天竞技场则完全沉没在第奥尼安海中；梅塔蓬托建于公元前6世纪的神殿原来有三十二根立柱，现在只剩下十几根，城里还有一座目前所知希腊人唯一在平地上建成的露天剧场，但如今只残存着一些地基。

　　西西里岛西北部的塞杰斯塔距离海岸线二十千米，古希腊人以对称的美学思想，在这里建立了一座城市，顺着错落起伏的地形，将公共建筑和住宅排满了山坡。然而由于战争、多次地震和陆续遭到的人为破坏，绝大部分只残存着地基和少量的墙壁，目前仅有一座神殿和剧场被保留了下来。1893年，考古人员曾在这里发掘出一座建于公元前3世纪的教堂遗迹，从发现的镶嵌画碎片判断，这座宗教建筑在公元4至6世纪（几乎与拉文纳教堂的镶嵌画同一时期）达到了鼎盛。

▲塞杰斯塔的古希腊神殿

从蒙雷阿莱开车过来，进入接待游客的唯一一个停车场之后，需要花一点五欧元买往返车票，坐景区巴士前去神殿和剧场。下车之后环顾四周，山谷中长满了绿草和低矮的灌木，周围没有任何其他设施的痕迹，神殿形单影只，显得相当无助。

据考证，长方形的神殿建于公元前430年至420年之间，共有三十六根底部直径为两米的多立克式立柱。在古希腊神殿中，我们经常看到的是三种柱式：多立克柱式、爱奥尼柱式和科林斯柱式。多立克柱式最早出现，雅典卫城的帕特农神庙采用的就是这种。仅从柱头来区分的话，多立克柱式是倒圆锥形，没有纹路或复杂的装饰；爱奥尼柱式有一对向下翻卷的装饰；科林斯柱式则将生长得特别茂盛的枝叶与花卉缠绕柱头一圈，犹如花篮一般，

▲塞杰斯塔古希腊神殿的立柱与横梁

这也是后来被古罗马继承、改良并在此后的欧洲建筑中使用最多的一种柱式。塞杰斯塔古希腊神殿的多立克式立柱底部为两米，考古学家从柱身上没有凹槽、台阶未经雕琢的状况分析，这座神殿并未建成，原有的阻挡冲积层的围墙在古代就遭到破坏，因而神殿逐渐被沙土掩埋。

前些年游客还可以随便进到神殿里，如今神殿四周已被木栏围起，显然是为了避免人为磨损而采取的举措。尽管在立柱和横梁上架着的铁质脚手架与铁箍稍微碍眼，但围绕神殿走一圈，无论从哪个角度去看，都能够感受到古希腊神殿那种咄咄逼人的磅礴气势。数学系出身的王梓对我说，立柱和横梁上那些长短不一的石块并不是随意搭建而成的，而是有着经过严格计算的精确比例，从中可以看出那时候的数学和美学已经巧夺天工地融为一体，反映出古希腊文化十分完美的均衡理念。

沿着柏油路的斜坡走二十多分钟，穿过阿拉伯人和诺曼人居住区建筑的地基，在海拔四百三十米的山顶会看到一座很有震撼力的古希腊剧场。观众席背后用一道弧形的坚固挡土墙来支撑，用长方形的石块砌成的座席可以容纳四千人，原有的作为后台的两层景屋和高出地面的伸展式舞台都已无存，考古学家分析后认为，罗马帝国时代早期又拆除了第一排弧形的座位，从而为乐队留下更大的空间。原来在观众席后面竖立了一排多立克柱式或爱奥尼柱式的立柱，虽然目前已经全然不见，但坐在观众席的最高层，仍能发现古希腊人早在两千五百多年以前，就已经从舞台后面的山峦、左侧的山坡以及右侧的大海之间找到了最恰当的借景点，山海一体，犹如心情与剧情的相融交合。公元前6至4世纪，正是古希腊悲剧和喜剧从兴起到鼎盛的繁荣时期，尤其是取材于荷马

▲塞杰斯塔的古希腊剧场

史诗和古希腊神话的悲剧演出都对民众免费，想必在这里看剧会与希腊本土有着同样的气氛。亚里士多德在西方第一部系统的美学著作《诗学》第二十六章里写道："悲剧在艺术效果方面胜过史诗（例如《奥德赛》），悲剧比史诗优越，因为它比史诗更容易达到它的目的。"伏尔泰说："真正的喜剧，是一个国家的愚蠢和弱点的生动写照。"两位的言论生动地反映了古希腊悲剧和喜剧所具有的不同作用。四个人坐在游客极少的剧场里猜测当时演出最多的到底是悲剧还是喜剧，忽然

▲在剧场外展板上翻拍的古希腊剧场推测复原效果图

刮来了一阵带着沙尘的大风，让我们躲闪不及。是悲是喜或是悲喜交加都不重要，如今这里经常举行音乐会，管弦乐队就在古希腊时期同样的位置表演，观众则随意地坐于弧形的观众席上，如果有幸在这里听一场，就会越过历史的尘埃，看到昔日的光景。

　　沿着下坡路从剧场原路返回，天阴了下来，厚厚的白云遮住了阳光，那座神殿更显得形影相吊，茕茕孑立，经过千年的岁月变迁，它已经适应了这片山谷的幽静。离开塞杰斯塔，我站在歌德曾经走过的颠簸土路上从另一个角度回望那种残缺的美，神殿不再孤寂，作为"大希腊"盛世繁华的见证者，它早已知足。

▲从古希腊剧场的山坡上俯瞰古希腊神殿

39 阿尔卡莫

　　阿尔卡莫在西西里岛北部，公元前 9000 年到公元前 6000 年就有人类居住，此后与巴勒莫的经历一样，古希腊人、汪达尔人、东哥特人、阿拉伯人和诺曼人等纷至沓来，西西里王国的国王罗杰二世曾派地理学家来此绘制地图和航海图。16 世纪以后，这里陆续修建了众多教堂和剧院等设施，歌德对此很感兴趣，特意来到阿尔卡莫住了一个晚上。

　　17 世纪上半叶，巴洛克晚期最杰出的湿壁画画家之一的古列尔莫·波雷曼斯在圣母教堂里绘制了三十八幅色彩绚丽的湿壁画，我们去阿尔卡莫的目的就是为了看那些湿壁画以及教堂里的博物馆。下午在欧洲 E90 号国际公路上沿着第勒尼安海岸行驶的时候，车窗外的山坡上是一片片高低错落的柠檬和柑橘种植园以及绵延的橄榄树林，与歌德在《意大利游记》里 1787 年 4 月 19 日这一天里写的风景完全不同："离开了美丽的公路，进入了一个山区，我们决定在这个安静的小山城待一整天。阿尔卡莫在与海岸有一段距离的山地上，可以看到非常高的悬崖，下沉的山谷以及气势磅礴的外观，它的宏伟特征给人留下了深刻的印象。所有平坦的土地都被耕种，石灰岩是红色的，从岩石分解而来的土壤也是红色的，谷物的长势很好，我们发现了非常大、非常老、残缺不全的橄榄树。"原来，歌德的下一站是塞杰斯塔，正好与我们走的是相反的方向。

然而狭窄的路上发生了交通事故，看车辆拥挤的程度不会马上缓解，索性放弃去阿尔卡莫市内的计划，掉头开向本来计划晚上才到的塔兰托拉农庄。窗外没有特别吸引人的风景，但在无处可去的时候，走走停停看到的水洼和葡萄园，虽然平淡，却沉静而又温柔。

▲前往阿尔卡莫一家酒庄途中的葡萄园风景

　　当初预订房间的时候，网站上的优美文字非常吸引我们："农庄位于阿尔卡莫地区连绵起伏的山丘上，以一座18世纪的农舍为中心，俯瞰着数千米外的葡萄园和橄榄树林，这里是任何寻求宁静绿洲的人们的理想场所，或者是一个可以轻松到达西西里岛西部景点的乡村基地。你可以坐在露台上享受阳光，聆听地中海山坡上大自然的声音。我们正在寻找一个突破口，我们想要的是一个真正的农场，少量的客人，好吃的食物——如果可能的话是有机的，一个安静的隐居地，没有花哨的东西，也没有诱发喧闹的狂欢者的幻想，一个四面八方都只有大自然的地方……我们实现了所有这些以及更多的目标。”

开到酒庄之后，气温骤降，冰冷的海风一阵阵吹过刚刚发出新芽的葡萄园，看来是没有机会坐在露台享受阳光了。接待我们的是一位年近70的男士，戴着一副浅蓝色的宽边眼镜，慢悠悠地走过来微笑着对我们说：“经过了漫长的冬季，今天首次开门纳客，你们来得稍晚了一会儿，刚才还是风和日丽呐。”晚餐的时候，风刮得更猛，等跑到餐厅才感到一丝暖意，壁炉里烧着粗木柴火，一位女士坐在桌边看书，我们跟她用意大利语“Ciao（你好）”打招呼。那位女士见我们在餐桌上找菜单，就告诉我们不用点菜，每天晚上从前菜到甜品，都是厨师根据当季的食材量身定做。

农庄里满脸络腮胡的厨师非常着迷于挖掘和研究西西里岛的古老菜单，他会根据自己的想法予以改进，再依照季节的变换做出最合适口味的菜肴。炸野茴香和带馅的土豆泥这两种丸子，带有初春田野里的芬芳，既显示了歌德写的那种红色的土壤，又提示了农作物绿色的生命力，言简意赅地突出了当晚的乡间主题。

▲两种丸子：炸野茴香和带馅的土豆泥

阿尔卡莫与突尼斯只有一海之隔，古人从突尼斯引入鹰嘴豆并在当地的农田里广泛种植。厨师用磨碎的鹰嘴豆炸成脆片，外观如非洲旷野般粗犷，里面一定添加了在周围山坡上采摘的香草，有一种我们从来没有尝过的独特味道；而用晒干的西红柿做成的酱汁涂在切成小正方形的西西里比萨上，则比新鲜西红柿的味道更为浓郁；他将地里的野茴香加在猪肉做的香肠里，与切成片状的西红柿一起吃，意思可能是文武之道，一张一弛；那道炸圆茄片外酥里嫩，配上胡椒，有着与阿斯蒂风格截然不同的清香。

　　最令人叫绝的是四人份的空心面，装在椭圆形的不锈钢盘子里，加了罗勒叶、蒜和盐做成的酱汁，再滴几滴农庄初榨的橄榄油，简直别有一番清幽无尽的回味在心头；撒上糖粉的巧克力奶油布丁与当地的乳清干酪合在一起，又对此前所有朴素的菜品做了中和。

　　我们一会儿就喝干了那瓶农庄自产的干白葡萄酒，旁桌的女士看到吃完甜品的我们正在眉飞色舞地交谈，就挪了挪椅子坐了过来。她自我介绍说来自英国，在非官方的英国古籍保护协会工作，还是一位撰写剧本的作家，她不断夸赞王梓的英语发音简直就和伦敦人一模一样。她说，戴浅蓝色眼镜的那位先生是这个农庄的庄主菲利普·特斯塔（Filippo Testa），他本来是在巴勒莫演奏并录制唱片的职业爵士钢琴家。听她一说，我们才想起那道名为"Pasta John Coltrane"的意面，原来是被誉为"自由爵士乐先锋"的美国爵士萨克斯风演奏家约翰·柯川（John Coltrane）的姓名。庄主一定是喜欢爵士乐界的"柯川和弦"，那道意面，俨然一股典型的复合风，如果长长的空心面算作萨克斯风的绵延，青酱就是灯火阑珊处的微醺，两者融在一起，彼此相依，"蒲酒相邀须径醉，归寻枕席付高眠"，所有的律动感都带着痴迷的节奏，除了萨克斯或小提琴，其他乐器断然不能表现出那种情绪。

▲空心面

女作家说，出生于巴勒莫的庄主是西西里伯爵的儿子，有很多秘不示人的故事。庄主曾经用意大利语写过一本自己经历改编的小说，讲述了隐藏在宁静葡萄园背后的非凡故事。女作家将其译成了英文出版，书名为《葡藤私语》（*The Vine Whisperer*），其中就有庄主与当地黑手党之间的纠葛。她一说起这个话题，就引起了我们的好奇，因为来这里之前，通过电影《教父》知道了起源于西西里岛的黑手党，能有机会在这里听听相关的故事，是一次可遇而不可求的好机会。

对于短期旅行的外国游客来说，不会在路上看到黑手党，即使擦肩而过，也认不出他们的模样。一位长期住在那不勒斯的华人这样写道："现代的黑手党是一条暗流，它静静地在城市的深处流淌着，生活在上面的大多数人并不清楚脚下有什么，而下面的人却清清楚楚地听到上面的人踩在街面上的脚步声。"

西西里岛黑手党的兴起，主要与 15 世纪意大利在欧洲最先种植的柠檬有关。18 世纪中叶，很多水手罹患坏血病，一名英国皇家海军军医在治疗时发现了病因，是由于缺乏当时尚未被发现的维生素 C，于是他将含有大量维生素但当时还只是作为观赏植物的柠檬和柑橘榨成汁液让水手喝下去，经过他的治疗，水手的坏血病有了明显的好转。柠檬的果肉又有调味的功用，大航海时代，在西西里种植的柠檬被大量船运至欧洲各地用于治疗坏血病和调味。最初在农村的意大利黑手党认定这是一笔有着丰厚利润的生意，便一手操控并垄断起来。积累了雄厚的财富并壮大了实力之后，黑手党开始把触手从乡村转移到城市，最初的大本营就是巴勒莫。

庄主在《葡藤私语》中写过柠檬的神奇作用，这是长大之后多次从母亲那里听到的他一岁时的经历：那时候西西里岛上大多数是布满岩石和野花的土路，坑坑洼洼，一到下雨天就变成了赭红色的泥河。有一天，他和全家人坐着画满各种图案的西西里特有的"马车（Carretto）"去自家的葡萄园，途中马车猛然向一侧倾斜，他像鱼一样从妈妈怀里滑出摔倒在地上，脆弱的头盖骨裂开了一道口子。马车夫策马用最快的速度赶往农庄，快到村口的时候大喊："伯爵的儿子摔破了头！"正在家里做饭的女村民们纷纷从屋子里跑了出来，她们马上从柠檬树上摘下好几颗柠檬，将浸满柠檬汁的绷带包住了他的头。几天之后，伤口就愈合了，母亲后来跟他说，原以为他的命肯定保不住了，没想到柠檬竟然会救命。

二战时期，黑手党因为选票利益而与执政党合作，从而找到了保护伞；美军在西西里岛登陆时，曾与黑手党达成了协议，因而从西向东没有遇到任何抵抗，毫发无伤。战后，美军把大量的黑手党成员安排到了从中央到地方的各级政府。正因为这些历史原因，黑手党至今依然盘根错节。

意大利的黑手党分为三大帮派，巴勒莫有"我们自己的事（Cosa Nostra）"，卡拉布里亚有"光荣会（Ndrangheta）"，那不勒斯有"克莫拉（Camorra）"。尽管意大利政府多次清剿，但由于有着根深蒂固的势力和千丝万缕的联系，各地的黑手党至今依然在各自的地盘，对企业经营、市场管理、土地种植和社会活动等进行广泛的渗透和暴力控制。

庄主的家族在阿尔卡莫郊外有一片经营了几代的橄榄树林和葡萄园，以前只是委托富有经验的代理人打理，将压榨的橄榄油和酿制的干红与干白葡萄酒销售之后，家族与代理人各分一半的利润。但当父亲突然去世之后，原本对爵士乐有异乎寻常热情的庄主不得不从城市赶回农村，接手一个他从未染指的新领域。他进入了一个欢乐、奇迹和恐惧并存的世界，而这一切，永远地改变了他的生活。

一切都要从头开始，经历了无数失败、挑战和挫折，终于，农庄有了现今的规模，虽有丰收的喜悦，但庄主还要面对另一个荆棘丛生的世界。距离阿尔卡莫四十五千米的柯里昂镇是黑手党的老巢，19世纪末期的意大利和最早移民美国的黑手党头目汤米·加利亚诺、杰克·德拉格纳、朱塞佩·莫雷洛以及被称为"教父中的教父"的贝尔纳多·普罗文扎诺等都在那里出生，也是小说与电影中的教父维托·柯里昂的故乡。黑手党虽然已将重心移往城市，但依然向阿尔卡莫所有的葡萄园和酒庄以及橄榄油榨油作坊收取保护费，庄主不得不谨慎应对，也不敢公开得罪他们。

瓦伦汀问："这本书出版的时候是否惹怒了黑手党？"女作家说庄主写得很委婉，凡是涉及黑手党成员的，都用化名，好在避重就轻、口气和缓，尚未遇到什么麻烦，而那些惊心动魄的经历，庄主也只是和她口头说说，并没有写在书里。她看我们听得很有兴致，就在围炉夜话的气氛中继续说："20世纪八九十年代的时候，黑手党还不在乎自己的外在形象，旧势力和新势力之间经常火拼。

但如今，黑手党却以非常接地气的方式存续着，如果不是长期住在这里，游客完全感觉不到，只有当地的居民才心知肚明。例如前几年当地政府建了一座垃圾回收站，一个黑手党家族大为不满，一把火就将垃圾站焚烧殆尽，警察也睁一只眼闭一只眼，拿他们没有办法。"女作家将一块厚木投到壁炉里，燃烧时噼噼啪啪的声音，就像《教父》里的那些枪声。

听女作家讲了一个多小时，她建议我们喝西西里岛特产的柠檬酒（Limon Cello），说这种酒很像目前的黑手党，表面绵柔，但依然改不了凶泼的本质。我问做法，她说餐厅的厨师告诉她：先用刮皮刀刮下洗净柠檬的黄色外皮，弃用容易发苦的白色部分，然后放入煮沸后的广口瓶中，注入最烈性的蒸馏酒，密闭一周后滤掉表皮，在锅中加入白砂糖和水熬成糖浆，待糖浆完全冷却，倒入瓶中与过滤后的汁液搅匀，再在常温中放置一周，冰镇之后就可以喝了。我特别喜欢这种酒，既能体验瞬间的冷凝感，又会在食道产生灼热感，是一种只有在西西里岛才能体验到的刺激，但是不是能代表黑手党的特征，我一概不知。

▲农庄里的柠檬酒

第二天早餐之后，我们跟庄主和女作家说要买那本英文书并想让庄主和女作家签名留念，庄主依然笑容可掬，但却绝口不提黑手党。在签名的后一页印着译成英文的诗句："天气炎热，风刚刚刮起，葡萄藤很是欣喜，它们对风说：'我呼吸，我生存，都是通过你。'"

　　庄主有宽广的胸襟和坦然面对生活的热情，他认为对土地的爱，对葡萄酒和传统的热情，对大自然的敬意，就是我们的哲学。与庄主和女作家道别时，风越刮越大，就像是故意不让我们在这片田园里感受大自然的温存似的，想要在葡萄园多站几分钟都站不稳。我们有失有得，没有看成圣母教堂的湿壁画，却听到了很多秘事，知道西西里岛并不只有美丽的传说。我和王梓一起回忆前一天晚上和当天早晨看到的庄主的眼神，其实他的微笑已经给我们做了委婉的提醒：如今的西西里岛仍然有很多事情需要缄默，只能任由风吹过，却不能照实说。

40 阿格里真托

从阿尔卡莫的农庄去西西里岛西侧的阿格里真托需要两个多小时，下午的行程是去阿格里真托的神殿之谷，那里有希腊境外保存数量最多的古希腊神殿，每个神殿之间的距离长短不一，据说需要步行将近十千米。我们事先在做行程的时候，准备酒足饭饱之后再去暴走，特意将午餐安排在一个名叫锡库利亚纳马里纳的小村落，海岸边上有一家面朝地中海的斯科利亚拉（La Scogliera）餐厅，女主厨是意大利厨师协会（FIC）的会员，据说厨艺不凡。

餐厅周围有一条流入海里的河，交汇的浅绿色和深绿色海水一排一排地涌到岸上，拍起千堆雪一般的白色碎沫，扑打在我们的脸上。

因为是淡季，餐厅里只有我们一桌食客。餐厅经理介绍说有上午刚刚捕捞上来的蓝鳍金枪鱼和红虾，而煎红虾是厨师刚刚开发的一道新菜，我们毫不犹豫地接受了他的推荐。点了一瓶干白葡萄酒，产自巴勒莫附近一家从 12 世纪就开始酿酒的修道院酒庄，与煎的富有韧劲的大块金枪鱼和红虾可谓珠联璧合。看到墙上尤文图斯队守门员布冯和意大利前总理贝卢斯科尼的女儿在此用餐的照片，估计夏季一定会有很多前来避暑的游客，菜价也会水涨船高。

在面朝地中海的高低不平的神殿之谷中，原来分散着二十多处古希腊遗迹，但因受到战争、地震和迦太基人等的破坏，目前只有五座还能看出原有的样貌。

从停车场进入神殿之谷后第一个看到的是赫拉神殿，赫拉是希腊神话中天神宙斯的妻子，是婚姻与生育女神，因而该神殿应该是当时举行婚礼的地方。在古希腊时代，婚礼都在神殿正面的广场上举行，儿童在草地上撒满了红色的玫瑰花瓣，乐队演奏着欢快的乐曲，手持棕榈叶的人们穿着最鲜艳的节日服装。根据考古学家对残留在柱础上的白色和红色灰泥进行的分析，多立克柱式的柱顶最初被涂成黄色，凹槽是红色，而两个凹槽之间是白色的线条，可以想象围绕一圈的彩色立柱呈现出来的喜庆场景。遗憾的是，原有的三十四根立柱现在只剩下二十五根，大都残缺不全，只有一侧还留有横梁，神殿旁边那棵有五百多年树龄的橄榄树还有强大的生命力。

▲赫拉神殿

▲翻拍于画册中的赫拉神殿复原图

前往下一座神殿时需要穿行一段修建于公元前的城墙，4世纪时，城墙被基督教的信众挖成洞窟用作墓地，城墙上留有扇贝等贝壳的图案，估计是当时堆积海里的沙土中混了贝壳。谐和神殿是神殿之谷中最为壮观的一座，据说供奉的是和平与和谐之神，但因为没有任何实物证据，迄今为止一直被冠以这个推测的名称。6世纪的拜占庭时代，这里被改建为教堂，后又被阿拉伯人改为清真寺，诺曼人统治时期又重新恢复成基督教堂。18世纪进行修复的时候，将多立克柱式的双层立柱之间用砖石封闭起来，因而躲过了地震，没有受到太大的破坏。这座神殿被称为阿格里真托的象征，也是联合国教科文组织标识的原型，神殿的三角楣饰、立柱和凹槽都比较完整，前些年还允许游客进入，儿童们在立柱上随便攀爬，但近几年围起了铁栏，只能在外面观看这座二千四百多年前的恢宏建筑。

顺着坡路再向西走十几分钟看到的第三座神殿——赫拉克勒斯神殿，这座神殿在神殿之谷中的历史最为悠久，据考证大约建于公元前6世纪晚期，但目前只残留了八根立柱，其中带柱顶和不带柱顶的各有四根，其他立柱均已坍塌被埋，一百多年前这八根立柱才被考古学家重新矗立起来并加以修复和加固。如果没有损

▲谐和神殿

毁，两侧各有十五根立柱，比塞杰斯塔的神殿还多出一根。1787年，歌德看到赫拉克勒斯神殿之后，在他的《意大利游记》中写道："神殿仍然留存着古代对称性的痕迹，排列在两侧的两列柱子，同在南北方向的地面上，有些柱子已经倒塌，仿佛受到了猛烈的飓风。"

可以看出，距今二百多年前的神殿之谷就已经满目疮痍，相当破败。

由于希腊人通过海上贸易积累了大量的财富，在地中海北岸的阿格里真托所建神殿的面积、长度和空间都超过了希腊本

▲翻拍于画册的神殿复原图

土。在今人绘制的复原图中，各个神殿正面三角楣饰上凸凹的男女雕塑活灵活现，顶部左右两侧相同尺寸的浮雕也是点睛之笔，可以想见当时古希腊城邦富庶与祥和的生活场景。

站在任何一座神殿前，都可以看到远处的阿格里真托市区，那里现在的常住人口只有六万人，而在两千多年前最为繁华的年代，神殿之谷附近拥有超过三十万的人口。繁荣与昌隆早已不再，如今的景象，正如孙髯为昆明大观楼写的天下第一长联所描述的那样："尽珠帘画栋，卷不及暮雨朝云；便断碣残碑，都付与苍烟落照。只赢得：几杵疏钟，半江渔火，两行秋雁，一枕清霜。"

41 诺托

　　诺托这座城市在历史上差一点就被称为"小巴勒莫"。公元前3世纪，古罗马人在这里定居，此后，阿拉伯人和诺曼人也相继来到这里，城市的规模虽然远远不如巴勒莫，但主要建筑也是拜占庭、阿拉伯、诺曼和文艺复兴式的混搭风格。1693年1月11日，这里发生了一场大地震，造成九千三百多名居民死伤，公共建筑和普通房屋悉数被损毁，原来建在半山腰上的城区成了一片不值得修葺或重建的废墟。

　　震后不久，诺托的贵族们决定重新选址建设一座新城市，他们看中了海拔稍高而又距离旧址十千米的一片区域。当时，巴洛克风格在意大利各地臻于高潮，于是新城区的格调就理所当然地因应了潮流。意大利是最早采用巴洛克风格的国家，从16世纪开始，张扬个性的巴洛克艺术理念就首先体现在罗马的公共建筑上，这一风格崇尚流转的曲线、华美的外观、梦幻的效果和强烈的色彩。例如最杰出的巴洛克雕塑家和建筑家之一的贝尼尼就在罗马设计了波波洛圣母玛利亚教堂、巴贝里尼宫以及被称为巴洛克风格巅峰之作的梵蒂冈圣彼得大教堂前的弧形柱廊与广场等。诺托当地的建筑家曾在罗马跟随那些巴洛克风格的建筑大师一起工作，此时终于有了可以在家乡一展拳脚的机会，他们在前辈经验的基础上，发挥了更加大胆的创想，将新城区设计成三条平行的街道，其中一条是主干道，连接三条大道的是若干条直角形的小街，从而使得新城区犹如一个整齐的网格。

全新设计建造的大小教堂、市政厅、宫殿、修道院和神学院，使用的主要石材是当地黄色软质的石灰石与金色的砂岩。夕阳时分，那一片片外墙被映照出更耀眼的金黄，整个小城变得像金殿一般，彰显出分外耀眼的高贵。重建之后的诺托总是给意大利人以别具一格的视觉冲击，因而，这一建筑群也被视为西西里巴洛克风格的最佳典范。

▲埃特纳火山

从西西里岛西侧的阿格里真托，经由圣卡塔尔多、卡尔塔尼塞塔的市区继续向东开行，窗外映入眼帘的是欧洲海拔最高的埃特纳火山。山坡上的积雪尚未融化，一道长长的白色烟雾从火山口缓缓地向西飘去，我们路过的时候还算平静，但前几年从火山口喷发的岩浆和浓雾高达一千多米，直冲云霄，遮天蔽日，仿佛世界末日一般。看到这座火山，就会想到距离它三十多千米远的卡塔尼亚和一百千米开外的诺托，本来是两座风格多样的古老小城，却在一夜之间完全毁于大地震，让两座小城的中世纪和文艺复兴时期的建筑荡然无存。

弧形的国道全长二百四十多千米，瓦伦汀没有休息，直接开了两个半小时，傍晚时分开到了诺托。在小城的入口处，先看到一条狭长的次干道，之后穿过的几条小街都是没有弯度和弧度的直角形，果然是一个新颖而独到的设计，以前在意大利去过的任何一个城镇，都没有如此笔直而通透的道路。

找到预订的两层小楼的民居之后，四个人都感觉在阿格里真托消耗了太多的体力，需要尽快补充能量。在去预订餐厅吃晚餐的时候，黄色的路灯和射灯照着主干道上有四十多级台阶的大教堂，如果不是饿了，真想静静地在那里坐一会儿，沐浴一下暖风。

▲诺托大教堂外景

餐厅以地中海的海鲜为主，虽然中午已经点过蓝鳍金枪鱼，但实在喜欢那种富有弹性的肉质，情不自禁又点了一份。我要了一瓶诺托附近马卡尼酒庄用2016年格里洛葡萄酿制的干白葡萄酒，没想到这个杂交品种的葡萄毫无西西里岛的豪爽与霸气，显得清心寡欲，有着十足的温柔感。整只烤章鱼放在杏仁酱上，与烤卷心菜和腌圆葱一起，在盘子里比试着性感。主厨在蓝鳍金枪鱼边上点缀了三块西蓝花，在微微烤就的鱼肉上铺了一层油炸的麦片，配上用刺山柑、酸橙汁、芥末和鲜姜调成的土黄色酱汁，完全匹配着那瓶酒的风格，不事张扬，尽显绵柔。

瓦伦汀总是格外留意我们说的汉语，应该是在偷偷学艺，记下了午餐和晚餐时三个人常说的"太好吃"，他从来没问过我们，但从我们心满意足的表情中感觉到一定是美味无比的意思。在尝了我的金枪鱼之后，他一定是想说比他那盘烤秋刀鱼更好吃，伸出大拇指突然冒出了一句："太太好吃！"

▲烤章鱼配杏仁酱

▲烤蓝鳍金枪鱼

餐后走在主街道上，距离毕加索画展招贴画不远的地方，有一家名为白色冰激凌（Gelati Bianca）的意式冰激凌小店。已经晚上 10 点多了，没有别的客人，女店员看着我们鼓鼓的肚皮，就知道肯定是享用了一顿西西里海鲜，她给我们介绍了最好吃的几款，那支加了榛子碎的美味无比，我也学着瓦伦汀说："太太好吃！"惹得他差点把嘴里的冰激凌喷出来。

第二天吃早餐的时候，冰激凌房东和他的女儿为我们忙前忙后，一趟趟地端来自家做的果酱、鲜榨的西西里血橙汁、现磨的杏仁露、蔬菜沙拉、煎蛋、面包以及甜点，尤其是他女儿做的西西里岛特色甜馅煎饼卷，有奶油、巧克力、豌豆和柠檬四种馅，不太甜但脆香无比。在我们临走的时候，房东又拿来两个用锡纸包的长条三明治，说是让我们在路上饿的时候吃。

去重建于 1776 年的诺托大教堂时，正赶上 10 点钟开始的圣周四圣油弥撒，合唱组的圣咏在教堂里回响，哀而不伤，思绪飞升，我们沉醉在有着浓郁人情味的气氛里，久久不愿离去。

▲圣周四圣油弥撒的合唱组

　　与斯佩罗小镇一样，诺托每年也举行鲜花节，只不过比斯佩罗提前了一个月。5月的第三个星期，来自西西里岛和世界各地的园艺爱好者会在主干道上铺满六米宽、一百多米长的花道。在诺托的街道和店铺中，有很多鲜花节的照片和明信片，每一张都绚烂多姿，我们在诺托已经看到了静谧和恬淡，享受了友爱与温馨，不能再以责备求全的心态，去奢求更多的快乐。

42 陶尔米纳

地中海怀抱中的陶尔米纳是个风情万种的城市，几个世纪以来，著名的作家、画家、电影明星、皇室成员、贵族和普通游客都喜欢到这里度夏。然而我们 4 月份来，树叶刚绿，街道两旁的花盆里开出了第一批鲜艳的花朵，没有了人头攒动，心情自然而然地就会悠闲起来。

从西西里岛东南的诺托开到东北的陶尔米纳，需要经由锡拉库萨和卡塔尼亚两个海滨城市，前者在公元前 8 世纪成为希腊的殖民地，留存着极其壮观的古希腊神殿，是古希腊伟大的数学家和物理学家阿基米德出生的地方；后者也由古希腊人建于公元前 8 世纪，经历过无数次繁荣，是作曲家贝里尼的故乡。因为时间所限，制定行程的时候不得不忍痛舍弃了这两座名城。快开到被称为"西西里的宝石"的陶尔米纳，窗外海天一色，眼前山温水软，顿时就忘了没去成锡拉库萨和卡塔尼亚的遗憾，我情不自禁地说出了明末诗人方蒙章的七绝《访友》，与我们惊喜而又愉悦的心境一模一样："轻舟一路绕烟霞，更爱山前满涧花。不为寻君也留住，哪知花里即君家。"

陶尔米纳建在陶尔山的半山腰，普通游客的游览路线是主干道的翁贝托一世街的两侧，也有少量游客会爬到海拔五百二十九米的山顶上，站在视野开阔的平台上眺望更蔚蓝的爱奥尼亚海。

但他们都忽视了一位名人的故居。1920年劳伦斯住在这里的时候，写下了《迷途的女人》和《大海与撒丁岛》等五部小说，并为后来在佛罗伦萨郊外撰写《查泰莱夫人的情人》积累了很多素材。

走在大街上看两侧的建筑，与西西里岛的大小城市一样，都是混血风格，9世纪的阿拉伯人、12世纪的诺曼人、13世纪以后的法国和西班牙人统治这里的时候，都留下了各自民族的痕迹。如今，这些建筑还被使用着，只是面对游客的地方都被改装成了店铺，纪念品商店、餐厅、咖啡馆和画廊等，显示出浓郁的商业气息。

古希腊剧场售票处外面的墙上贴着几张彩色的大尺寸图片，最醒目的是一张航拍，半圆形的观众席就在倾斜的山坡上，而舞台正好坐落于平坦的空地上。古希腊人定居于此的时候，设计师和建筑师一定认为这里是建设露天剧场的最佳地点，所以顺势而为，巧妙地将斜坡与平地组合在一起。从两侧的弧形拱门进入之后，站在舞台望向观众席，用方形石块砌成的将近二十级的第一层座席只剩下了种着草坪的泥土，只有第二层还比较完整。观众席后面围绕剧场的半圆形红砖墙是由公元前212年来到这里的古罗马人进行扩建时重新砌筑的，因而这座剧场就是古希腊和古罗马文化承接有序的综合体现。

在塞杰斯塔看过的那座露天剧场，大海在观众席右侧且离得很远，对面的山峦也稍显平淡。然而站在陶尔米纳这座剧场第二层的观众席，面朝大海，远望火山，由衷地赞叹古希腊建筑巧夺天工的磅礴气势，怪不得歌德站在这里的时候称赞这里是"艺术与自然结合的最伟大的作品"。

从1971年开始，这里每年6月末到7月初都会举办为期一周的陶尔米纳电影节，伊丽莎白·泰勒、索菲亚·罗兰、罗伯特·德尼罗、马龙·白兰度、奥黛丽·赫本、格里高利·派克等电影明星都曾是这里的座上宾；这座剧场还从 1983 年 8 月开始每年举行古典音乐、歌剧和芭蕾舞艺术节，五千余名观众坐在这里观看在临时搭建的舞台上举办的管弦乐、钢琴独奏和歌剧演出，成为年度一大盛事。

▲陶尔米纳的古希腊剧场，远处被积雪覆盖的是埃特纳火山

▲陶尔米纳古希腊剧场的观众席，右侧是古罗马人砌筑的红砖墙

19 世纪以后，欧洲的文化名人和上层社会的达官显贵来陶尔米纳时，喜欢住在拥有十三个全海景阳台和七个喷泉的库塞尼之家（Casa Cuseni），这是一家带有美术馆的花园式公寓，哲学家罗素、画家毕加索和电影演员葛丽泰·嘉宝等都十分迷恋这里的阳台，望着波光粼粼的爱奥尼亚海，度过了一个又一个甜蜜而又温馨的夏日。相信在这里住上一晚一定会相当惬意，可惜我们到了陶尔米纳之后才知道这个地方。

陶尔米纳最有名的菜品是夏秋之际的海胆意面，我们来早了，无缘品尝。午餐的时候，阿兰奇亚拉（Aranciara）餐厅的经理推来一车刚刚捕捞上来的鱼虾，但我们下午要乘船离开西西里岛，没有太多的时间，就要了平时很少点的意式烩饭。我的那一份是整只大红虾、贻贝和章鱼烩饭，鱼虾和贝类的鲜味都融合在用新鲜番茄调成的汤汁里，有着不可言传的鲜美口感。

一位在夏天到过陶尔米纳的朋友跟我说，这里夏季人很多，摩肩接踵，海边更是水泄不通。我们来的季节刚刚好，鱼虾任选，关键是还有难得的清静，在柠檬树下吃一顿简餐，也是好的。

43 马泰拉

　　从陶尔米纳开车半个多小时，就到了有着两千八百多年历史的墨西拿。开往对岸意大利本土圣乔治镇的渡轮还可以容纳最后一辆车，瓦伦汀刚把车停稳，渡轮就开了。墨西拿海峡风平浪静，四个人站在甲板上回望西西里岛，环岛旅程的日日夜夜，就像纪录片一样再次浮现在眼前。

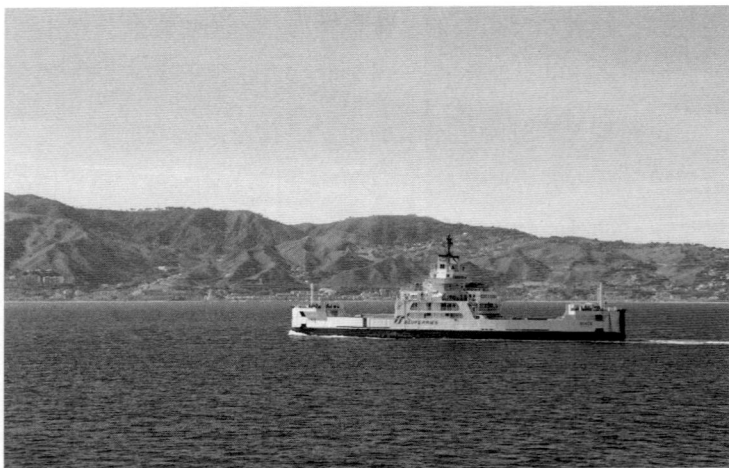

▲西西里岛的墨西拿与意大利本土之间往返的渡轮

　　十五分钟之后，渡轮靠岸，沿 E45 号公路开车北上，明显感觉到窗外的贫瘠与荒凉，尽管一百多年前墨西拿被大地震引发的海啸整体吞噬，但重建之后的城市呈现出一派生机，而在意大利本土的最南部几乎没有几个像样的村镇。

▲右侧对岸是意大利本土的圣乔治镇

　　将特罗佩阿小镇纳入我们的行程，一是因为它悠久的历史，二是因为它是一座建在独特地势上的建筑。古希腊人在公元前9世纪就来到此地，罗马帝国时期，人们开始在海边的悬崖上修建楼房，14—17世纪在法国人和西班牙人的统治下，城镇拥有了现如今的规模，但1783年的一场大地震将这里夷为平地，所有中世纪和文艺复兴时期的建筑化为乌有。然而不服输的当地人又在悬崖上重新盖起了三到五层的楼房，鳞次栉比，蔚为壮观。悬崖对面的小岛名为美丽岛，上面有一座11世纪翻建的小教堂，利用了7世纪的地基，尽管外表已被重新涂刷，但傍晚离开特罗佩阿的时候，远远望去，宛如白居易的"忽闻海上有仙山，山在虚无缥缈间"，充满了诗情画意，可惜拿出相机的时候已经偏离了最佳的拍摄角度。

▲特罗佩阿的美丽岛

　　晚上住在拉梅齐亚泰尔梅小镇的一栋两层小楼，与此前所住的民居一样，又是只有我们四个人。这里原来应该是一个能容纳十几口人的宽敞居所，各种设施齐备。去小镇享用了炸银鳕鱼球、烤章鱼和浇汁烤鲽鱼几道令人赞不绝口又是跳楼价的海鲜大餐之

▲住在拉梅齐亚泰尔梅小镇的一栋民居

后，回到这里走在客厅的楼梯上，霞多丽干白葡萄酒已引发了醉意。好多天没有这么早睡，我预感当晚一定会做一个好梦。

第二天早餐后，瓦伦汀开车三个多小时到了马泰拉。这是世界上最古老的城镇之一，从七千多年前的旧石器时代开始，就有人凿洞居住于此。中世纪时，人们将洞窟改造成住屋，但没有任何规划，完全是依照山势凿洞或直接在岩石上建房，杂乱无章，没有电灯、没有自来水、没有汽车、没有医院、没有学校、没有商店……马泰拉以前根本就不是热门的旅游城市，甚至连冷门都不是。

为什么还要来这里呢？因为它与保加利亚具有六千多年历史的古城普罗夫迪夫一起，被欧盟指定为 2019 年的欧洲文化之都，我们就想实地查看一下，从被意大利人不齿的贫民窟变成文化之都，人们用什么方法填补了如此巨大的落差。

主广场旁边有一个入口，拾级而上，前后左右都是高低不一的房屋，有很多已被弃用的大门紧锁着。我们气喘吁吁地爬到最高的地方，来到建于 13 世纪的马泰拉大教堂，在这座巴洛克教堂前的广场上，从半人高的石墙上向下望去，突然有一种进入房屋灌木丛的错位之感，土黄色的低矮房屋拥挤在一起，没有任何别的颜色，犹如黄土地一样干燥而毫无美感。

下山之后，在溪谷旁边一片光秃秃的山坡上，可以看到有很多被风雨侵蚀而形成的小洞窟，史前人类就在那里遮风避雨，它们很有可能是第一批意大利人的家园。8 至 13 世纪时，大量受到迫害而无处安身的修士躲避到闭塞的马泰拉，那些天然洞窟已经容不下更多的外来户，修士们便在满是石灰石的山坡上凿洞，将斜坡凿成石阶，甚至还修成了几座石灰石洞窟的礼拜堂。17 世纪时，随着人口的扩大，稍微有点钱的人们便重新择地，在目前的新城区兴建楼房，而穷人只能继续住在这里，原来的洞窟民居，逐渐变成了肮脏的贫民窟。

▲史前人类凿住的洞窟

▲史前洞窟与叠加在山丘上的民居

绕过溪谷，在地势高一些的圣阿戈斯蒂诺教堂前，才会有走出迷宫之后的豁然开朗之感，从这个角度去看，马泰拉的洞窟民居其实也是有秩序的，建在溪谷的旁边山丘上的那一栋栋房子，与围绕着马泰拉大教堂那座九十多米高的钟楼，组合成一幅比例相当和谐的全景图。

▲在教堂前瞭望台看马泰拉洞窟民居

　　之所以说马泰拉不是一座死城，是因为从20世纪50年代开始，意大利政府认识到必须从根本上对缺医少药、死亡率居高不下的马泰拉加以治理，于是将一万五千多名住户强行搬到政府为他们新建的住宅区。1990年，又集中对原有的房屋进行涂装，改建为接待游客的餐厅、咖啡馆、面包房和酒吧等等，新建了一些基础设施，安装了现代化的设备，邀请美国好莱坞的导演来这里拍电影。政府为马泰拉做了这样的转型：用生态本真为特色的自然景观、古朴沧桑为特色的建筑景观、洞窟民居为特色的居住环境以及独

▲改建之后专门用来接待游客的民居

特菜肴为特色的地域美食相结合的理念，通过大规模的宣传，不断扩大品牌的影响力，仅仅用了三年的时间，就让马泰拉名震海内外，被游客纳入值得关注的景点名单中。1993 年，联合国教科文组织将其列为世界文化遗产时给出了这样的评价："这是地中海地区最著名、最完整的洞窟民居遗址，它们依山而建，与周围的地形和生态系统完美匹配。洞窟民居最早的居住年代可以追溯到旧石器时代，这里反映了人类历史发展一个重要的阶段。"

▲改造后的房屋

在洞窟民居上下来回走，用了两个半小时。踱步到不远处的新城区，看到一座教堂里有几位男信众正在擦拭被万箭穿心的木质圣母雕像，那是第二天晚上耶稣受难日巡游要用的。三位披着红色缎带的老先生看见我们进来，热情地用意大利语跟我们打招呼，本来想向他们问几个问题，但因沟通起来十分困难，只好作罢。街道上到处张贴着 2019 年欧洲文化之都的海报，届时，这个新旧混合的特殊小城将会忙碌起来。洞窟民居是一个孤立的存在，破败的废墟与古怪的氛围在杰出的策划之下，构成了一种难得的颓废之美。

在新城区的帕斯科利（Pascoli）广场上有一个远眺洞窟民居的观景台，远远看去，那些楼房依然是土黄色的，几乎没有亮点。旁边的居民告诉我们"晚上亮灯的时候才好看"，我想象几十年前没有灯光的时候，那时这里充满了惨淡与凄凉，差一点就成了但丁《神曲》中的地狱。

▲从新城区广场远眺马泰拉洞窟民居

44 阿尔塔穆拉

　　没有选择晚上住在马泰拉，不是因为那里的环境和面包不好，而是因为在距离它二十千米的北面，有一个叫阿尔塔穆拉的小镇，那里的环境更优雅，面包也更有名。

　　预订的民居是一栋建于1582年的三层小楼，它的周围有很多挂着出售的标牌，外墙多已脱落，门窗也显得破旧，显然是长时间疏于打理所致。这家民居的外表也很朴素，但内部却经过了精细的翻修，并不是采用当代的装修材料，而是修旧如旧，因而具有浓郁的怀古气息。二楼的空间被一分为二，一侧是客厅，另一侧是入住客人的餐厅，房主的家人也在这里用餐。客厅里有一处用石板铺就的楼梯，扶手上挂着一条绳子，显示楼上是房主一家的卧室。接待我们的是房主的儿子，满脸络腮胡，长得很像意大利指挥家朱塞佩·西诺波里，他告诉我们晚上9点有耶稣受难日的巡游，建议我们赶在9点之前吃完晚餐。

▲入住民居的客厅　　　　　　▲入住民居的餐厅

本来想在这个僻静小镇的餐厅慢悠悠地坐上两三个小时，好好吃一顿内陆特色美食，但正巧遇到一年一度的巡游，临时改了主意，也就不急于去餐厅，房主的儿子让我们从阳台去看斜对面那座相当著名的阿尔塔穆拉大教堂。

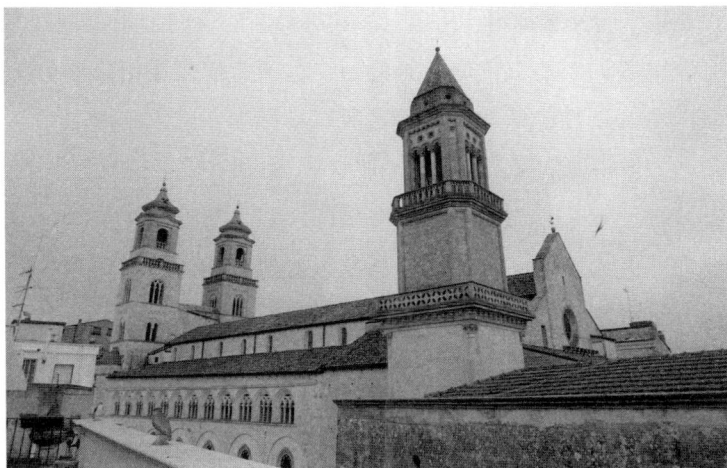

▲阿尔塔穆拉大教堂

盐野七生在《皇帝腓特烈二世的故事》一书中写道，在对十字军狂热的"那个时代的流行观念是，一般人通过参加十字军远征表示信仰坚定，而具有财力的王侯则通过建造大教堂来表示坚定的信仰，他们都认为，完成这些事情就能预定到死后在天堂的席位，因而得到心灵的慰藉"。在 12 至 13 世纪的时候，欧洲各地纷纷开始建设高耸和壮阔的教堂，例如分别于 1248 年和 1296 年奠基的科隆大教堂和佛罗伦萨圣母百花大教堂。

神圣罗马帝国皇帝腓特烈二世出生于 1194 年，他精通德语、法语、希腊语和阿拉伯语等七国语言，拥有极高的文学与艺术天赋，虽然一生颇具争议，却是欧洲中世纪神权时代一位绝无仅有的开明君主。他在任内颁布了欧洲第一部法典《梅尔菲宪章》，强调了依靠法治管理国家的观念，这在当时是史无前例的举措。当时在意大利有两种语言：一种是诗人和作家等在写作时才会使用的"古典拉丁语"；另一种是大多数普通百姓在日常生活中交流所用的"通俗拉丁语"，又被称为"俗语"。在编纂新法典的十几年时间里，为了让更多的人能够读懂，腓特烈二世下令使用俗语来书写，这也是一个开创性的举动。但丁之所以被称为"意大利语之父"，就是因为他用通俗拉丁语来写《神曲》；此后，彼特拉克、薄伽丘、马基雅维利等文艺复兴时期的杰出诗人和政治家们又不断对俗语加以充实和完善，逐渐形成了现今意大利语的标准规范。盐野七生在《皇帝腓特烈二世的故事》一书中说，意大利语肇始于八百多年前腓特烈二世的宫廷，由此可见，腓特烈二世在意大利语的普及和应用方面，居功至伟。

按理说，这位很会掌控局面的帝王以其非凡的实力，再建几座比蒙雷阿莱大教堂更为壮阔的新教堂完全易如反掌，但他只把精力放在由其一手打造的阿尔塔穆拉城镇上，修建了百余座城堡和要塞，直到1232年阿尔塔穆拉才修建了唯一一座教堂。

腓特烈二世受到阿尔塔穆拉人的格外爱戴，因为他将一生兴建的唯一一座教堂建在这里，让小城的人们可以大幅度拉近与天国的距离。2012年，阿尔塔穆拉创办了以腓特烈的拉丁文姓氏命名的节日，每年4月末到5月初会连续举办三天的庆典，用以缅怀给予小城特别关爱的皇帝。人们分成二十几个小组复现当时的场景，他们全都穿上中世纪的各式服装，抬着腓特烈二世的塑像，穿行在城内挂满各色旗帜的大街小巷。我们如果晚来几天，就可以目睹那一盛况。

天色暗下来的时候，我们去教堂旁边的一家餐厅用晚餐。一进门，就被摆在玻璃柜台和装在竹篮里的面包给震住了。"阿尔塔穆拉"在意大利语中是"被高高的城墙围起来的高台"之意，阳光普照在很少受到雨水滋润的土地上，因为干燥，硬质小麦的麦秸能够长到将近两米高。除了农业，这里的畜牧业也很发达，过去，牧羊人离家去远处放羊时，往往带上一个用两只手才能抱起来的大面包当作主食，而这种面包最大的特色就是耐储存，即使放上半个月，也不会变硬或者发霉。制作面包的工艺一直延续至今，将天然酵母、水和盐放入硬质小麦粉内，发酵之后，做成马鞍形和牧师帽子形这两种形状，前者中间凹陷两侧凸起，后者则是没有裂纹的圆形，放在铁盘之上，用点着的木柴烤制一个小时，烤成之后，外观粗糙，呈深褐色，毫不诱人，这种在意大利语中被称为"Pane di Altamura"的阿尔塔穆拉面包有着比马泰拉那种三位一体的面包更大的名气。

▲餐厅里摆放在玻璃柜上的"阿尔塔穆拉面包"

为了更便于携带和运输，如今的阿尔塔穆拉面包都被做成五百克到五千克大小。2003年，这种其貌不扬的面包在意大利首次取得被欧盟认定为法定原产地保护标识的 DOP 认证，在欧洲和意大利花样繁多的面包大军中独树一帜。

如今，遍布阿尔塔穆拉的用古法烤制面包的作坊有二百多家，这款面包在街面商铺的标价令人惊讶，一千克只卖两欧元。在当晚的餐厅，作为餐前面包，一掰开，就能闻到只有最朴素的食材才能散发出来的那种田园的清香。墙上挂着意大利指挥家里卡尔多·穆蒂在此用餐的照片，作为喜欢他的乐迷，忽然有了一种亲切感。打开菜单，我们都被标价惊到了，因为没有一道菜品超过十欧元，这是只有在意大利乡村才会看到的价格，不用单点开胃菜，餐厅事先就准备了什锦拼盘：做成圆形的羊奶酪上点缀着用茴香为主料调成的酱汁、烤面包片上叠放着烤蔬菜和奶酪、用小洋葱包裹着调了味的洋蓟、烤茄子片上涂着用番茄和香叶以及百里香熬成的酱汁、煎蔬菜鸡蛋饼、番茄汁包裹的鹌鹑蛋，虽然每一道都上不了米其林餐厅的台面，但都以最原始的风味刺激着我们的味蕾。

喝了用腊肉、鹰嘴豆、蘑菇和圆葱熬制后放入面包片的一道浓汤，接下来是最喜欢的当地另一道必点菜——贝壳面（Orecchiette）。做法是用硬质小麦粉、水、盐来和面，揉成较软的面团，搓成长条切成小段之后，用小刀从一面卷到另一面，用以手指将卷起的面卷凸开，再与菜薹一起煮好，在橄榄油中加入没有去皮的大蒜、小番茄与盐，如果喜欢更浓郁的蒜味，也可以把蒜剁碎，最后将煮好的面和菜薹一起翻炒出锅，就成了阿尔塔穆拉在意大利最为著名的一道菜品。

阿尔塔穆拉大教堂的主祭坛上，人们用白布蒙住了耶稣被钉在十字架上的雕

▲贝壳面

像。走出教堂之后，一个小时以前还是空荡荡的街道上已然熙熙攘攘，远处传来铜管乐队吹奏的进行曲。我们顺着人流拐过两条街道，已经被挤得寸步难行，只好艰难地挪到另一侧的十字路口，在那里找到了一个观众较少的地方。男信众们抬着木质的背负十字架的耶稣等十余种雕像缓缓前行，目测六万人口的小镇至少出来了一多半人，人们在冷风中瑟瑟发抖。列队最后面的雕像，在圣母的左胸和右胸上各插着四把剑，那表现了听到耶稣之死的消息后万剑穿心般的痛苦。这是当晚巡游的高潮，在低沉的铜管旋律中，更加深了虔诚的信众们的哀恸之感。

▲耶稣受难日巡游

　　这是入住阿尔塔穆拉的一个惊喜，本来是冲着最具特色的面包和贝壳面而来，却意外地看到了耶稣受难日的巡游。睡下之后，凌晨3点又被窗外的喧闹声吵醒，原来还有刚刚吃完饭的人们在大声地唱着，两天之后就是星期日，睡不着的我把它看作是受难之后复活狂欢的预演，平时人们都寂静惯了，难得在节日里一吐为快。

45 帕埃斯图姆

从东侧的阿尔塔穆拉往西侧开去，途中都是土路和山道，无边无际的草木随着山峦一同起伏，看不到一片湖或者一条河，只觉得气候相当干燥。两个多小时以后，瓦伦汀打开了车窗，吹来的海风告诉我们，汇集了古希腊神殿的帕埃斯图姆就要到了。

去巴洛蒂（Barlotti）农场吃午餐，主要是为了体验意大利南方的奶酪。这里的食堂不接受任何预订，当我们走进农场院子的时候，看到室外的就餐区坐满了人，当即预感不妙。排队点餐时，得知最著名的马苏里拉奶酪和玛格丽特比萨都已售罄，只剩下农场自产的番茄和蔬菜沙拉以及一些蛋糕，很是失望。

意大利有很多用普通牛奶做成的马苏里拉奶酪，但只有坎帕尼亚大区的帕埃斯图姆等地做得最地道，因为原料使用的是其他地方少见的水牛奶。没吃上最正宗的马苏里拉奶酪，心有不甘，就转到了后面的牛舍，只见在搭着顶棚的高铁架之下，一排满是锈迹的铁管围成了牛圈，高度正好可以让水牛将头伸出来吃草而又不能乱窜，四百多头长着犄角的黑色水牛和食客一样为了填饱肚皮忙碌着。店员看到我们失望的表情安慰我们说："下次你们早一点。"买了两罐农场的蜂蜜，这一趟也算没有白来。

▲用水牛奶制作马苏里拉奶酪的巴洛蒂农场

　　如今古希腊的建筑，只有在希腊本土、土耳其和意大利南部最为集中，意大利本土西海岸的帕埃斯图姆和西西里岛的阿格里真托一样，古希腊建筑数量较多且保存完好。这些遗迹于1996年被封闭保护起来，经过二十年的整修，2016年6月初才重新开放。

　　公元前6世纪，希腊人来到帕埃斯图姆之后，按照海产品交易中心的规模对这里进行了规划设计，城区占地一百二十万平方米，围绕城区而建的城墙全长将近四点八千米。目前只挖掘了不到三十万平方米，现出三座神殿和众多建筑遗迹，另外九十多万平方米的土地属于私人所有，尚未进行考古挖掘。从遗迹中出土了大量古希腊文物，都在附近的考古学博物馆里集中展出。

　　已经出土的三座神殿分别位于入口的左右两侧。距离入口最近的是右侧的雅典娜神殿，建于公元前500年，比雅典帕特农神庙早了五十多年，因这里祭祀过希腊神话中掌管手工艺、艺术、智慧和军事的雅典娜女神，考古学家以此为之命名。目前只留下第一圈的横梁，横梁一端的三角楣饰尚好，另一端只剩下中间的一部分飞檐，从侧面看很像一只老鹰在窥伺猎物，很有因应军事的寓意。

▲雅典娜神殿前端

▲雅典娜神殿后端

去入口左侧的另外两座神殿，要路过一大片为了接待游客而重新修整的建筑群遗址，包括政治中心、广场、圆形剧场、竞技场、浴场、墓地以及居民区等等。每个遗址旁边都有标牌，标明了经由考古学家认定的建筑物的属性，例如：有立柱的地方是中央广场，正方形建筑被认为是盛放雨水用的大水池，挖得较深的圆形坑是储存雨水的竖井，用平整石块围起来的长方形地基是古希腊人的公共浴池，带三角形屋檐瓦块形状的是墓地，等等。

▲城区主干道遗址

　　海王星神殿建于公元前 450 年，有着震人心魄的雄伟气势。只能通过有三角楣饰的一侧入口进出神殿，外围其余的地方都用低矮的木栏围着，主要是为了保护遗址，禁止游客随意踩踏。进入神殿之后，站在内殿中央，环顾左右两侧的两层多立克柱式的立柱，会明显感觉到在神面前人的渺小。可以想见，当时的人们聚集在这里，听着祭司以神的名义说出带有启迪深意的话语，会是一种何等庄严和神圣的场景。我特别喜欢立柱上的那几棵小草，它们不是狂风吹上去的种子长出来的，而是被赋予了连接古代情感使命的一种新生命。

▲海王星神殿

位于海王星神殿旁边的是建于公元前550年的赫拉神殿，赫拉神殿是现有的三座神殿中面积最大，也是历史最为悠久的一座。但由于横梁残缺不全，两端的三角楣饰均已无存，再加上立柱的高度较低，在气势上比毗邻的海王星神殿逊色很多。

我们在世界各地的博物馆看过很多古希腊的雕塑和陶器，但却很少看到古希腊

▲海王星神殿的内殿

的绘画，这是因为经过漫长的岁月更替，绝大多数绘画作品都已化作云烟。幸运的是，神殿外面的帕埃斯图姆考古学博物馆展出了从遗址中出土的湿壁画，其中，最精彩的是1968年6月从墓穴中发掘出来的几幅画。考古人员按照画中人物的形态，将一个男子从高处跳入海水中的一幅湿壁画命名为"潜水之墓"，表示的是跳水之后潜入水底之意，经测定，该画绘制于公元前470年。古希腊人通过这样的动作到底想要表达什么含义呢？因为没有任

▲赫拉神殿

何文字可以佐证，所以引起了各种猜测，众说纷纭，莫衷一是，但我赞同这样一种说法：跳入海底，预示着死者已经安然到了另一个未知的冥界，这是一种解脱的象征。

▲古希腊湿壁画《潜水之墓》

　　另一幅描绘古希腊男子日常生活的湿壁画相当有趣。这幅画于公元前 480 年前后绘制在石棺外侧，描绘的是宴会的场面。当时的古希腊人喝酒的时候不是在椅子上坐着，而是斜躺在长椅上。画中左一和左三的男子端着酒杯，而左二的男子则将酒杯扬起，很有我们现在聚会时那种"你们随意，我先干为敬"的意思。

▲描绘古希腊男子宴会场景的湿壁画

　　还有一幅画引发了更多的猜测与联想。画面中，双手策马的应该是一位女子，四匹马在她的手下都扬起前蹄。这幅画描绘的是叱咤疆场的场景还是庆典上表演的场面？没有明确的答案，但可以看出，在墓中女子生活的那个年代，男女的地位是平等的。

▲描绘女子策马扬鞭的湿壁画

在经历了战乱和瘟疫之后，帕埃斯图姆被遗弃，飞沙走石，人去楼空，帕埃斯图姆的这一片古希腊城区也逐渐被人们遗忘，千百年来不断被泥土掩埋，长满了常春藤和各种灌木，直到18世纪四五十年代才被人们发现。我看见一个少年在海王星神殿围绕着多立克式的立柱摸过来转过去，也许他只是对千疮百孔的立柱感到好奇，但看到立柱之间虚化的缝隙，我似乎领悟了世道与人生的几番沧海桑田。公元前6世纪，古希腊已经兴起了美是和谐、比例与对称的美学概念，那是升华了的精神世界，如今只能念天地之悠悠，感慨残缺成了一种无可奈何的美好，我期待将来挖掘那些仍在泥土之下的遗址时，会出现一些意想不到的惊奇发现，那时候，我会再来。

▲用出土的碎片拼接而成的
古希腊陶器

46 阿马尔菲海岸

    在希腊神话中，有一群名为宁芙的美丽仙女，生活在森林、湖边、海岸和山谷中，她们喜欢唱歌和跳舞。法国新古典主义画家威廉·阿道夫·布格罗画过一幅名为《宁芙仙女》的油画，复现了她们在池塘边全身赤裸戏水的场景。古希腊神话里最伟大的英雄赫拉克勒斯（阿格里真托的一座神殿以他的名字命名）疯狂地爱上了其中一位仙女阿马尔菲，就在他们相恋厮守的时候，有一天，阿马尔菲突然死去，伤心欲绝的赫拉克勒斯决定将她葬在世界上最美丽的海边，他把这个地方命名为阿马尔菲海岸。

    2018年规划行程的时候，已定好从帕埃斯图姆沿着第勒尼安海向北开行去庞贝，于复活节4月1日这一天去这个被誉为"人间天堂"的海岸。然而海岸上各个小镇的旅馆或民居都没有空房，最后选择的民居在群山环绕的蒙蒂拉塔里地区公园（Parco Regionale dei Monti Lattari）自然保护区里，位于阿马尔菲海岸和庞贝连线的中间点。

    从帕埃斯图姆开往民居时，车子一直行驶在第勒尼安海的海滨公路上，想睡一会儿，都觉得对不起窗外不断变换的海天一色的风光。进入保护区盘旋上山的时候，瓦伦汀再一次显露出无比娴熟的车技。这条山路很窄，弯道极多，如果对面来车，需要停下来紧贴着路边，错车之后才能继续前行，估计经过了几个九曲十八弯，终于开到了山腰的一个小村落。停车场是一个三十多度的斜坡，几十栋二层小楼分散在周围，民居法比勒加比亚尼（Farfalle E Gabbiani）的店主从坡顶上小跑下来，他告诉瓦伦汀不用锁车，他说这里非常安全，完全用不着担心。

怪不得非常安全，打开斜墙上的窗户，这不正是陶渊明《归田园居·其一》诗中的意境吗？"少无适俗韵，性本爱丘山，误落尘网中，一去三十年"，我们已经厌倦了平日里喧嚣和嘈杂的氛围，"方宅十余亩，草屋八九间，榆柳荫后檐，桃李罗堂前"，说的正是我们心目中最憧憬的质朴、恬淡的田园生活。静谧，是这里唯一的关键词，能悠然地住两个晚上，享受转瞬即逝的归宿感，听柔软的风声和清脆的鸟鸣，这是难得的天籁。

▲从民居窗户看到的自然保护区里的小村落

这个庞大的保护区涵盖了包括阿马尔菲海岸在内二十七个城镇的疆域，是亚平宁山脉中最受登山爱好者喜欢的徒步线路之一，虽有一些陡峭的悬崖峭壁，但在山谷和海岬交错之处有太多的美景，全赖大自然最慷慨的赏赐，这是绝大多数小镇得天独厚且引以为傲的资产。

长靴形的意大利半岛南北纵向长度为一千多千米，它向西侧的第勒尼安海伸出了一根名为苏莲托半岛的绚丽枝条，从东侧的维耶特利苏玛雷一直延伸到西侧的波西塔诺，长四十多千米。这里的春天莺啼燕语，夏夜波光粼粼，秋季叠翠流金，冬日惠风和畅，一座座色彩缤纷的小屋或集中或散落在岸边的悬崖之上，与山石之间长出来的绿树青草和阳台上的各色鲜花彼此掩映。在这片欧洲最美丽的海滩上，维耶特利苏玛雷、马奥莱、米诺利、拉韦洛、阿马尔菲、阿特拉尼、普莱亚诺和波西塔诺等十几个小镇星罗棋布，作家伍尔芙、劳伦斯，诗人拜伦、雪莱和艾略特，政治家丘吉尔，经济学家凯恩斯，等等，数不胜数的一代代名流到了这里之后，都流连忘返。

用一天的时间走马观花，这不是我们四个人的风格。出发之前，我们精挑细选了拉韦洛、阿马尔菲和波西塔诺三个小镇，如果时间充裕，还想去看看栽种杰内斯特拉白葡萄的梯田以及柠檬种植园，仅此而已，不做他想。

薄伽丘在写于 14 世纪中期的短篇小说集《十日谈》中曾写过拉韦洛富商巨贾卢佛罗（Rufolo）家族，文艺复兴之后，书中提到的卢佛罗家族居住的别墅逐渐成了人们旅游必去之地。1880 年，德国作曲家瓦格纳来到这里，当时他正在创作最后一部歌剧《帕西法尔》，要给剧情铺垫一座魔幻般的花园：克林索尔一直想成为圣杯骑士，但却沉溺淫欲而被圣杯永久拒绝，他一怒之下修了一座城堡，让城堡内魔幻花园里的花妖们用女色三番五次地引诱其他圣杯骑士。瓦格纳迷上了庭院里姹紫嫣红的鲜花，从花园中得到灵感，一边看着花草，一边谱写了剧中的旋律。

拉韦洛还有一座建于11世纪的辛波乃别墅（Villa Cimbrone），那里的小径边上种满了紫藤花，穿过藤萝垂下的凉亭后，就来到建于18世纪的露台，扶栏远眺，会带来无尽的逍遥之感。1938年，电影明星葛丽泰·嘉宝为躲避频频采访拍照的闪光灯，便与她的情人、美国指挥家斯托科夫斯基来到这座别墅，并对外宣称"想一个人待着"，一时成为电影界的热门话题。

朋友跟我说过，春天的时候去阿马尔菲海岸最好，游客少，随便走到任何一个地方，不用选景也不必在乎构图，随手一拍就是一张明信片，我在南非从乔治镇通往开普敦的四百多千米的花园大道上也有过相同的经历。下山之前查看天气预报说有中雨和短时大风，从自然保护区盘桓而下进入马奥莱的时候，雨点就打在窗玻璃上啪啪作响，刚刚绽开的深粉色三角梅和红色天竺葵的花瓣被吹落了一地。一位女士在路边拿着一把粉色的雨伞迎风走过，我正要和王梓说这是一幅雨中即景的画面，只见瓦伦汀按下了倒车镜的按钮，虽然海滨公路上行人不多，但车辆拥挤得到了必须折叠倒车镜才能开行的程度。

本来从自然保护区的住处到拉韦洛只需四十几分钟，但在距离拉韦洛还有五千米的时候，已经过去了整整两个小时，车越来越堵，只好放弃拉韦洛，继续前行。王梓跟我商量需要放弃原来的计划，哪里能拐出去，我们就去哪里看看，因为这样的天气，即使站在海边，也拍不出碧海蓝天和五彩斑斓的明信片。

中世纪开始修建阿马尔菲海滨公路的时候，分别设定了两个起点和终点，东面是萨莱诺，西面是苏莲托。如今，每天都有从两个小镇对开的巴士，在途中接送每个小镇上下车的散客。到阿马尔菲小镇时，一看路边早已停满了车辆，估计进去找一个停车位比登天还难，索性继续往前开。阿马尔菲在历史上曾经显赫一时，当时，建于 4 世纪的阿马尔菲虽然狭小，却是威震一时的海上霸主，鼎盛时期能与比它大十几倍的热那亚和威尼斯分庭抗礼，可惜 1343 年的大地震和海啸，吞没了小镇大部分的土地。阿马尔菲的柠檬与索伦托的一样，个头大、皮厚、籽少且果肉不酸，明知这里的柠檬酒名闻天下，却只能乘兴而去，败兴而归，不是不好喝，而是喝不成。

快到阿马尔菲海岸西侧最后一个著名小镇波西塔诺的时候，终于有了可以停车的空地。这里距离海平面两三百米，海面上的游艇估计都开到港口里避风去了，那些正在盛开的鲜花在没有阳光照耀的时候显得无精打采。走到波西塔诺小镇的入口，沿着石头台阶向海边走，想找一家餐厅吃午餐，却全部满员。

▲波西塔诺小镇

虽然浑身冻透，四个人却都笑了，笑我们竟然用了三个多小时才开了四十千米，没能喝上一杯柠檬酒，没能吃上传统的西葫芦酱意面，更没机会品尝用秋天捕捞的凤尾鱼做成的鲜到极致的鱼露……回到车上，瓦伦汀打开收音机继续听古典音乐广播的时候，天放晴了，若按原路返回，又要重新进入拥挤不堪的道路，已经1点多了，去哪里吃午餐呢？我看了看手机地图，突然两眼放光，兴奋地说："去苏莲托！"

47 苏莲托

　　事先根本没有去苏莲托的打算，应该感谢阿马尔菲海岸的拥堵，让我充分体验了一次舍而后得的乐趣。

　　看到地图上"索伦托（Sorrnto）"的字样，我为何会异常兴奋呢？20世纪80年代中期，同事把一盘吉他曲磁带借给我听，我原以为只是独奏专辑，但在《重归苏莲托》中，男中音在吉他的伴奏下唱出了一种哀愁之情，我立即被这首歌中流露出来的爱意深深打动，似乎只听了几遍，就背会了那个旋律。后来知道这首歌唱的不是爱情，而是一首意大利思乡曲。那个年月，不知道苏莲托在哪里，尽管现在把Sorrento译成索伦托，但年轻时先入为主的感动，总觉得重归的若是苏莲托才最有诗意，而索伦托是一个陌生的地方，重归不重归对我来说一点都不重要。

　　尽管多少年不再唱，但我还是在车上把译成汉语的歌词一字不差地轻声哼唱了出来：

　　　　看这海洋多么美丽，多么激动人的心情，看这大自然的风景，多么使人陶醉。看这山坡旁的果园，长满黄金般的蜜柑，到处散发着芳香，到处充满温暖。可是你对我说"再见"，永远抛弃你的爱人，永远离开你的家乡，你真忍心不回来？请别抛弃我，别使我再受痛苦，重归苏莲托，你回来吧！

下午 1 点多的时候，天空彻底放晴，从路边远眺，就知道为什么苏莲托是歌德、司汤达、拜伦、狄更斯、尼采、瓦格纳、托尔斯泰、小仲马和高尔基等人最喜爱的地方了。

▲远眺苏莲托

　　荷马在史诗《奥德赛》中写了几个半人半鱼的女妖，她们在海边唱妖艳的歌，在海上航行的水手们听到那些歌声之后魂不守舍，往往触礁而死或葬身鱼腹。这些女妖所在的地方有几种说法，一是在我们乘渡轮离开西西里岛时经过的墨西拿海峡，二是在苏莲托半岛尽头的苏莲托。奥德赛在坐船回家的途中历经千辛万苦，他知道女妖会继续施展魔法，就用蜡堵住了水手们的耳朵，为了防止自己经受不住那些声音的诱惑，他让水手用绳索将他牢牢地绑在桅杆上，从而躲过了一劫。虽是杜撰的故事，但看着远处据说有女妖诱惑水手的海岬，忽然产生了一种真切的幻觉。

▲苏莲托的海岬，据说是女妖诱惑
　水手的地方

▲苏莲托街景

　　午餐时，头顶的树枝上垂下了很多的柠檬和蜜柑，交织出一幅亚热带独有的图景。卡鲁索的中心区域有一座塔索广场，以出生在这里的文艺复兴晚期诗人塔索的名字来命名。1565—1575 年，塔索写了叙事长诗《被解放的耶路撒冷》，参照维吉尔的写作手法，以丰富的想象力和细腻的文笔，描写了爱情最终战胜宗教信仰的伟大力量。歌德和拜伦都用诗作歌颂了塔索悲喜交加的一生，作曲家李斯特写过一首交响诗《塔索的悲伤与胜利》，用凄婉和雄壮的旋律，为塔索的精神塑造了一种音乐形象。如今，背对大海面朝街道的雕像和广场成了苏莲托的象征，本地人和外来游客每天都会从这里走过。

▲午餐时，头顶上的柠檬与蜜柑

在意大利的音乐界，无论是古典乐、流行乐还是爵士乐，一提起恩里科·卡鲁索（以下简称"卡鲁索"），人们都会肃然起敬。卡鲁索是古典音乐领域第一位录制唱片的意大利歌唱家，被誉为20世纪最伟大的男高音，1903—1920年，他在纽约大都会歌剧院演唱了六百多场歌剧，直到一次在演唱《丑角》时吐血而不得不告别舞台，1921年8月，卡鲁索在苏莲托不幸去世时，年仅四十八岁。卡鲁索在苏莲托时喜欢住在建在悬崖边上的伊克斯西尔维多利亚大酒店，他住过的套房，成了音

▲塔索广场上的塔索雕像

乐界人士纪念他的最好去处。

出生于博洛尼亚的流行歌曲创作歌手卢西奥·达拉曾在1986年前往卡鲁索的故乡那不勒斯，到了距离那不勒斯只有二十千米的苏莲托时，特意选住在那间套房，站在阳台，面向大海，望着海边阑珊的灯火，灵感如泉涌，在房间里写出了歌曲《卡鲁索》，一是纪念伟大的歌唱家，二是纪念写歌时曾给过他帮助的一位姑娘，歌曲创作完成后，姑娘就病逝了。

在看"帕瓦罗蒂和他的朋友们"演唱会的DVD时，卢西奥·达拉与男高音帕瓦罗蒂共同演唱了这首歌，他们把流行音乐和古典音乐的美以最感人、最动情的方式糅合在一起，尤其最后一句微弱的假音，把怀念与感伤升华到一种境界。每次听这首歌，我都会热泪盈眶，因而在离开苏莲托的时候，特意让瓦伦汀开往卡鲁索和卢西奥·达拉住过的那家大酒店。本想进到酒店里感受一下气氛，但还要前去维苏威火山口，一看表，时间来不及了，只能看了一眼酒店的外观。我在手机里找出帕瓦罗蒂和卢西奥·达拉的视频，再一次陷入歌词与旋律的情感之中：

> 在那波光粼粼的地方，
>
> 吹荡着强劲的海风，
>
> 在这古老的阳台上，
>
> 靠近苏莲托的海边，
>
> 一个男子拥抱着一个姑娘，
>
> 泪水流过他的面颊，
>
> 他清了清嗓子，

开始吟唱。

看着海面泛起的光影，

想起在美国的那些夜晚。

不过，

这只是渔船闪烁的灯火，

和船桨划起的浪花。

他感触到音乐中的苦痛，

于是他离开钢琴，

当他看到皎洁的月光从云层中穿出，

就像化作美丽的死亡。

世界变得渺小，

在美国的日日夜夜也微不足道。

当你蓦然回首，

短暂的生命犹如浪花一样转瞬即逝。

他并没有太多的想象，

却感受到由衷的幸福。

他凝视着姑娘的双眸，

就像大海一样的湛蓝的目光，

突然间泪水决堤，

他发现他正淹没在泪水的海洋。

我是多么地爱你，

深深地爱着你。

当爱已成为枷锁，

奔涌的热血在沸腾，

你知道吗？

　　这是无限的怀念，也是永恒的感伤。2007 年，七十二岁的帕瓦罗蒂去世，五年之后，六十九岁的卢西奥·达拉死于心肌梗死，想到我们这个时代的两位音乐家，更觉得《重归苏莲托》和《卡鲁索》这两首歌的最后一句简短歌词意味深长。"你回来吧！""你知道吗？"山坡上长满了蜜柑，港湾里的渔船亮起了灯火，苏莲托小城有两首歌，喜欢听它们的不只是你我。

48 庞贝

　　2013 年 7 月，我在伦敦大英博物馆观看了《庞贝与赫库兰尼姆的生与死》的专题展览，那是我第一次看到从庞贝出土的文物，文物全部收藏于那不勒斯国家考古博物馆，从陶罐、银器、铜镜、首饰、雕塑、湿壁画到镶嵌画，能想到的和想不到的日常生活物品，无所不包，应有尽有。我对其中两件展品的印象最为深刻：其一是一幅湿壁画，一位长裙少女左臂捧着花瓶，伸出右手采摘枝头上的鲜花，按照贡布里希在《艺术的故事》中的说法，古希腊的"绘画都没有流传下来，我们要想对古代绘画特点有个概念，只有去看在庞贝和其他地方发现的装饰性的壁画和镶嵌画"。其二，有一块被分成八个扇形的圆面包，上面扣着一个长方形的印章，刻着名叫赛勒（Celer）的奴隶的名字，面包除了变黑，最耐人寻味的是裂纹，似乎是在抱怨那段无情的岁月。

▲庞贝湿壁画《采花少女》，拍于那不勒斯国家考古博物馆

▲庞贝出土的面包

离开苏莲托，瓦伦汀开了两个半小时车来到了维苏威火山口海拔一千多米的停车场，好不容易等到一个空位停好了车，四个人急匆匆向火山口方向走去。二十分钟后赶到火山口售票处，售票处正好在下午5点钟关门。我们不忍离去，站在入口处向上望着火山口的方向，看见从土坡上走下来一对母女，她们手里拿着买票时发放的登山手杖，向我们投来微笑。我看到眼前的维苏威火山在蓝天白云之下安宁而祥和，根本想象不到一千九百多年以前，从火山口喷发出来的岩浆曾经以最强大的威力，将庞贝这个鲜活的小镇活生生地吞没，那幅《采花少女》湿壁画、那个刚刚出炉的面包……瞬间被掩埋。

公元前27年，屋大维成为罗马帝国的开国君主，凭借前瞻意识和出色的领导能力，屋大维为帝国在政治、经济、军事和文化等方面积淀了雄厚的基础。庞贝有天然良港，依靠着发达的对外贸易积累了雄厚的财富，公元前2世纪就进入了黄金时代，修建了许多公共建筑。

▲一对母女从维苏威火山口走下来

例如，露天剧场、室内剧院、神殿和公共浴池等，庞贝成为帝国中为数不多的繁荣城市。一直默默地看着庞贝的维苏威火山，似乎早就对眼前的歌舞升平有一肚子怨气，公元79年8月24日下午1点左右，火山开始发怒，不断喷发出高达三十多米的烟柱、岩浆和火山灰，温度高达四百多摄氏度，顺着西北风以一百六十多千米的时速向庞贝飘去。火山喷发之前，城里的一万八千多人已经预感到此前频繁发生的地震是不祥之兆，陆陆续续搬到罗马，但仍有两千多人滞留在城内，富人们交杯换盏，奴隶们一如既往地劳作，海员们在妓院寻欢作乐……在很多人毫不知情的时候，黑色的碎石和火山灰已经到了城市上空，以迅雷不及掩耳之势俯冲下来，无论是在房间里还是在街道上，人们面临的唯一结果，就是死亡。

▲无情掩埋了庞贝的维苏威火山石

伦敦泰特美术馆的展厅里挂着英国画家约翰·马丁画的《庞贝和赫库兰尼姆的覆灭》，在画家笔下，维苏威火山喷出的火球占据了整个画面，巨浪翻滚如同海啸，人们惊慌失措，看上去极其恐怖，但这只是画家的想象。目前所知记录维苏威火山喷发的唯一可信的文字证据，是罗马帝国作家小普林尼写的一封信，他在三十多千米外，目睹了当时的场景："从火山口喷出了如同松树一样的长条状乌云，瞬间遮天蔽日，通红的火山碎屑流像雪崩一般，迅速降落到海面，比没有月亮的夜晚还要漆黑，就像是没有窗户的密闭房间那样的黑暗。"

厚达六米的火山石和岩浆将半径十二千米的庞贝小城彻底覆盖，直到 18 世纪初期才首次被人们发现。当近在咫尺的那不勒斯国王查理三世得知庞贝出土了一些色彩艳丽的湿壁画和镶嵌画之后，出于将艺术品用于装饰王宫的目的，1748 年春天，查理三世派人对庞贝古城进行了挖掘，因此，现在出土的很多画作和雕塑依然被保存在那不勒斯国家考古博物馆。

早晨，从自然保护区的住处下山的时候，可以看到对面的维苏威火山山脚下密密麻麻地布满了低矮的民居。如今，火山四周坐落着二十四个城镇，住着七十多万人，感觉住在那里的居民们完全没有对火山喷发的担心与紧张之感。

被发掘出来并被整修的遗迹共有八个区域，我们没有做刻意的选择，事先也没有做过多的功课，因为买票时附带了一百五十页各种语言的小册子，将每处遗迹都写得非常详细。为了便于辨识，考古学家和文化学者们将每一个建筑根据其最主要的特征起了名字，例如贝壳中的爱神之家、花卉寝室之家、悲剧诗人之家、金色小爱神之家，小喷泉之家、齐特拉琴弹奏者之家、美少男之家、银魂之家、纯洁恋人之家、夏季餐室之家、那不勒斯王子之家、欧罗巴船之家、阿西丽娜熟食店、神秘别墅等等。

▲花卉寝室之家

▲小喷泉之家

▲夏季餐室之家的湿壁画

▲贴有编号的建筑物

　　我对在日落时分看到的神秘别墅印象最为深刻。之所以称之为神秘别墅，是因为考古学家经过多年研究之后认为远离市政中心的墓地下方的那一排建筑，是一个非常神秘的宗教场所。认定的主要依据来自一个长方形的房间，满是"庞贝红"的墙壁上有幅湿壁画，画了神话中的酒神等二十八个人。酒神在古希腊神话中是狄俄尼索斯，在古罗马神话中是巴克斯。关于壁画中酒神周围的成年男女和儿童在做些什么，学者们给出了截然不同的说法。最早，有学者在1954年提出，当时流行的酒神崇拜吸引了众多的追随者，这种神秘的信仰伴随着集体的迷失与陶醉，因为信众热情过度，被当局列为邪教而不能公开活动，所以只能在远离中心城区的地方私密结社，而湿壁画描绘的正是这个宗教的活动场景，这是目前被认为最有说服力的说法。

▲神秘别墅里的湿壁画

　　面向游客的墙壁中间画的是酒神，酒神旁边人的头部没有保存下来，应该是酒神的妻子，因为不能修复而被抹上了水泥。酒神因醉酒脱掉了右脚上的凉鞋，将一根给他带来好运的酒神权杖架在左腿上，以满是醉意的恍惚表情看着妻子。酒神夫妇的姿势表明，他们的婚姻是充满恩爱的天作之合，从而向信众传递出入教即可得到幸福的明示。在左侧的墙上，最左边的可能是这个房间的女主人；一个儿童站在正坐着的女传教者前面诵读教义；旁边少妇的腹部微微隆起，像是怀孕不久，她戴着花冠捧着盘子；一个女祭司背对游客坐着，正指挥她左右两侧的人们弹竖琴、整理桌子和搬运食物。右墙上，爱神丘比特为一个坐在椅子上正在化妆的女子拿着镜子，那长得很美的女子显然是贵族，站在她身边的女奴正帮她梳头。

▲ 左墙上的湿壁画

　　那些特别明显的公共设施则不用另行起名，考古人员直接以市政中心、大会堂、阿波罗神殿、维纳斯神殿、宙斯神殿、众神殿、

▲ 右墙上的湿壁画

大教堂、露天剧场、大剧院、小剧院、体育场、食品市场、浴场、妓院等名称命名。大会堂大约建于公元前 2 世纪，是市政中心里最为宏伟的建筑，被认为是此类建筑中代表了整个古罗马帝国时代最古老的范例；大剧院建于公元前 2 世纪中期，利用丘陵的倾斜度来建造观众席，是最早被发掘出来的庞贝大型公共建筑；大型角力场建于 1 世纪，主要是训练青年市民体力的场所；位于郊

区的露天剧场建于公元前 70 年，它是古罗马时代最古老的知名剧场之一，可以容纳二十万名观众。

▲1813年出土的市政中心，远处是维苏威火山

▲市政广场旁边的野花

▲大会堂

▲阿波罗神殿前的铜塑像

▲大剧院

▲大型角力场

▲露天剧场外部

▲露天剧场内部

1860年，意大利考古学家朱塞佩·菲奥雷利在负责庞贝遗址发掘的过程中，发现火山岩浆包裹住了人们的遗体，岩浆凝固之后，死人的躯体腐烂，岩浆内形成一个空腔，于是他采用此前的考古学家曾经用过的方法，向空腔里注入液体石膏。几天后将外部杂质去掉，凝固的石膏把人们在大难临头时各种挣扎的形态呈现了出来，这些石膏遗体模型在庞贝的公共谷仓中展出。

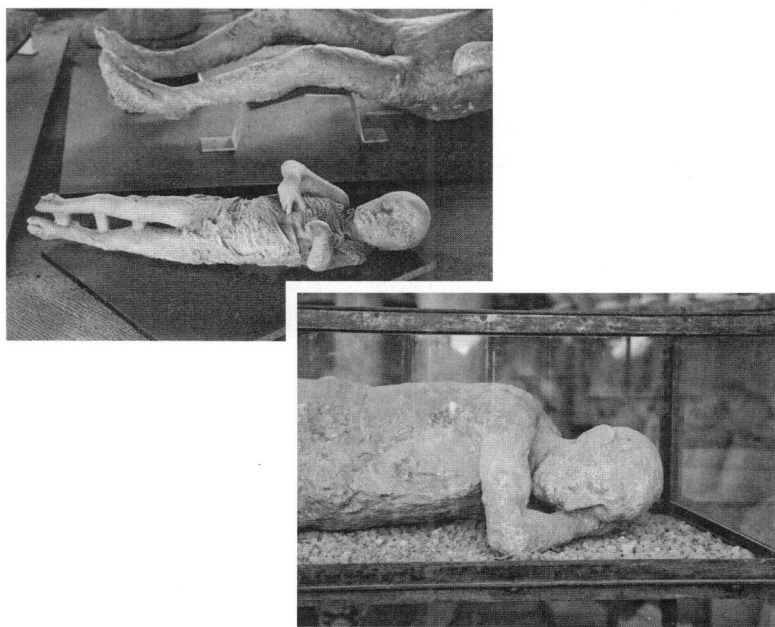

▲用石膏灌注的儿童及成人的遗体模型

2013年，意大利政府启动了一项针对庞贝古城的大型修复计划，包括对已经发掘出土的建筑物进行加固保护等等。目前，庞贝已被发掘的区域有四十五万平方米，包括四号区域在内的仍然被覆盖在泥土里的区域约有二十万平方米，随着考古工作有条不

▲已被发掘的区域，远处是维苏威火山

紧地进行，将来一定会出现新的惊喜。我们看到一位女考古学家正坐在地上，从几十个小塑料盆中清理甄别其中的小件物品，这是一项非常琐碎的工作，需要耐心和细心。

在庞贝古城转了七个多小时，我和王梓达成了这样的共识，如果不是因为来自维苏威火山的天灾，那些古希腊和古罗马的绘画或雕塑可能早已不知所终。祸兮福之所倚，福兮祸之所伏。这就是冥冥之中的一种天意。

49

格拉尼亚诺

被誉为"影像魔术师"的电影导演费德里科·费里尼曾经五次获得奥斯卡金像奖，是意大利乃至全球电影界的传奇人物。他最喜欢身为电影演员的太太茱莉艾塔·玛西娜做的意面，玛西娜做的意面不但面煮得恰到火候，酱汁也是美味无比。玛西娜的做法是在平底锅中放入一大份黄油和特级初榨橄榄油，将两个圆葱和两片大蒜切碎后放入锅中翻炒，再加入两罐意大利整装番茄，将番茄捣碎之后，加入一小勺白糖，将柠檬切半，挤出柠檬汁，将长条实心意面煮熟放入平底锅中与酱汁拌匀，装盘时撒上少许辣椒粉和帕马森干酪。这份意面成了费里尼的最爱，他说虽然吃了一辈子，却百吃不厌。

我们在餐厅点餐或者自己在家做的意面，无论是细长实心面、通心粉、螺旋面、蝴蝶面还是笔管面等等，都是在意大利的现代化工厂的流水线上挤压成型，再用热风瞬间吹干的，目前在世界各地超市或商店里出售的大都是这种产品。

西西里岛上种植的硬质小麦制成的粗面粉中有很高的面筋含量，水分很少，定居在西西里岛的阿拉伯人在1200至1400年前后用这种面粉做成了耐久储存的意面作为主食，既可以缓解灾年的饥荒，也能满足远洋航海和沙漠跋涉的需要，其最主要的特征是轻巧、饱腹、有营养，尤其是加工出来的圆形的通心粉，因为中空，更容易快速干透，方便携带和贮藏。

在阿马尔菲海岸的山顶上，有一个名不见经传的中世纪小城格拉尼亚诺，这里强劲的海风与山风以及湍急的泉水，形成了推动磨盘的天然动力，而充足的阳光又成了速干的光源，因此，15世纪初期，格拉尼亚诺就成了制作意面的最佳地点。加工好的各种意面直接摆放在路边两侧的木架上自然晒干或风干，用这种天然的方法做成的意面，可以保存二到三年。

18世纪时，意面成为格拉尼亚诺的重要产业。通常，人们将面团充分按揉之后，通过使用各种形状的模具挤压出粗细不同的形状，直径大的挤压出通心粉，直径小的则挤压出细面，经过几百年的不断改进与完善，目前可以做出一千六百多种形状。2005年，格拉尼亚诺的意面协会获得欧盟颁发的原产地商标，凡是买到包装袋上印有"La Pasta di Gragnano IGP"字样的就是最传统的格拉尼亚诺意面。

王梓说，复活节假期那几天，好几家其他城镇的餐厅给他发邮件，以可以令人接受或者毫无理由的借口取消了我们的晚餐预约，但最令我们期待的格拉尼亚诺那家米其林推荐的意面餐厅却一直信守承诺，没有给我们发邮件，说明正常营业。如此一来，我们来意大利的所有心愿——品尝最好的葡萄酒、橄榄油、奶酪、香醋、意面、咖啡、甜品等各种美食，都逐一完成。

从自然保护区住处的民居下山的时候，远处的维苏威火山山顶被浓云遮住，狭窄的路边薄雾飘浮。下山之后再上山去格拉尼亚诺时，雨越下越大，路也越来越滑，低矮小楼的黄色外墙被雨水浇透，在幽暗的路灯下露出了更多哀伤，如果没有轿车的灯光不时地从弯路的对面照过来，真不知道身在中世纪还是当下。格拉尼亚诺有着两千多年的历史，公元 79 年维苏威火山喷发的时候，小城眼睁睁地看着山下的庞贝与赫库尼兰姆被火山石和岩浆吞没，也庆幸自己躲过了那场劫难。

▲从自然保护区住处下山去往格拉尼亚诺，对面乌云下是维苏威火山

▲加洛瑞尔餐厅

导航走到加洛瑞尔（La Galleria）餐厅门口，如果不是看见门边上的牌匾，光看左侧的落地玻璃窗内的各式意面，还以为走错地方来到了一家自然晒干的意面店。走上二楼坐定之后，女店员说："我们的主厨和其他厨师并没有因为今天是复活节假期而取消你们的订单。"听了之后我们特别感动。费里尼有一句名言说"生活就是魔法和意面的结合"，朱利奥·科波拉（Giulio

Coppola）主厨今天为了我们将要施展他魔术般的厨艺，这实在是雨夜里最暖人的时光。

　　女店员先端上来餐前面包，这是在意大利其他任何一家餐厅都没有享受到的精品，与其说是面包，不如说更像餐后甜点。

▲餐前面包

　　紧接着端上来四种小吃，女店员说是主厨赠送的，小巧玲珑，仅仅看一眼就不忍心下口。王梓和我会心一笑，只是餐前面包和这

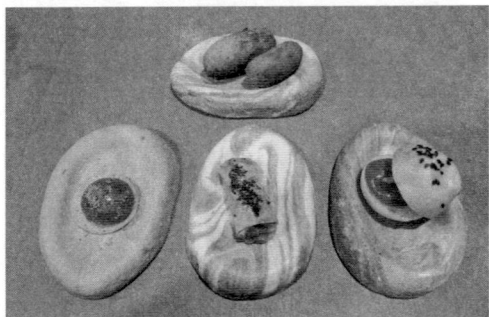

▲主厨赠送的四种小吃

赠品，就已经是惊喜的前奏曲，接下来呢？

　　主厨的美食理念在分量不大的头盘里恣意呈现。他将意面放在土豆泥里煎成金黄色，上面摆上细嫩的鳕鱼、烤面包丁和欧芹丁，配以章鱼酱汁，放在周边满是小孔的圆盘里，既有意想不到的浓香，也通过摆盘告诉我们店小乾坤大的道理。

▲土豆泥煎意面配鳕鱼欧芹和面包丁以及章鱼酱汁

　　我点的主菜是包馅意面，这是 17 世纪初期风靡意大利的一道面食，形状和做法南北各异。与一般餐厅不同的是，主厨相当注重摆盘时的颜色对比，将打成膏状的鳕鱼肉泥包在黄色的圆形面皮里，其上加了两片洁白的鳕鱼片，配以绿菜叶和少量酱汁，宛如一幅描绘秋季的水彩画。我将这幅水彩画理解为，在硬质小麦的田野上，飘着两朵白云，两行绿树为小麦遮阴。色彩婉约清秀，味道更是美不胜收。

▲包馅意面配白色鳕鱼肉和绿菜叶

又品尝了其他几道各有特色的菜品之后，我们点了玛奇朵咖啡。稍后女店员端来满满一盘的甜品，说是主厨亲自做的，这种盛情太难却，但我们四个人实在是一块也吃不下了。

　　朱利奥·科波拉主厨是欧洲年轻餐饮家协会的会员，小时候他就看着母亲和祖母在厨房里像变魔术一样做出一道道精美的菜肴，耳濡目染下，他深深地爱上了厨艺。他特别在乎意面的原材料质量，也很注重选用符合他理念的辅料与调料，他说："我从来不称自己为厨师，我的烹饪哲学是使我的菜肴以质量、传统和季节性取胜。"

50 那不勒斯

　　那不勒斯是一个复杂的城市，从卡波迪蒙特美术馆三楼的大窗望下去，草坪上稀疏的棕榈树与海边密集的房屋张弛有度，一艘集装箱船和其他小型货轮航行在那不勒斯湾碧蓝的海面上，远处是静悄悄的维苏威火山。展现在眼前的画面错落有致，和谐而又安宁。歌德在《意大利游记》中写道："如果此生没有看到那不勒斯的美景就死去，就如同没有来到这个世上一样。"

▲从卡波迪蒙特美术馆看到的那不勒斯街景

　　然而，在那不勒斯的街道，无论是大街还是小巷，除了刚上路的新车，没有一辆轿车的前后左右未被剐蹭。街头的垃圾随处可见，有时候会堆积如山，无视红绿灯的摩托车横冲直撞，不是本地人，根本适应不了那种脏乱差。

我们应该如何理解反差如此巨大的那不勒斯呢？与帕埃斯图姆和塞杰斯塔一样，那不勒斯也曾在公元前 6 世纪成为古希腊人的殖民地，希腊本土之外最大的海上贸易中心给这座城市带来了最初的繁荣，此后各个民族轮换交替，带来了各种嘈杂与混乱，但也使那不勒斯成了全欧洲人口密度最大的闹市。在琳琅满目的博物馆、美术馆、教堂、城堡和王宫里，有三四天都看不完的精美艺术品，但这里又是意大利三大黑手党之一克莫拉的老巢，可以说，文明与野蛮都能在那不勒斯找到自己的位置。刚进城之后在民居附近的空地将车停稳，一个满脸络腮胡的男子就走过来敲瓦伦汀的车窗，用意大利语说是要收费，但周围没有任何停车场的标志，瓦伦汀没有理会。后来问了民居的女主人，得知那些人收的是保护费，他们只针对外地人和外国人收取。我们在那不勒斯住了四天，我觉得作为意大利最具活力的城市，它的特点不是三言两语能够说清楚的。

那不勒斯国家考古博物馆是世界上收藏古罗马文物数量最多的博物馆之一，一楼雕塑展馆里展出的古希腊和古罗马雕塑，很多是来自法尔内塞家族从文艺复兴时期开始的收藏。例如摆放于走廊尽头的《法尔内塞公牛》，是古罗马时期仿制古希腊公元前 2 世纪末期的一件雕塑，这件仿制品由一整块大理石雕刻而成，在被发掘之前，一直被埋在罗马的卡拉卡拉浴场的泥土中；另一件古罗马对古希腊雕塑的仿制品是《法尔内塞赫拉克勒斯》，与前一件一样，都于 1546 年在罗马的卡拉卡拉浴场出土，来自法尔内塞家族的教皇保罗三世将其装饰于罗马的法尔内塞宫，因而两件古罗马雕塑都被冠以法尔内塞之名。每个人都想知道赫拉克勒斯为何会是严肃的表情，我想他一定是在思念死去的阿马尔菲仙女吧。

▲《法尔内塞公牛》

▶ 《法尔内塞赫拉克勒斯》

　　到了博物馆二楼，会看到从庞贝与另一座被维苏威火山吞没的赫库兰尼姆小镇出土的湿壁画和镶嵌画。在庞贝看不到一块完整绘画作品的遗憾，能在这座博物馆里得到最大的补偿，那些色泽鲜艳、保存完好的画作，包含了从战争到日常生活的方方面面。曾在伦敦看过那幅左手拿书、右手持笔的女子和出自面包房的面包师夫妇的湿壁画，时隔五年再次得见，倍感亲切，但更让我震惊的，还是数量更多的整幅湿壁画和镶嵌画，虽然平庸甚至称不上完美，却是在其他地方看不到的古罗马城镇生活的缩影。博物馆里还有一处只接待成人的展厅，那些儿童不宜的湿壁画来自庞贝的妓院和贵族人家，反映出当时古罗马时代的情色文化，尤其是一幅雌雄同体的美女，让人印象深刻。

▲庞贝的湿壁画

▲庞贝的镶嵌画

　　如果你喜欢卡拉瓦乔的油画，可以来那不勒斯观看，这里有他的多幅佳作。卡波迪蒙特美术馆里的《耶稣的鞭刑》属于镇馆之宝，单独挂在一个房间，让参观的人可以充分领略卡拉瓦乔在阴影和着色方面的独到功力。画家对三个刽子手故意做了昏暗处理，其戏剧性的用光与色彩都堪称绝妙，耶稣倾斜的身躯又与其身后的立柱形成反差，画外之意更是纯粹与狰狞、圣洁与粗鲁、羸弱与野蛮的鲜明对比。仁慈山教堂的祭坛上有卡拉瓦乔最后一幅巨作《七件善事》，这是画家于 1606 年 9 月在教堂创作的，他把基督教义里从洗礼到婚姻的七件善事画在一幅巨大的画布中，以巧妙合理的构图，展现给看画的人们多种醒目的寓意。

▲卡拉瓦乔在仁慈山教堂画的《七件善事》

去圣塞维诺小堂的路并不好走，虽然看着手机导航，仍常常会走错。欣赏到最想看的雕塑杰作《蒙面的基督》之后，只能赞叹意大利巴洛克的雕塑艺术已经达到了极致。这是那不勒斯出生的雕塑家朱塞佩·桑马蒂诺的作品，此前很多画家画过各种构图的耶稣之死，却没有一个人给耶稣的头部披上白色的面纱，桑马蒂诺以登峰造极的技巧，在一整块大理石上，将面纱和耶稣的面部与身体完美地结合在一起，将白纱雕得薄如蝉翼甚至几近透明，这种逼真的高超手法非一般人所能及，遗憾的是小堂内严禁拍照。

那不勒斯有一座欧洲最古老的剧院——圣卡洛剧院。1737 年11 月 4 日，剧院开业的时候，内部的黄金和豪华的蓝色内饰尽显王者的尊贵之气。1816 年，剧院遭遇大火之后，第二年完成重建。作曲家威尔第的歌剧《阿尔奇拉》和《路易莎·米勒》就是为圣卡洛剧院而写，另一部歌剧《假面舞会》原来打算在这里首演，但在剧院排练期间有人企图暗杀拿破仑三世，威尔第不得不将剧情的背景改为美国并将首演地换成了罗马。坐在一楼红色座椅的观众席上，背后的楼上就是极为气派的皇家包厢。观看作曲家肖斯塔科维奇的歌剧《姆钦斯克县的麦克白夫人》时，产生了一种比较奇怪的错位之感，但除了极少量幕间休息退场的老人，其余的人都全神贯注。肖斯塔科维奇在他唯一的一部歌剧中，通过音乐和歌词折射出诸多社会问题，而这些问题在当今社会尤其是那不勒斯也有着鲜明的讽刺意义。

▲在圣卡洛剧院看歌剧

▲圣卡洛剧院的皇家包厢

那不勒斯的夜晚也很美，商业街上闪烁着的霓虹灯并不像某些大城市那样夸张，透露着款款的柔情蜜意，看上去一片歌舞升平。然而，我们预约晚餐的餐厅，除了一家是在室外的餐桌上用餐，其余两家都像防贼似的，四个人一进去，店员就立即锁门，与南非约翰内斯堡的首饰店完全一模一样的动作。

　　走到预约制的埃克森萨拉（Ecomesara）餐厅，按了门铃，店员确认我们是预订的客人，打开门后，店员马上反手锁门。我们就坐在靠近门口的一桌，虽然加了奶酪和酸度很高的番茄酱的烤茄子、烤章鱼配新鲜的菠萝以及烤金枪鱼配青豆菠萝蛋黄酱等每一道菜都是典型的地中海口味的菜肴，但听到身后不时开门锁门的声音，有一种明显不适应的感觉，因为在意大利其他任何一个地方，还从来没有遇到过这样的阵势。第二天的晚餐是在米其林推荐的内雷泰拉（Locanda Neretella）小餐馆，吃到了意大利排名第一的那不勒斯贻贝，浸在加了小西红柿和炸面包片的浓汤里，味道极其鲜美，尤其是用贝壳舀了汤喝，更是拍案叫绝，我又追加了一份，不到一分钟，就看到店员端着一个小碗出来，笑容可掬地说道："抱歉，今晚就剩这些了。"小时候在海边经常吃贻贝，至今已经暌违三四十年，没想到在那不勒斯能重温旧梦，还是一种与中餐完全不同的做法，大有美哉美哉不能再期待更多的满足感。然而，在我们的身后，依然还会不断听到开门和锁门的声音。

▲点了一盘贻贝

这就是那不勒斯，有灯光下的阴影，也有太阳的光晕；有阻塞，更有流畅。在圣卡洛剧院看完歌剧已是晚上11点，走在行人稀少的街道上，在意式冰激凌小店英凡特之家（Casa Infante）买了榛子开心果的冰激凌，竟是三年意大利之行中的最佳，香度、甜度和口感都是我的最爱，我们和那不勒斯人一样边走边吃，走到住处的时候，回头一望，周围空空荡荡，感觉不到一丝一毫的紧张感。

　　因为买的是从罗马往返的机票，离开那不勒斯开往罗马，我们在沿途走走停停，希望领略更多别样的风情。晚上到了中世纪小镇索里亚诺－内尔奇米诺，住在一栋建于18世纪的三层小楼的民居，又是我们四个人包场。早餐时，女主人与儿子和另外两位女士为我们提供一对一的管家式服务，壁炉里柴火燃烧的噼啪声与背景音乐的钢琴声，似乎是想用爵士和古典音乐相结合的手段让我们再多住一个晚上。

▲索里亚诺–内尔奇米诺小镇民居的客厅

▲民居的女主人正在为我们准备早餐

第二天上午，山坡上的卡普拉罗拉小镇上又是满满的中世纪建筑，而且竟然在悬崖边上不断叠加，有六到七层之高。看完法尔内塞别墅里密不透风又令我们大喜过望的湿壁画之后，在随便找的阿尼卡（Anica Crattoria）餐厅吃午餐，男店员拿出菜单，却不会说英语，而瓦伦汀又听不懂他浓重的意大利语口音，男店员打着手势让我们稍等。过一会儿，一位戴着蓝色鸭舌帽、穿着蓝色围裙的女士走出来，热情地跟我们打招呼，介绍完当地最有特色的中世纪菜肴之后，她跟我们说："好了，菜给你们点完了，我要去做了。"原来她是掌勺的厨师。

▲卡普拉罗拉小镇的法尔内塞别墅

▲从法尔内塞别墅俯瞰卡普拉罗小镇

　　午餐之后继续前行，前方一大片水面上泛着碧绿的波光，用手机一查，原来是火山湖的布拉恰诺湖，直径九千米，最深深度有一百六十多米。将车停在湖边，在湖边的草地上坐了半个多小时，被晒到后背发烫的时候，看见瓦伦汀在面朝太阳的方向看书，他从来不戴遮阳帽，却从来晒不黑。在湖畔丘陵上的是安圭拉萨巴齐亚小镇，其历史可以追溯到公元前2世纪，米开朗琪罗的助手于1584年设计了坡道上的城门。在意大利旅行，有些地方是期

▲卡普拉罗小镇的中世纪街巷

待已久，而有的地方，例如眼前这个小镇，绝对是出人意料的额外惊喜。"安圭拉"在意大利语中，是"罗马帝国时期街道上的房屋"之意，还有一种说法是指"从湖里捕捞上来的数量众多的鳗鱼"。在起伏错落的街道上，中世纪的小楼连墙接栋，走在公元前1世纪的鲁蒂利亚波拉古罗马别墅（Villa romana di Rutilia Polla）小路，有一个拱门，其上就是距今已有两千多年历史的民居，至今仍有人家在住。坐在小广场上吃着美味的意式冰激凌，不禁黯然神伤，因为面对着的湖水下面，是古代一座名为马尔莫特（La Marmotta）的小村，小村因地震而整体塌陷在了湖底，谁也不知道它的前生，更不晓得它的后世。

▲安圭拉萨巴齐亚小镇

在即将结束三年意大利壮游的时候，我们发现，竟然还有索里亚诺－内尔奇米诺、卡普拉罗拉以及安圭拉萨巴齐亚这样的小镇未曾纳入我们的行程中，完全不是不想去，而是可看的东西太多，难免挂一漏万，只能用有失必有得的心态来安慰遗憾的心情。歌德说："人之所以爱旅行，不是为了抵达目的地，而是为了享受

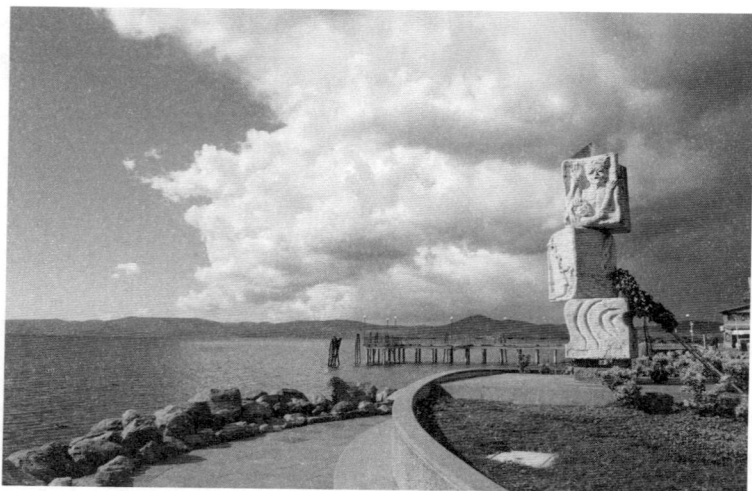
▲布拉恰诺湖底，有一座古代整体沉没的小村

旅途中的种种乐趣。"诚如斯言，小镇不是旅程的起点，更不是终点，沿途不一定都是宏伟建筑，但一定有无数的惊奇和喜悦在等着我们。

博赛纳湖，三十万年前形成的火山湖，但丁在《神曲·炼狱篇》中写过湖中的比森蒂纳岛上炖鳗鱼的做法，当地人先用橄榄油和大蒜将鳗鱼煎黄，再放入干白、鼠尾草和迷迭香，据说口感极佳；拉斯佩齐亚，瓦格纳在这里的海滨得到灵感，创作了《莱茵的黄金》的序曲；贝加莫，住在那里再听德彪西《贝加莫组曲》中的《月光》，会产生更多浪漫的遐想……连同前言写的其他二百多个意大利最美丽的乡村小镇，是不是还能设计出三条壮游的线路来呢？

作曲家威尔第的一句话，由衷地说出了我的心声："只要让我拥有意大利，你可以拥有整个宇宙。"

后记　　✕　　何日再重游？

　　我与本书的作者静介(作者的网名)是乐友——我们经常相会于国家大剧院或是中山公园音乐堂的音乐会，彼此聊上几句——但那都是关于音乐的。

　　但我并不知道静介兄是如此痴迷于旅行，并且如此认真和执着——我当然也是喜欢旅行的，但专心和观察的细腻程度不及静介兄的三分之一。2019年静介兄的西班牙之旅，我在他的朋友圈里全程关注——最让我感佩的是他们一行四人全程的米其林三星餐厅的就餐细节和餐厅环境的图片，真是让人羡慕不已——要知道，米其林餐厅可不是想吃就能吃上的，这要做多少功课啊……这样的行程我这辈子恐怕是享受不到的了，除非能与静介兄同行。

　　疫情期间，我与静介兄共享一个爱好，就是通过看过去的旅行照片回忆那些旅行中的美好时光——这才知道静介兄最精彩的旅行经历是意大利三年多次的地毯式游览，而且主要是文化和美食方面的——那其中的许多地方是我特别想去而又无缘成行的；于是联系静介兄，何不将其连缀成书，以飨我等对意大利文化极有兴趣而又对其实情实境无缘亲炙的读者朋友呢？

静介兄是西方美术和绘画的专家级爱好者，通读此书，我们在他们四人的意大利之行中受益最深的是他通过实图实景对那些名画的带有个人体验的细腻介绍（并有实图为证）；静介兄又是一位极其细腻和热切的美食鉴赏家，通过阅读本书中他们四人亲炙的就餐体验，我们读者对意大利的美食也有了如同亲身经历一般的享受，并且本书必将会成为我们日后去意大利旅行时的美食指南——静介兄去过的餐厅可不就是一生必去的意大利美食打卡地！

　　行万里路，观万千名画和建筑，品万种美食与美酒——这就是静介兄这本书给我们的真实体验和感受！这是我们中国人切实的意大利"壮游"之旅，而静介兄是多么好的向导和师长！

　　这本书肇始于 2020 年，到完成时已是 2022 年——生活渐渐恢复了它以往的生机和惯例——我们这时明白，生活中要是没有远方的旅行，该是多么难耐和乏味……经历了三年没有旅行的生活，我们终于明了：旅行，尤其是远方的，是我们化解庸常生活的一处处路标，是串起希望的一座座灯塔……也许正是在这个意义上，米兰·昆德拉说"真正的生活永远在别处"。

　　没有旅行，生活何为？是为后记，时 2023 年元月廿九日。

本书策划人　申明

参考书目

1. [法]让－克里斯托夫·吕芬:《不朽的远行》,黄旭颖译,上海译文出版社,2015年6月。

2. [美]戴夫·德威特:《达·芬奇的秘密厨房:一段意大利烹饪的秘史》,梅佳译,新星出版社,2008年11月。

3. [美]耶胡迪·梅纽因、[美]柯蒂斯·W.戴维斯:《人类的音乐》,冷杉译,人民文学出版社,2003年1月。

4. [古罗马]维吉尔:《牧歌》,杨宪益译,上海人民出版社,2015年5月。

5. [美]理查德·保罗·罗:《寻找莎士比亚:探访莎剧中的意大利》,韦春晓译,上海译文出版社,2014年3月。

6. [德]约翰·沃尔夫冈·冯·歌德:《意大利游记》,周正安译,湖南文艺出版社,2006年1月。

7. [英]E.H.贡布里希:《艺术的故事》,范景中译,广西美术出版社,2008年4月。

8. [意]乔治·瓦萨里:《著名画家、雕塑家、建筑家传》,刘明毅译,中国人民大学出版社,2004年7月。

9. [瑞士]雅各布·布克哈特:《意大利文艺复兴时期的文化》,何新译,商务印书馆,1979年7月。

10. [德] 沃尔夫·勒佩尼斯:《德国历史中的文化诱惑》,刘春芳、高新华译,译林出版社,2010 年 5 月。

11. [英] 威廉·萨默塞特·毛姆:《月亮和六便士》,李继宏译,天津人民出版社,2016 年 1 月。

12. [美] 布雷特·福斯特、[美] 哈尔·马尔科维茨:《罗马文学地图》,郭尚兴、刘沛译,上海交通大学出版社,2011 年 8 月。

13. [日] 盐野七生:《罗马人的故事》,计丽屏等译,中信出版集团,2015 年 4 月。

14. [日] 盐野七生:《皇帝腓特烈二世的故事》,田建国、左翼译,中信出版集团,2018 年 10 月。

15. [英] 伊芙琳·韦尔奇:《文艺复兴时期的意大利艺术》,郭红梅译,上海人民出版社,2014 年 6 月。